DV-Controlling

Paulo Haufs

DV-Controlling

Konzeption eines operativen
Instrumentariums aus
- Budgets
- Verrechnungspreisen
- Kennzahlen

Mit 24 Abbildungen

Physica-Verlag Heidelberg

Reihenherausgeber
Werner A. Müller

Autor
Dr. Paulo Haufs
Finkenweg 22
4049 Rommerskirchen

CIP-Titelaufnahme der Deutschen Bibliothek
Haufs, Paulo:
DV Controlling: Konzeption eines operativen
Instrumentariums aus Budgets - Verrechnungspreisen -
Kennzahlen / Paulo Haufs. - Heidelberg: Physica-Verl., 1989
(Wirtschaftswissenschaftliche Beiträge; Bd. 18)
ISBN 978-3-7908-0447-8   ISBN 978-3-642-51853-9 (eBook)
DOI 10.1007/978-3-642-51853-9
NE: GT

Dieses Werk ist urheberrechtlich geschützt. Die dadurch begründeten Rechte, insbesondere die der Übersetzung, des Nachdruckes, des Vortrags, der Entnahme von Abbildungen und Tabellen, der Funksendungen, der Mikroverfilmung oder der Vervielfältigung auf anderen Wegen und der Speicherung in Datenverarbeitungsanlagen, bleiben, auch bei nur auszugsweiser Verwertung, vorbehalten. Eine Vervielfältigung dieses Werkes oder von Teilen dieses Werkes ist auch im Einzelfall nur in den Grenzen der gesetzlichen Bestimmungen des Urheberrechtsgesetzes der Bundesrepublik Deutschland vom 9. September 1965 in der Fassung vom 24. Juni 1985 zulässig. Sie ist grundsätzlich vergütungspflichtig. Zuwiderhandlungen unterliegen den Strafbestimmungen des Urheberrechtsgesetzes

© Physica-Verlag Heidelberg 1989

Die Wiedergabe von Gebrauchsnamen, Handelsnamen, Warenbezeichnungen usw. in diesem Werk berechtigt auch ohne besondere Kennzeichnung nicht zu der Annahme, daß solche Namen im Sinne der Warenzeichen- und Markenschutz-Gesetzgebung als frei zu betrachten wären und daher von jedermann benutzt werden dürften.

7120/7130-543210

INHALTSVERZEICHNIS

Abbildungsverzeichnis VIII
Abkürzungsverzeichnis IX

A. EINFÜHRUNG 1

1. Problemstellung 1
2. Vorgehensweise 3

B. GRUNDLAGEN 4

1. **Controlling** 4
   1.1 Begriff und Konzept des Controlling 4
   1.2 Stellung des Controlling in der Unternehmung 6
   1.3 Ziele und Gestaltungsparameter des Controlling 8
      1.3.1 Sachziel 9
         1.3.1.1 Formalzielbestimmung für den Objektbereich 9
         1.3.1.2 Konzeption und Koordination des Planungs-
                 und Kontrollsystems 10
         1.3.1.3 Sicherung der Informationsströme 11
      1.3.2 Die Gestaltungsparameter des Controlling 13
         1.3.2.1 Strukturelle Differenzierung 15
         1.3.2.2 Strukturelle Integration 17
         1.3.2.3 Dynamische Gestaltung 19
      1.3.3 Formalziel 21
   1.4 Die Bedeutung von Instrumenten im Rahmen des Controlling 23
   1.5 Organisation des Controlling 24
2. **Controlling und automatisierte Datenverarbeitung** 26
   2.1 Das betriebliche Informationssystem und ADV 26
   2.2 Die betriebswirtschaftliche Grundproblematik von ADV-Leistungen . . . 28
   2.3 Die Entwicklung des ADV-Managements 29
   2.4 Controlling der ADV 31
      2.4.1 Besonderheiten der vertikalen Gestaltung 32
      2.4.2 Besonderheiten der horizontalen Gestaltung 33
   2.5 Konkretisierung der Problemschwerpunkte 35

C. ADV-ZIELE UND OPERATIVE ADV-CONTROLLINGINSTRUMENTE 37

1. **Bestimmung der ADV-Ziele als Voraussetzung des operativen ADV-Controlling** . . . 37
   1.1 Sachziel 37
   1.2 Formalziele 38
      1.2.1 Wirtschaftlichkeit 40
      1.2.2 Weitere ADV-Formalziele 41

1.2.3 Interdependenzen zwischen den Zielen und Formulierung
von Anspruchsniveaus 42
2. **Instrumente des operativen ADV-Controlling** 45
2.1 Das ADV-Controlling und Ableitung von Anforderungen
an ein Instrumentarium zur Unterstützung 45
2.2 Vorschlag und Begründung eines Instrumentariums 47

D. DIE GESTALTUNG EINES OPERATIVEN ADV-CONTROLLING-SYSTEMS 50

1. **Budgetierung** 50
1.1 Konzeptionelle Kennzeichen der Budgetierung 50
1.2 Budgetierung der automatisierten Datenverarbeitung 54
1.2.1 Problematik einer Budgetierung von ADV-Leistungen 54
1.2.2 Ziel und Leistungsvermögen einer Budgetierung von ADV-Leistungen 55
1.2.3 Kontext und Annahmen der ADV-Budgetierung 56
1.3 Die Gestaltung eines ADV-Budgetierungssystems 59
1.3.1 Die Gestaltung des Budgetierungsaufbaus 59
1.3.1.1 Die Budgetierung der Benutzer 63
1.3.1.1.1 Determinierende Annahmen zur
Verrechnung der ADV-Kosten 63
1.3.1.1.2 Zusammenstellung der Benutzer-Budgetdaten 64
1.3.1.2 Die Budgetierung des ADV-Bereichs 68
1.3.1.2.1 Die Kosteneinflußgrößen des ADV-Bereichs 68
1.3.1.2.2 Vorbereitende Teilplanungen der ADV-Budgetierung .. 70
1.3.1.2.3 Zusammenstellung und Aufbereitung der
ADV-Budgetdaten 74
1.3.2 Die Gestaltung des Budgetierungsablaufs 76
1.3.2.1 Der Ablauf der Budgetplanung 77
1.3.2.2 Der Ablauf der Budgetkontrolle 78
1.4 Die Beurteilung des ADV-Budgetierungssystems 79
2. **Verrechnungspreise** 81
2.1 Konzeptionelle Kennzeichen der Verrechnungspreisbildung 81
2.2 Verrechnungspreise und ADV 84
2.2.1 Umfang und Ziel einer Bewertung von ADV-Leistungsbeziehungen 85
2.2.2 Kontextfaktoren der Verrechnung von ADV-Leistungen 87
2.2.3 Anforderungen an die Verrechnung von ADV-Leistungen 88
2.3 Die Gestaltung eines ADV-Verrechnungspreissystems 90
2.3.1 Die Aufbaugestaltung des ADV-Verrechnungspreissystems 90
2.3.1.1 Beurteilung grundsätzlicher Verrechnungsalternativen 91
2.3.1.2 Elemente einer ADV-Verrechnungspreisbildung auf Kostenbasis ... 93
2.3.1.3 Die Differenzierung des ADV-Bereiches in Kostenstellen 94
2.3.1.4 Die Struktur des Mengengerüstes 97
2.3.1.4.1 Das Mengengerüst für die ADV-interne
Leistungsverrechnung 97

| | | 2.3.1.4.2 | Das Mengengerüst für den ADV-Systembetrieb | 98 |

2.3.1.4.3 Das Mengengerüst für die übrigen ADV-Kostenstellen und erforderliche Vorrechnungen 102
2.3.1.4.4 Die Ermittlung der Mengendaten 103
2.3.1.5 Die Struktur des Wertgerüstes 104
2.3.1.5.1 Das Kostenrechnungssystem 104
2.3.1.5.2 Die Bestimmung von Werten für die Kostenträger 107
2.3.1.5.3 Abweichungen zwischen Plan- und Istkosten 110
2.3.1.5.4 Beurteilung einer ADV-Preispolitik 112
2.3.2 Die Ablaufgestaltung des ADV-Verrechnungspreissystems 113
2.4 Die Beurteilung des ADV-Verrechnungspreissystems 114
3. Kennzahlen 115
3.1 Konzeptionelle Kennzeichen des Kennzahleneinsatzes 115
3.2 Kennzahlen und ADV 119
3.2.1 Ziel und Leistungsvermögen einer Bildung von Kennzahlen für die ADV-Funktion 119
3.2.2 Ermittlung und Auswertung von ADV-Kennzahlen 120
3.2.3 Anforderungen an die ADV-Kennzahlen 122
3.2.4 Problematik des Einsatzes von ADV-Kennzahlen 123
3.3 Die Gestaltung eines ADV-Kennzahlensystems 124
3.3.1 Kennzahlen zur ADV-Wirtschaftlichkeit 125
3.3.1.1 Kennzahlen zur ADV-Kostenwirtschaftlichkeit 126
3.3.1.1.1 Budgetierungs- und abrechnungsorientierte Kennzahlen 126
3.3.1.1.2 Kennzahlen zur Kostenstruktur des ADV-Bereiches ... 133
3.3.1.1.3 Ergänzende Kennzahlen für den ADV-Systembetrieb .. 134
3.3.1.2 Kennzahlen zur ADV-Leistungswirtschaftlichkeit 136
3.3.1.2.1 Budgetierungs- und abrechnungsorientierte Kennzahlen 136
3.3.1.2.2 Kennzahlen zur Leistungsstruktur des ADV-Bereiches .. 140
3.3.1.3 Die Merkmale des Kennzahlenteilsystems 142
3.3.2 Kennzahlen zu den weiteren ADV-Formalzielen 143
3.3.2.1 Benutzerzufriedenheit 143
3.3.2.2 Flexibilität 147
3.3.2.3 Sicherheit 148
3.3.2.4 Die Merkmale des Kennzahlenteilsystems 149
3.4 Beurteilung des ADV-Kennzahlensystems 150
E. SCHLUSSBEMERKUNGEN 152
Literaturverzeichnis 155

ABBILDUNGSVERZEICHNIS

Abbildung 1:	Darstellung des Controlling Controlling als Subsystem der Unternehmung	7
Abbildung 2:	Die Gestaltungsparameter des Controlling	14
Abbildung 3:	Die Phasen des Planungs- und Kontrollprozesses	20
Abbildung 4:	Die Kostenwirtschaftlichkeit der ADV-Funktion	43
Abbildung 5:	Die Leistungswirtschaftlichkeit der ADV-Funktion	44
Abbildung 6:	ADV-Wirtschaftlichkeit: Übersicht über die Zielrichtung des vorgeschlagenen Instrumentariums	48
Abbildung 7:	ADV-Satisfaktionsziele: Übersicht über die Zielrichtung des vorgeschlagenen Instrumentariums	49
Abbildung 8:	Inhalte des Budgetierungs- und Planungssystems	51
Abbildung 9:	Die Interdependenzen von Planung und Budgetierung	52
Abbildung 10:	Die Dimensionen der Aufbaugestaltung des ADV-Budgetierungssystems	60
Abbildung 11:	Die dritte ADV-Budgetierungsdimension	62
Abbildung 12:	Kosteneinflußfaktoren des ADV-Bereiches	69
Abbildung 13:	Zusammenfassung der ADV-Budgetgrößen: Kostenseite	75
Abbildung 14:	Zusammenfassung der ADV-Budgetgrößen: Leistungsseite	75
Abbildung 15:	Dimensionen der Verrechnungspreisgestaltung	83
Abbildung 16:	Die Kostenstellenstruktur des ADV-Bereiches	96
Abbildung 17:	Merkmale ergebnisorientierter "Endkostenträger" und produktionsorientierter "Zwischenkostenträger"	99
Abbildung 18:	Berechnungsstruktur eines auf primären und sekundären Faktoren aufbauenden Verrechnungspreissystems	108
Abbildung 19:	Bestimmung des Preises einer spezifischen Kapazitätseinheit	109
Abbildung 20:	Abweichungen zwischen Plan- und Istkosten von ADV- und Benutzerbereich	110
Abbildung 21:	Zusammenhang von Budgetplanung und Bestimmung der Verrechnungspreise	113
Abbildung 22:	Anwendungsrelevante Faktoren des Kennzahleneinsatzes	125
Abbildung 23:	Übersicht über die budgetierungs- und abrechnungsorientierten Kostenkennzahlen	128
Abbildung 24:	Übersicht über die budgetierungs- und abrechnungsorientierten Leistungskennzahlen	138

ABKÜRZUNGSVERZEICHNIS

a.a.O.	am angegebenen Ort	HWO	Handwörterbuch der Organisation
ADV	automatisierte Datenverarbeitung	HWR	Handwörterbuch des Rechnungswesens
AI	Angewandte Informatik	i.a.	im allgemeinen
ASQ	Administrative Science Quaterly	i.e.S.	im engeren Sinne
Aufl.	Auflage	i.d.R.	in der Regel
Bd.	Band	IO	Industrielle Organisation
BFuP	Betriebswirtschaftliche Forschung und Praxis	IV	Informationsverarbeitung(s)
BIFOA	Betriebswirtschaftliches Institut für Organisation und Automatisation an der Universität zu Köln	Jg.	Jahrgang
		KRP	Kostenrechnungspraxis
		Mbl.	Ministerialblatt
BTA	Bürotechnik und Automation	Nds.	niedersächsisches
BTO	Bürotechnik und Organisation	Nr.	Nummer
BuV	Büro- und Verwaltung(s)	o.J.	ohne Jahr
bzw.	beziehungsweise	o.O.	ohne Ort
CM	Controller Magazin	o.V.	ohne Verfasser
CPU	Central Processing Unit (engl.: Zentraleinheit)	OR	Operations Research
		ÖVD	Öffentliche Verwaltung und Datenverarbeitung
d.h.	das heißt	S.	Seite(n)
DB	Der Betrieb	s.	siehe
DBW	Die Betriebswirtschaft	Sp.	Spalte(n)
Dipl.	Diplom	SS	Sommersemester
Diss.	Dissertation	u.a.	und andere
DV	Datenverarbeitung	u.ä.	und ähnliche(s)
EDP	Electronic Data Processing (engl.: Elektronische Datenverarbeitung)	u.U.	unter Umständen
		vgl.	vergleiche
etc.	et cetera	Wist	Wirtschaftswissenschaftliches Studium
evtl.	eventuell		
f	und folgende Seite	Wisu	Das Wirtschaftsstudium
ff	und fortfolgende Seiten	WS	Wintersemester
ggf.	gegebenenfalls	z.B.	zum Beispiel
GMD	Gesellschaft für Mathematik und Datenverarbeitung	ZfB	Zeitschrift für Betriebswirtschaft
		ZfbF	Zeitschrift für betriebswirtschaftliche Forschung
HBR	Harvard Business Review		
HdW	Handbuch der Wirtschaftswissenschaften	ZfD	Zeitschrift für Datenverarbeitung
		ZfO	Zeitschrift für Organisation
HMD	Handbuch der modernen Datenverarbeitung	ZIR	Zeitschrift für interne Revision
Hrsg.	Herausgeber		
hrsg.	herausgegeben		
HWB	Handwörterbuch der Betriebswirtschaft		

A. EINFÜHRUNG

1. Problemstellung

"**Computing** in most organizations has moved from it's experimental beginning through a period of major implementation, rapid expansion, and general pervasivness to the stage today of an important resource that needs management like any other major function of an organization" (MC FARLAN, NOLAN, NORTON 1974, S. 1ff).

In der Bundesrepublik Deutschland wurde diese für die USA beschriebene **Entwicklung** mit zeitlicher Verzögerung durchlaufen, heute ist auch hier die automatisierte Datenverarbeitung ein für jede größere Unternehmung selbstverständlicher Funktionsbereich mit erheblicher Bedeutung. Man spricht von dem "**Produktionsfaktor Information**" (vgl. SELIG 1986, S. 39).

Schon früh erhob man die Forderung nach einem der Bedeutung der ADV angemessenen **Management** der Datenverarbeitung. Bemühungen zur besseren Steuerung wurden aber immer wieder von der extremen Dynamik dieses Bereiches überholt (vgl. MILLER 1985, S. 142ff), so daß theoretisch konzipierte Systeme nach der Entwicklungszeit nicht mehr die aktuellen Anforderungen erfüllten (vgl. MERTENS 1985, S. 49).

In der unternehmerischen **Praxis** finden sich daher erhebliche Mißstände: Die für die traditionellen Funktionsbereiche der Unternehmung entwickelten Managementinstrumente und -techniken lassen sich nicht unmittelbar auf den noch jungen Funktionsbereich ADV übertragen, und spezifische Instrumente werden nur für Teilprobleme von ADV-Fachleuten in dem betreffenden Funktionsbereich eingesetzt. In ihren Händen befindet sich das in der Unternehmung vorhandene Know-how über Möglichkeiten und Grenzen sowie Voraussetzungen und Konsequenzen des Technologie-Einsatzes. Die Kommunikation zwischen Management und ADV-Spezialisten ist allerdings oft schlecht, denn in Furcht vor stärkeren Kontrollen sind die Fachleute nicht bereit, ihren Wissensvorsprung zu teilen; ihre Kenntnisse stehen dem Management kaum zur Verfügung (vgl. TERTILT 1978, S. 27ff).

Mangelnde Transparenz und Sachkunde veranlassen manche Unternehmungsführung daher zu einer **ADV-Politik**, die kaum an Wirtschaftlichkeitsüberlegungen orientiert ist (vgl. BRAUN 1981, S. 26; GUYER 1987, S. 9), bzw. die ADV-Führungsaufgabe wird überhaupt nicht wahrgenommen. SUTER sieht zum Beispiel die ADV-Planung in derselben Entwicklungsphase wie die Unternehmungsplanung vor etwa 15 Jahren (vgl. SUTER 1980, S. 14).

Dieser **Managementrückstand** muß schnellstens aufgeholt werden, denn allgemein rechnet man mit weiterhin stark steigenden Kostenaufkommen für die betriebliche Datenverarbeitung; WILDER schätzt einen Anstieg der Kosten auf die 7-fache Höhe von 1980-90 bei 20-fach höheren "end user applications" (vgl. WILDER 1985, S. 30; BRONNER 1980, S. 7ff; HODGES 1987, S. 69ff).

Die Bedeutung der ADV für die Unternehmung nimmt also weiter zu, und jüngere Publikationen sehen dies immer mehr nicht nur aus der Sicht der für den Betrieb der ADV nötigen Mittel;

die Leistungsseite rückt zunehmend ins Blickfeld: ADV wird zum Wettbewerbsfaktor, es entsteht steigender Zwang, aufgrund dessen die Unternehmung bestimmte Anwendungen mit der ADV lösen muß, um eine entsprechende Güte der betrieblichen Entscheidungen und der Marktleistung sicherzustellen.

Der ADV-Bereich stellt sich damit generell als potentieller **Krisenbereich** in der Unternehmung dar (vgl. MAURER 1974, S. 76ff; MERTENS 1972, S. 29).

Grundsätzlich kann eine Unternehmung die anfallenden Datenverarbeitungsaufgaben durch eine eigenständige Abteilung innerhalb des organisatorischen Gefüges ausführen lassen oder an selbständig organisierte Rechenzentren weitergeben. Aufgrund der unterschiedlichen Problematik ergeben sich bei der Beurteilung der DV-Leistung, erbracht durch eine dieser beiden Formen, verschiedene Fragestellungen und Beurteilungskriterien.

Diese Arbeit beschränkt sich auf die Betrachtung der in der eigenen Unternehmung von einer eigenständigen Abteilung erbrachten DV-Leistung als dem wohl häufigsten Fall (vgl. ZILAHI-SZABO 1984, S. 112f).

In der Wirtschaftskrise wurde in den USA in vergleichbarer, allerdings die Gesamtunternehmung betreffender Situation ein neuartiges Konzept der Unternehmungsführung verbreitet: das **Controlling-Konzept**. Es wurde von vielen Unternehmungen zur Bewältigung der globalen Probleme eingeführt und ist heute ein auch in der Bundesrepublik verbreitetes System der Führungsunterstützung. Es liegt nahe, den Bereich Datenverarbeitung mit in den Objektbereich der Controllingarbeit einzubeziehen und damit die zieleffiziente Steuerung der ADV zu verbessern (vgl. SEIBT 1982, S. 8).

Vorteile, die für die Anwendung der Controlling-Konzeption zur Überwindung der Schwierigkeiten sprechen, sind zum einen die Praxiserprobtheit dieses Ansatzes - Akzeptanz und Mitarbeit des Managements können angenommen werden -, und zum anderen der ganzheitliche und integrative Aspekt, der zu einer realitätsnahen Betrachtung des ADV-Bereichs führt: Er ist neben den anderen Hauptfunktionsbereichen wie Produktion, Finanzwesen etc. ein weiterer wichtiger Bereich, der denselben Gesetzmäßigkeiten unterliegt und keine Sonderstellung beansprucht.

Weiterhin liefert Controlling neben einem organisatorischen Rahmen auch konkrete inhaltliche Lösungsvorschläge (vgl. BUCHNER 1981, S. 4; HORVATH 1979, S. 19).

Diese Arbeit stellt sich also die Aufgabe, ein **Controlling-System für den ADV-Bereich** zu entwerfen, um damit die Voraussetzung für eine Verbesserung der die ADV betreffenden Mangementprozesse zu schaffen.

Bei einer derartigen Bemühung wird hier der Standpunkt vertreten, daß zunächst das operative Geschehen in der ADV beherrschbar sein muß, damit dann der Blick weiter in die Zukunft gerichtet werden kann. Im Vordergrund stehen deshalb die mehr kurzfristigen und unmittelbar interessierenden Aspekte bzw. Abläufe.

2. Vorgehensweise

Mit den einführenden Bemerkungen und einer ersten Problemdefinition wurde bereits die Logik der Problembearbeitung angedeutet:

Zunächst ist mit der Darstellung des Controlling als dem anzuwendenden Konzept und der ADV als dem betreffenden Objektbereich ein konzeptioneller **Bezugsrahmen** als Grundlage für die weitere Diskussion eines ADV-Controlling und des zugehörigen integrierten Instrumentariums zu schaffen.

Zu Beginn ist der diffuse Controlling-Begriff zu klären und die Beziehung zwischen der Unternehmungsführung und diesem Hilfsmittel zu präzisieren. Weiterhin muß eine Beschreibung der wesentlichen Aufgabeninhalte und der Phasen des Controllingprozesses folgen.

Einer allgemeinen Beschreibung der aktuellen Stellung und Aufgaben der ADV in der Unternehmung schließt sich die wichtige Definition der **Ziele** des ADV-Bereichs an. Diese Definition ist bedeutend, weil Controlling als Instrument der Zielsteuerung in seiner Gestaltung dadurch entscheidend geprägt wird.

Schließlich folgt eine Beschreibung der besonderen Aspekte eines ADV-Controlling.

Ausgehend von einer solchen theoretisch befriedigenden, die wesentlichen Gesichtspunkte der Einordnung und Funktionsweise in der Gesamtunternehmung beschreibenden Diskussion eines ADV-Controlling-Konzeptes liegt bislang die weitergehende Gestaltung eines konsistenten und aufeinander abgestimmten **Instrumentariums** für ein operatives Controlling der Datenverarbeitung in der Unternehmung nicht vor.

Zwar sind Teilbereichslösungen vorhanden, eine Abstimmung und Interdependenzberücksichtigung mehrerer Instrumente zur Nutzung möglicher Synergieeffekte ist allerdings nicht erkennbar (vgl. BRAUN 1981, S. 2).

Hier soll ein erster Schritt in diese Richtung mit einer adäquaten Gestaltung der Instrumente Planung bzw. Budgetierung, Kennzahlenrechnung und Verrechnungspreise getan werden.

Dabei soll auf einem derartigen Abstraktionsniveau gearbeitet werden, daß das vorgeschlagene System eine gewisse Allgemeingültigkeit behält und mit individuellen Modifikationen auf eine bestimmte Unternehmung abstimmbar ist.

Darin wird auch der Vorteil gesehen, daß so eine bestimmte Unempfindlichkeit gegenüber weiteren Änderungen des Objektbereiches Datenverarbeitung und damit längerfristige Validität des Systems angenommen werden kann.

Dieses Untersuchungsziel ist auf empirischem Weg aufgrund der beschriebenen Mängel in der Praxis nicht erreichbar. Anhand von beschreibenden Aussagen wird hier zunächst jeweils die Relevanz entwickelter Konzepte durch Hinweise auf ihre bisherige literarische Behandlung und Bedeutung in der Praxis exemplarisch aufgezeigt. Grundlegende Zusammenhänge werden dann als evident oder aus berichteten Erfahrungen heraus als existent betrachtet und zusätzliche konzeptionelle Größen durch kausale Annahmen einbezogen. Weitere Zusammenhänge werden durch Folgerung erschlossen, konstruiert durch eine Art gedankliche Simulation der Realität. Vielfach werden die Handlungsgrundlagen also durch Plausibilitätsüberlegungen und Analogieschlüsse erarbeitet werden müssen.

B. GRUNDLAGEN

1. Controlling

1.1 Begriff und Konzept des Controlling

Der **Begriff** des Controlling stammt aus dem französischen und wurde später amerikanisiert. (Etymologisch stammt Controlling von dem Begriff der "contre-rôle", franz.: Gegenrolle, einer französischen Berufsbezeichnung, die im 13. Jahrhundert als "contre-roullour" bereits im englischen erwähnt wurde und schließlich mit einer falschen Deutung als "comptroller" übersetzt wurde. Vgl. HORVATH 1978, S. 129).

Eine ausreichende und überzeugende **Übersetzung** wurde bislang nicht gefunden (vgl. O.V. 1987, S. 1649f). Dies ist um so bedauerlicher, da der Begriff gedanklich meist irreführend mit "Kontrolle" und damit einem Teilaspekt des Controlling gleichgesetzt wird. Das englische Verb "to control" ist aber umfassender, es bedeutet etwa: steuern, regeln, beherrschen. Controlling als zielorientierte Steuerung der Unternehmung betreibt damit jeder Manager, es ist ein wesentlicher Teil seiner Führungstätigkeit.

Controlling **als Aufgabe** einer verselbständigten Stelle in der Unternehmung ist allerdings anders zu verstehen, es beinhaltet die Versorgung des Managements mit "control-mechanisms". Der Controller betreibt also kein Controlling, sondern konzipiert ein Controlling-System, das dem Management die Erfüllung seiner Controlling-Aufgaben ermöglicht (Dieser Unterschied wird hier zur Begriffsklärung herausgestellt, im folgenden wird Controlling auch als ausübende Tätigkeit des Controllers bezeichnet. Vgl. auch HORVATH 1985, S. 3; HARBERT 1982, S. 7).

Die **erste** bekannte **Stelle** eines Controllers wurde Ende des vorigen Jahrhunderts eingerichtet (und zwar bei der Atchinson, Topeka & Santa Fe Railway Systems, U.S.A., im Jahr 1880. Vgl. HORVATH 1978, S. 195). Derartig frühe Controller-Stellen unterstützten die Management-Tätigkeit durch eine Verbesserung der Führungsinformationen mit einer Aufbereitung von Daten der betrieblichen Rechenwerke (vgl. ULRICH 1985, S. 15f). Von Autoren, die sich um eine Klassifizierung bemühen, wird dieser Controller etwa als "historisch-buchhaltungsorientierter Typ" bezeichnet (vgl. SERFLING 1983, S. 22).

In der **Folgezeit** wurde Controlling in Phasen der Expansion mit zunehmender Komplexität der Unternehmungen im Wechsel mit Phasen der wirtschaftlichen Depression stark verbreitet, allerdings mit sich ändernden Aufgabeninhalten. Bislang kurzfristig-reagierende Einzelentscheidungen der Unternehmungsführung sollten durch planvoll-agierende Handlungen abgelöst werden. Mit der Entwicklung der Unternehmungsplanung und neuer Kostenrechnungssysteme wie Deckungsbeitrags- und Plankostenrechnung fand ein Übergang zu einem mehr "zukunfts- und aktionsorientierten Controller" statt (vgl. SERFLING 1983, S. 18).

Weiter steigende Anforderungen an die Unternehmungsführung durch zunehmende Dynamik und Diskontinuität der Umwelt, Wachstum und Differenziertheit und also zunehmende Arbeitsteilung der Unternehmungseinheiten führten dann zu sich wiederum ändernden Ansprüchen an das Controlling. Bisher geschaffene Insellösungen im Bereich Planung und Kontrolle führten zu suboptimalen Ergebnissen mangels fehlender Gesamtsicht; mit der Diversifikation führungsrelevanter Aufgaben entwickelten die Bereiche eine eigene Kultur und verfolgten eigene Ziele; es bestanden keine allgemeingültigen Standards.

Im Vordergrund steht deshalb **jetzt** die Koordinations-, Anpassungs- und Integrationsproblematik über die gesamte Unternehmung (vgl. Serfling bezeichnet diesen aktuellen Controllertyp als "managementsystemorientierten Controller", SERFLING 1983, S. 22). Der gesamte Führungsprozeß muß vom Controlling unterstützt werden (vgl. ZILAHI-SZABO 1975, S. 75). Er darf nicht mehr intuitiv, sondern muß systemgestützt und abgestimmt erfolgen. In der **Zukunft** ist mit weiter steigendem Koordinationsbedarf z.B. durch die Einführung mehrdimensionaler Organisationsstrukturen zu rechnen, so daß eine weiterhin zunehmende Bedeutung des Controlling für die Sicherung des Unternehmungserfolges angenommen werden kann (Die Beschreibung der Entwicklung gilt sowohl für den amerikanischen als auch für den deutschen Raum. In der Bundesrepublik beschäftigte man sich mit der Idee aber erst Mitte der 50er Jahre theoretisch, Eingang in die Unternehmungspraxis fand sie erst ab Anfang der 60er Jahre. Vgl. EBERT, KOINECKE, PEEMÖLLER 1985, S. 15). Komplexe Unternehmungsentscheidungen fordern den Einsatz derart leistungsfähiger Führungskonzeptionen.

Mit diesem Überblick über die Entwicklung zeigt sich, daß Controlling zumindest teilweise in den Bereich der betrieblichen **Organisation** fallende Aufgaben wahrnimmt. So soll ein Planungs- und Kontrollsystem geschaffen bzw. "organisiert" werden. Den Controller könnte man als "Spezial-Organisator" für den Bereich der Planung und Kontrolle bezeichnen:

Systemkoordination ist ein Gestaltungsparameter der Organisation (vgl. GROCHLA 1982, S. 25ff; KOCH 1980, S. 35ff). Die Controller-Funktion mußte implementiert werden, da die Organisation diesen Aspekt im Bereich der Planung und Kontrolle offensichtlich nur unvollständig wahrgenommen hat. Organisation bezog sich in der Unternehmung zunächst auf die Basisfunktionen unmittelbar und stellte die Sachzielerfüllung gegenwartsbezogen sicher, die Steuerung der Formalzielerreichung auch auf längere Sicht durch den dispositiven Faktor wurde in der betrieblichen Praxis nur mit dem Parameter Arbeitsteilung gestaltet, also eine Aufbaustruktur geschaffen. Die vielfältigen komplexen Beziehungen zwischen den Planungs- und Kontrollobjekten und -subjekten als Elemente des Systems einerseits und zwischen den Bestandteilen der Elemente andererseits wurde nicht problematisiert, eine Prozeßorganisation damit nicht geschaffen und deren Einflüsse auf den Aufbau des PK-Systems ebenfalls kaum betrachtet. Damit ließ der von der Organisation gesteckte Rahmen zuviele Freiheitsgrade.

Controlling schließt diese Lücke und geht mit einer Zurverfügungstellung von Instrumenten noch weiter, macht auch die Inhalte der Führungsprozesse unmittelbar zum Gegenstand.

Mit diesem "Mehr an Organisation" wird nun keineswegs der Handlungsspielraum des Managements gemindert, sondern durch größere Voraussicht und Umsicht im Gegenteil mehr Flexibilität geschaffen (vgl. TÖPFER 1976, S. 49).

Insgesamt werden die Voraussetzungen für eine effiziente Unternehmungsführung deutlich verbessert (vgl. ACKERMANN 1987, S. 231ff; HUCH 1978, S. 78ff; ZILAHI-SZABO 1975, S. 78).

1.2 Stellung des Controlling in der Unternehmung

Ohne eine umfassende Begriffsdiskussion aufzunehmen (hier sei auf die Literatur verwiesen; ausschließlich mit dem möglichen Begriffsinhalt beschäftigen sich HARBERT 1982; BUCHNER 1981), sollen vor der Einordnung des Controlling in die Unternehmung und der weiteren Präzisierung der Beziehung zwischen Controlling und Unternehmungsführung die bisherigen Ausführungen mit einer funktionalen **Begriffsdefinition** zusammengefaßt werden: Controlling ist ein führungsunterstützendes Subsystem, das für die zielwirksame Steuerung der Unternehmung ein abgestimmtes PK-System definiert, im Zeitablauf notwendigen Ausbau und Änderungen durchführt und entsprechende Instrumente zur Verfügung stellt.

Aus dieser originären Funktion ergibt sich als derivative Aufgabe die Sicherung aller zugehörigen Informationsströme (Diese Definition findet sich sinngemäß wiederholt in der Literatur; vgl. z.B.: HORVATH 1979, S. 4; SCHRÖDER 1985, S. 15; PREISSLER 1985, S. 12; GAYDOUL 1980, S. 46; BUCHNER 1981, S. 17: "Die meisten Controlling-Autoren bevorzugen... die... Interpretation, der die Formel entspricht: Controlling = Integration von Planung und Kontrolle").

Als grundsätzliche Einschränkung ergibt sich, daß Controlling nur wiederkehrende Aspekte der PK-Prozesse zum Gegenstand haben kann (vgl. PEEMÖLLER 1978, S. 19); also ist bei der Gestaltung ein entsprechendes Abstraktionsniveau zu wählen.

Zu betonen ist, daß die inhaltliche Durchführung des laufenden PK-Prozesses nicht **Gegenstand** des Controlling ist, vielmehr stellt es den ausführenden Instanzen den Ordnungsrahmen für diese Prozesse zur Verfügung (vgl. HORVATH 1978, S. 188, anders MARUSEV, TERHEYDEN 1983, S. 160ff; BÖHNY 1988, S. 9ff).

Betrachtet man eine Unternehmung auf hoher Abstraktionsebene, dann können zunächst ein Führungssystem und ein Basissystem als **Subsysteme** unterschieden werden (vgl. Abbildung 1). Allgemein erfolgt im Basissystem mit der Transformation von Input zu Output die Erstellung der Marktleistung, im Führungssystem das Management aller in der Unternehmung ablaufenden Prozesse. Das Führungssystem selbst wird durch die Vorstellungen der Träger der Unternehmung gesteuert (Der Begriff der Führung ist ähnlich unklar wie der Begriff des Controlling. So BAUMGARTNER 1980, S. 51; vgl. ähnliche Begriffsfassungen bei ULRICH; FLURI 1984, S. 39ff; STAEHLE 1983; HAHN 1985, S. 23ff;HUCH 1985, S. 52ff). Aus diesen Vorstellungen leitet sich zunächst eine Unternehmungskultur und -philosophie ab, die in operationale Ziele als notwendiger Input für die Unternehmungssteuerung, deren Gegenstand die Prozesse des Basissystems unmittelbar sind, überführt wird. Zurückgreifend auf das "klassische" Ordnungsprinzip wird die Unternehmungssteuerung als Management i.e.S. in eine Reihe von Managementfunktionen zerlegt, die

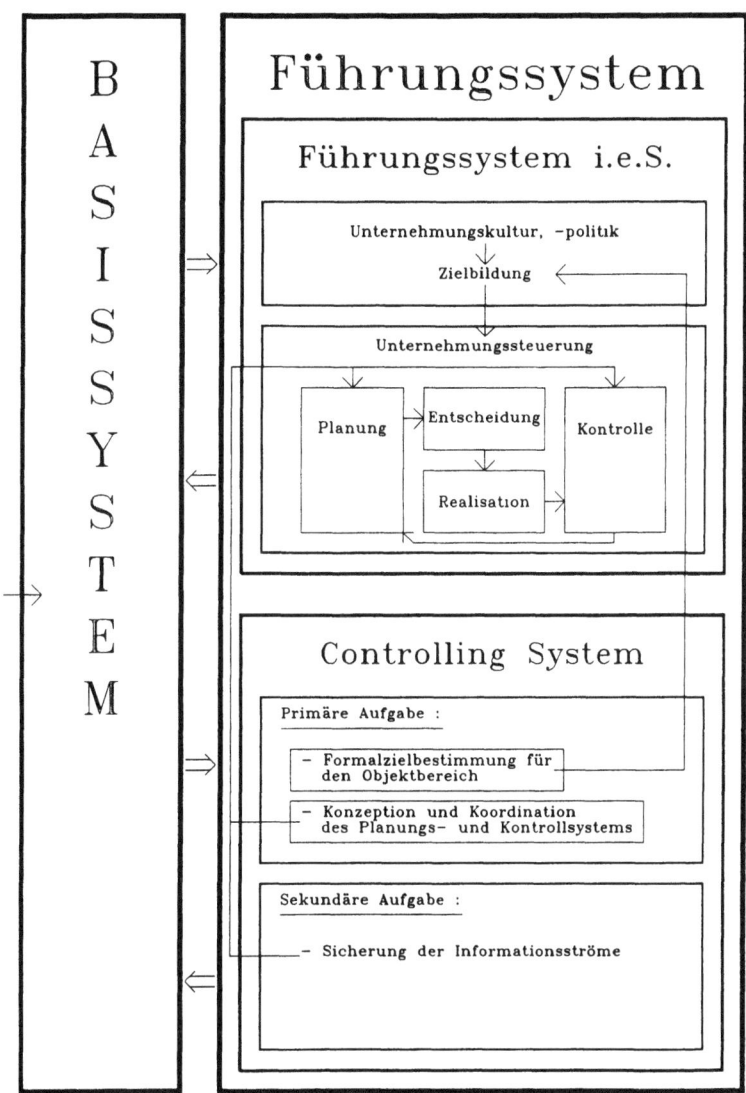

Abbildung 1: Darstellung des Controlling als Subsystem der Unternehmung

insgesamt die Unternehmungssteuerung ausmachen. Als Regelkreis angeordnet werden die Phasen Planung, Entscheidung, Realisation und Kontrolle unterschieden (vgl. HUCH o.J., S. 3ff).

Controlling bildet nun innerhalb des Führungssystems das bereits angesprochene Subsystem, das eine **Koordination** der Führungsfunktionen untereinander einerseits und hinsichtlich der Unternehmungsziele andererseits sucht und mit dieser Verbesserung den Zielbeitrag der Basisprozesse erhöht (vgl. PREISSLER 1978, S. 2). Da Führungsfunktionen auf vielen Ebenen der Unternehmung ausgeübt werden, ist ein vorgelagerter Prozeß der Zielableitung und -bildung für alle Bereiche, die Führungsfunktionen ausüben, erforderlich. Der Gestaltung von Planung und Kontrolle muß ein widerspruchsfreies Zielsystem zugrunde liegen.

Mit dieser Gestaltung der Funktionen Planung und Kontrolle erfolgt nun keine unterschwellige Unternehmungsführung durch das Controlling, vielmehr verbleiben sowohl die sachliche Durchführung als auch die das Management ausmachende Funktion der **Entscheidung** beim Management ebenso wie die Verantwortung für den Erfolg der Maßnahmen (vgl. EBERT, KOINECKE, PEEMÖLLER 1985, S. 19; SCHNITZLER 1986, S. 131ff).

Von manchen, insbesondere praxisorientierten Autoren wird bei der Beschreibung des Controlling und dessen Verhältnis zur Unternehmungsführung zur Sicherung der Funktionsfähigkeit das Vorhandensein eines kooperativen, delegierenden **Führungsstils** vorausgesetzt (vgl. BRAMSEMANN 1980, S. 10ff; PREISSLER 1977, S. 16ff). Das Konzept des Controlling wird dann mit Management-by-Prinzipien vermischt, besonders häufig findet sich das Prinzip des Management-by-Objectives und Management-by-Exception (vgl. HAHN 1979, S. 24; SCHWARZE 1972, S. 35; HABERLAND 1970, S. 2182; DREXL 1986, S. 2091f). Durch diese Übernahme von Führungskonzepten wird das Controlling über die funktional-aufgabenlogischen Inhalte hinaus um Aspekte der Personalführung bereichert. In einer gleichzeitigen Verwirklichung solcher Prinzipien kann eine höhere Entwicklungsstufe der Unternehmungsführung und des Controlling gesehen werden, die zu einer höheren Zielwirksamkeit der Führungsprozesse führt (vgl. SCHEFFLER S. 21). Der Grad der Zentralisation oder Dezentralisation des unternehmerischen Entscheidungsprozesses und die Steuerung dieser Führungsprozesse in verhaltensbezogener Sicht sind aber nicht Gestaltungsparameter und Instrumente des "Kern-Controlling-Konzeptes", sondern eine Frage der Unternehmungsphilosophie und deren konkreter organisatorischer Umsetzung.

1.3 Ziele und Gestaltungsparameter des Controlling

Jede Unternehmung verfügt über Zielsetzungen, die ihr Verhalten und das ihrer Subsysteme bestimmt.

Ziele lassen sich etwa **definieren** als "normative Aussagen eines Entscheidungsträgers, die einen gewünschten, von ihm oder anderen anzustrebenden, zukünftigen Zustand der Realität beschreiben" (HAUSCHILDT 1980, Sp. 2419). Offensichtlich sind in Zielen Forderungen enthalten, die die Aufgabenerfüllung determinieren und die Kriterien für die Auswahl von Alternativen liefern. Es kann danach zwischen Formal- und Sachzielen unterschieden werden. Letztere stellen als Aufgabe das konkrete Handlungsprogramm der Unternehmung dar und bestimmen Art, Menge und Zeitpunkt der zu erstellenden Leistungen. Formalziele dagegen bestimmen die Präferenzstruktur, anhand der die Unternehmung ihre zur Erstellung der marktorientierten Leistung notwendigen Aktivitäten bewertet und auswählt. Bestimmt werden die Qualitätsanforderungen an die zu erstellenden Leistungen und an die Prozesse der Leistungserstellung (Zur Unterscheidung von Formal- und Sachzielen vgl. KOSIOL 1968, S. 261ff).

1.3.1 Sachziel

Hier ist also die vom Controlling zu erbringende Leistung näher zu bestimmen. Als vorbereitende Aufgabe wurde bereits die Zielbildung für den Objektbereich des Controlling, gefolgt von der Hauptaufgabe der **Konzeption und Koordination eines PK-Systems** für diesen Bereich, identifiziert. Aus diesen primären Aufgaben wird durch Betonung der informatorischen Dimension die Sicherung der zugehörigen Informationsströme als zusätzliche Aufgabe abgeleitet (vgl. WEGENER 1986, S. 174ff).

Die Beschreibung des Sachziels bleibt unvollständig, wenn nicht auch auf die Mittel eingegangen wird, die zur Erfüllung der Aufgabe zur Verfügung stehen. Dies sind die **Gestaltungsparameter des Controllers** (Diese Gliederung stützt sich nicht nur auf theoretische Erwägungen, sondern wird auch von einer empirischen Erhebung unterstützt. Demnach wird die Controlling-Aufgabe gesehen als: Schaffung eines Systems der Unternehmungssteuerung und -kontrolle (95% der befragten Unternehmungen), Mitwirkung bei der Planung (77%), Mitwirkung bei der Formulierung der UN-Ziele (77%), Schaffung eines innerbetrieblichen Informationssystems (86%). VGL. BRAUN 1979, S. 47. Ähnlich auch die empirischen Ergebnisse bei REICHMANN; KLEINSCHNITTGER 1987, S. 1090ff).

1.3.1.1 Formalzielbestimmung für den Objektbereich

Die Sachziele der einzelnen Funktionsbereiche werden von der betrieblichen Organisationsabteilung präzisiert. Gleiches wird von der Organisationstheorie auch für die Formalziele gefordert (vgl. GROCHLA 1982, S. 92). Die Praxis zeigt allerdings, daß oftmals kein alle Bereiche der Unternehmung erfassendes Zielsystem vorliegt, das die in der Theorie erhobenen **Forderungen** erfüllt (vgl. WILD S. 55; GAYDOUL 1980, S. 73):

- Vollständigkeit,
- Ordnung und Konsistenz,
- Aktualität,
- Realisierbarkeit und Operationalität,
- Durchsetzbarkeit,
- Transparenz und Überprüfbarkeit,
- Organisationskongruenz.

Der Controller muß als ersten Schritt prüfen, ob für den aktuellen Bezugsbereich ein derartiges **System von Formalzielen** vorliegt und gegebenenfalls, möglicherweise in Zusammenarbeit mit der Organisationsabteilung, eine solche Ordnung erarbeiten (vgl. HEIGL 1978, S. 11; SCHÄFER 1978, S. 7). Denn die ersten Entscheidungen, die immer gefällt werden müssen, beziehen sich auf die Zielfunktion der Unternehmung bzw. des betreffenden Bereiches; erst nach ihrer Festlegung können im Rahmen der Führungsprozesse Mittelentscheidungen zur Realisierung dieser Ziele getroffen werden (vgl. HEINEN 1976, S. 14). Damit sind die Formalziele Ergebnisse eines Meta-Planungs- und Abstimmungsprozesses und als Ausgangsziele initiierend für die nachfolgende Strukturierung der bereichs- und sachbezogenen PK-Tätigkeit in der Unternehmung.

Eine sich nur auf Maßnahmen, Instrumente und Ressourcen erstreckende Planung und Kontrolle ist unvollständig bzw. rein technokratisch und geht implizit oder explizit von gegebenen Zielen aus, die aber auch geplant werden müssen.

Zum Sachziel des Controlling gehört also die Prüfung vorliegender Formalziele gemäß den genannten Qualitätskriterien bzw. die Mitwirkung bei der Bestimmung der Formalziele des Objektbereiches.

1.3.1.2 Konzeption und Koordination des Planungs- und Kontrollsystems

Diese Kernaufgabe des Controlling "organisiert" also das PK-System der Unternehmung, das etwa bestimmt werden kann als System, das nach bestimmten Aufbau- und Ablaufprinzipien strukturiert ist und aus PK-Objekten besteht, auf die sich die Pläne beziehen, die von den PK-Trägern bzw. -subjekten als weitere Systemelemente mit Hilfe spezieller Instrumente zur Steuerung der Unternehmungsaktivitäten und -prozesse erarbeitet werden (vgl. TÖPFER 1976, S. 91; HORVATH 1979, S. 179ff).

Die zur Planung komplementäre Funktion der Kontrolle kann zerlegt werden in eine Plankontrolle, die revolvierend die Validität der Plannebenbedingungen und -zielfunktion prüft und ggf. zu einer Plan- oder Zielrevision führt, und in eine Realisationskontrolle, die mit einer Fortschrittskontrolle die Realisationsprozesse, mit einer Endergebniskontrolle die Resultate der Planverwirklichung prüft (vgl. GAYDOUL 1980, S. 134). Die gewonnenen Erkenntnisse fließen als Input in die nächste Planperiode ein.

PK-Objekte können Ziele, Maßnahmen und Ressourcen sein (vgl. TÖPFER 1976, S. 129ff). Die Zielbestimmung wurde hier aufgrund ihres vorbereitenden Charakters ausgegliedert, sie ist PK-Objekt in einem vorgelagerten Prozeß.

Planung und Kontrolle als Basissystemgestaltung **dienen** der Anpassung an erforderliche Änderungen im Zeitablauf; sie besitzen damit ein wesentliches Koordinationspotential im Sinne eines Hinführens der Unternehmung von heute zur Unternehmung von morgen. Die planende Tätigkeit, die dieses Ziel erreichen soll, bedarf aber selbst wieder der Koordination (vgl. ALBACH 1981, S. 296).

Diese wäre nicht erforderlich, könnte man das theoretische Ideal der Planung realisieren: eine gleichzeitige Planung und Festlegung aller Entscheidungsparameter unter Berücksichtigung aller Interdependenzen in Form eines **Gesamtmodells**. Aufgrund der praktischen Unmöglichkeit einer solchen "simultanen Gesamtplanung", die alle Variablen entsprechend dem Unternehmungszweck in einer Totalentscheidung bestimmt, ist die Planung in eine Reihe von nach- und nebeneinander erfolgenden **Bereichsplanungen** zu zerlegen (vgl. EGGER, WINTERHELLER 1982, S. 50f).

Diese Subsystembildung reduziert die Planungskomplexität, begründet aber den Koordinationsbedarf aufgrund der bestehenden Interdependenzen zwischen den sukzessiven Teilplanungen (vgl. PFOHL 1981, S. 127; NOWAK 1984, S. 90ff; KÜPPER 1988, S. 168ff).

Außerhalb des Planungsbereiches ergeben sich weitere koordinationsfordernde Aspekte: Auch die Kontrolle erfolgt arbeitsteilig, muß also integriert werden; darüber hinaus ist Abstimmung zwischen den Funktionen Planung und Kontrolle erforderlich. Zwar betonen SIEGWART/MENZEL die Eigenständigkeit der Kontrollfunktion (vgl. SIEGWART 1978, S. 2), dem entgegen wird hier aber ein größtmögliches Maß an Abstimmung verlangt; sachliche, zeitliche und hierarchische Abhängigkeiten sind zu berücksichtigen. Zum Beispiel fordert die Kontrolle im Sinne eines effizient arbeitenden Systems die Meßoperationalität der geplanten Größe; die Planung verlangt, daß die Kontrolle die Zielerreichung an den Kriterien mißt, an denen die Planung ausgerichtet war (vgl. HORVATH 1979, S. 225ff; PFOHL 1981, S. 127).

Der Controller zerlegt also die Planung und Kontrolle in arbeitsteilige Bereichsplanungen bzw. -kontrollen und sorgt für die erforderliche Abstimmung.

Diese **Gestaltungstätigkeit** kann unterteilt werden in eine anfängliche, konstituierende Gestaltung, die bei der ersten Konzeption eines solchen Systems und in größeren Zeitabständen bei erforderlicher Neugestaltung erfolgt, und in die sich an diese Erstgestaltung anschließende Wartungstätigkeit (Dies faßt HORVATH unter den Begriff der systembildenden und koppelnden Koordination. VGL. HORVATH 1979, S. 136ff).

In der Literatur beschreibt oft eine Liste der nötigen Tätigkeiten die in diesem Zusammenhang vom Controller warzunehmenden Aufgaben, was dann aber im angloamerikanischen Raum in eine breite Diskussion um die **Kompetenzabgrenzung** zwischen Treasurer und Controller, im deutschsprachigen Raum entsprechend zwischen Revisor und Controller, mündet (Derartige Listen finden sich z.B. bei HEIGL 1978, S. 14f; HAHN 1985, S. 606f; FRISHKOFF 1986, S. 46). Hier soll in diesem Streit kein bestimmter Standpunkt vertreten, vielmehr die Aufgabe des Controllers mit der Beschreibung der Anforderungen an das von ihm zu gestaltende PK-System und weiter unten mit den dazu einzusetzenden Gestaltungsparametern präzisiert werden.

1.3.1.3 Sicherung der Informationsströme

Kennzeichend für die Arbeit des PK-Systems ist die geistige Zwecksetzung der Tätigkeiten; einerlei, ob kreativ oder routinemäßig angelegt, ist der **Gegenstand aller PK-Prozesse die Information** (Informationen sind "...zweckorientiertes Wissen, also solches Wissen, das zur Erreichung eines Zwecks, nämlich einer möglichst vollkommenen unternehmerischen Disposition eingesetzt wird." WITTMANN 1959, S. 14). Damit ist die Beschäftigung mit der informatorischen Dimension der PK-Prozesse keine zusätzliche eigenständige Funktion des Controlling, sondern durchdringt alle Tätigkeiten in diesem Bereich (Zum Teil wird die Organisation der informatorischen Aspekte des PK-Systems auch als Kernaufgabe des Controllers definiert. Vgl. KNECHT 1971, S. 72; LINK 1982, S. 261).

Zwischen Realsphäre und Entscheidungssphäre der Unternehmung tritt in dieser Sichtweise also das PK-System als Bereich der Informationsverarbeitung. Es umfaßt alle **Informationsaufgaben**, die den unmittelbar auf betriebliche Leistungserstellung und -verwertung gerichteten Tätigkeiten vor- oder nachgelagert sind bzw. diese überlappen und so Planung, Kontrolle und Steuerung des realen Betriebsgeschehens ermöglichen. Damit zeigt sich auch, daß der PK-Bereich kein Bereich im Sinne einer oder mehrerer Organisationseinheiten ist, sondern als Infrastruktur alle Bereiche der Unternehmung überlagert (Ähnliche Überlegungen zum Büro- und Verwaltungsbereich der Unternehmung finden sich bei: STUDIENKREIS VERWALTUNGSRATIONALISIERUNG 1969, S. 2ff).

Die **Information** kann **als eigentliches Objekt** der PK-Arbeit abstrakter und unkörperlicher Gegenstand des Denkgeschehens und damit an einen bestimmten Menschen gebunden, oder als abgeleitetes Objekt in Form von Symbolketten auf Datenträgern räumlich und zeitlich existent sein. Die Symbolkombinationen können stellvertretend für den getragenen Inhalt zum Arbeitsobjekt werden (vgl. SZYPERSKI 1961, S. 92ff). Gegliedert nach Verrichtungen an dem Arbeitsobjekt Information, ergeben sich im PK-Bereich drei Arten von Arbeitsprozessen (vgl. WEBER 1975, S. 29ff):

- **Informationsbereitstellung**: Sie ist abhängig von dem durch die nachfolgend zu vollziehenden Arbeitsprozesse determinierten Informationsbedarf; er bestimmt die Anforderungen an die Informationen hinsichtlich Inhalt, Genauigkeit, Bereitstellungstermin, Datenträger und Codierung (vgl. HORVATH 1979, S. 318).

- **Informationsverarbeitung**: Sie "umfaßt alle Prozesse, bei denen bereitgestellte Informationen entsprechend bestimmter Arbeitsanweisungen bzw. Programme einer substantiellen Transformation unterworfen werden" (vgl. GROCHLA 1971, S. 25). Die einfachste Art dieser Prozesse, die sich oft mit der Informationsbereitstellung überschneiden, sind Erfassungs- bzw. Ermittlungsprozesse, bei denen durch Verdichten oder Zerlegen zwar eine Umwandlung der Eingangsinformation erfolgt, der Informationsinhalt aber erhalten bleibt. Bei Auswertungsprozessen erfolgt eine qualitative Änderung bestehender Informationen durch Analyse und Erklärung vergangener Situationen oder Prognosen zukünftiger Entwicklungen, oft zur Erarbeitung von Entscheidungsalternativen. Entscheidungsprozesse haben die Aufgabe, auf der Basis von Auswertungsprozessen die einer definierten Zielsetzung adäquate Lösung zu finden. Diese Prozesse werden nicht notwendig bei jeder Aufgabenstellung berührt.

- **Informationsübermittlung**: Sie wird durch Arbeitsteilung bei der Bearbeitung der beschriebenen Prozesse erforderlich, um zeitliche und/oder räumliche Diskrepanz zwischen Informationsangebot und -nachfrage verschiedener Aktionseinheiten zu überbrücken (vgl. SIEGWART, MENZEL 1978, S. 100f). Zeitliche Distanz wird durch Fixieren der Informationen auf Datenträgern, räumliche Distanz durch i.d.R. technologiegestützte Kommunikation überwunden.

Ebenso wie die "eigentliche" PK-Tätigkeit bedürfen diese zugehörigen Informationsprozesse einer eindeutigen Regelung (vgl. BIEHL, SCHMIDT 1986, S. 123).

Mit der **formalen und inhaltlichen Gestaltung** des PK-Systems unterliegt die Informationsverarbeitung einer ersten Regelung. Die freien Parameter der Informationsbereitstellung und der Informationsübermittlung leiten sich daraus ab, bedürfen aber insbesondere für Informationsprozesse zwischen PK-System und Basissystem als auch zwischen PK-System und Entscheidungssystem einer weitergehenden Regelung zur Sicherung des reibungslosen Ablaufs. Handelt es sich unter Umständen nur um eine einmalige, bedingte Übertragung von Informationen, so ist die prozessuale Regelung ausreichend, bei Wiederholungen aber muß eine Formalisierung der Informationskanäle durch strukturelle Regelung der Beziehungen zwischen den PK-Subjekten und -objekten hinzutreten. Die Informationsverwendung im Führungssystem schließlich ist wesentlicher Einflußfaktor für die Gestaltung der Informationsverarbeitungsprozesse (vgl. GAYDOUL 1980, S. 23).

1.3.2 Die Gestaltungsparameter des Controlling

Wurden bisher mit der Beschreibung des Sachziels des Controllers die groben Inhalte der Aufgabenerfüllung präzisiert, so werden hier auf einer zweiten Detaillierungsstufe die Parameter beschrieben, die dem Controller bei der Gestaltung des PK-Systems zur Verfügung stehen (vgl. Abbildung 2).

Grundsätzlich zerfallen die Aktionsparameter in die beiden großen Gruppen der **zerlegenden, arbeitsteilenden Parameter**, die zur Strukturgestaltung des PK-Systems und damit zur Reduktion der Komplexität der Gesamtplanungs- und Kontrollaufgabe eingesetzt werden, und in die integrierenden Parameter, die der Überwindung der mit der Subsystembildung zwangsläufig entstehenden Schnittstellen dienen.

Zunehmende Differenzierung des Systems führt über die verstärkte Interaktion der PK-Subjekte zu einem erhöhten Konfliktpotential als disfunktionale Wirkung der Arbeitsteilung. Die Konflikte beziehen sich primär auf die PK-Objekte und sind damit Maßnahmen- und Ressourcenkonflikte, die die Kooperationsbereitschaft beeinträchtigen. Um den Konflikt zu mindern setzt man die **koordinierenden Parameter** zur Gestaltung der prozessual-inhaltlichen Aspekte des PK-Problems in der Unternehmung ein (vgl. TÖPFER 1976, S.50ff). Die erwähnten informatorischen Gesichtspunkte treten hier besonders in den Vordergrund.

Die **Strukturgestaltung** des PK-Systems erfolgt durch hierarchische, zeitliche und inhaltliche Differenzierung; inhaltlich werden die Teilplanungen dann mit der Festlegung der Ableitungsrichtung der Pläne, horizontaler und vertikaler Abstimmung, überlagerter Zeitdauer und inhaltlicher Formalisierung bzw. Standardisierung koordiniert (vgl. HORVATH 1980, S. 9ff; WILD 1966, S. 169).

Die bisher angeführten Parameter beziehen sich auf Controlling als strukturbildenden Vorgang, der sich auf Planung und Kontrolle als Gebilde und statischen Beziehungszusammenhang erstreckt.

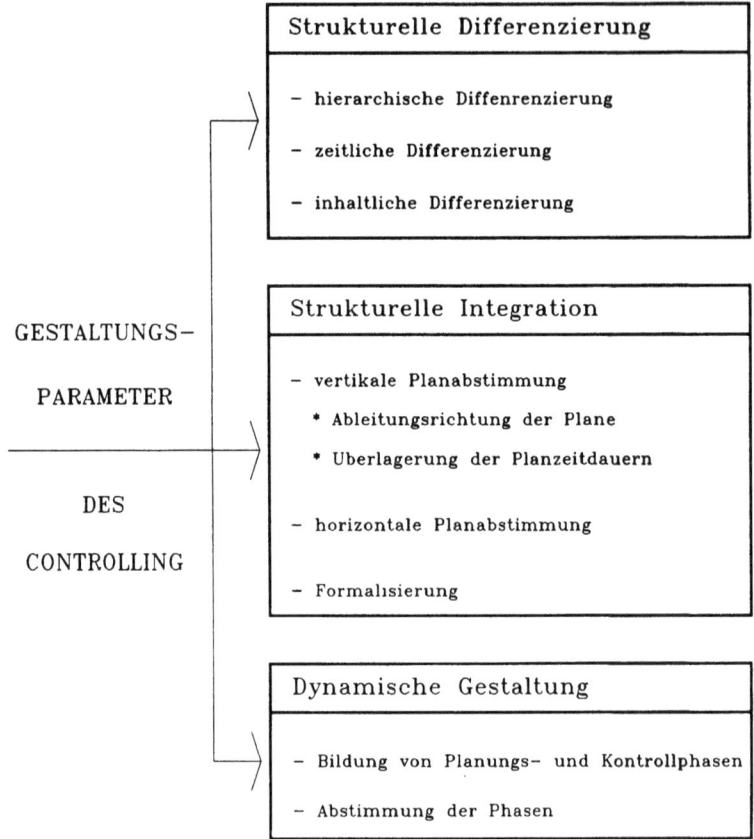

Abbildung 2: Die Gestaltungsparameter des Controlling

Daneben muß sich die Gestaltung auch auf den **Ablauf** des Geschehens im PK-System als dynamischen Arbeitsprozeß beziehen. So ist Planung und Kontrolle ein in der Zeit fortschreitender Prozeß, es müssen Teilphasen definiert und die zeitliche Abfolge festgelegt werden. Damit ist neben der Aufbauorganisation die Ablauforganisation im PK-System festzulegen (vgl. NORDSIEK 1934).

Bei der **Trennung in Aufbau- und Ablaufgestaltung** handelt es sich um Abstraktionen eines real einheitlichen Phänomens zur Minderung der Komplexität bei der Betrachtung und Analyse der organisatorischen Phänomene. Kontrovers wird in der Literatur diskutiert, welche Konsequenzen die Trennung in der Theorie für die Gestaltungspraxis hat. So ist unklar, ob zunächst der Aufbau (vgl. KOSIOL 1962, S. 41ff) oder der Ablauf (vgl. GAITANIDES 1983, S. 1ff) zu organisieren ist. Teilweise wird auch in Frage gestellt, daß überhaupt ein sukzessives Vorgehen bei der praktischen Gestaltung möglich ist (vgl. WILD 1966, S. 24ff). Hier sei festgehalten, daß beide Dimensionen der Gestaltungstätigkeit interdependent sind und eine simultane Gestaltung theoretisch die beste Lösung, praktisch jedoch kaum durchführbar ist. Daher werden Aufbau und Ablauf in einem iterativen Prozeß, beginnend auf hohem Abstraktionsniveau, weitgehend gleichzeitig gestaltet werden müssen.

1.3.2.1 Strukturelle Differenzierung

Im Rahmen der Schaffung einer Aufbaustruktur für das PK-System erfolgt mit der **hierarchischen Differenzierung** der erste Gestaltungsschritt. Dazu muß die PK-Aufgabe analytisch in kleinste Einheiten zerlegt und anschließend synthetisch zu verteilbaren Aufgabenkomplexen zusammengefaßt werden. Der Führungsstil der Unternehmung ist entscheidend für den realisierbaren Grad der Planungsdezentralisation; anzustreben ist, jedem Mitglied der Unternehmung die Möglichkeit der Selbstplanung zu geben. PK-Objekte werden dadurch zu Subjekten und so stärker motiviert, gleichzeitig werden gute Voraussetzungen für hohe inhaltliche Planungsqualität geschaffen. Dieser Tendenz zu einer weitgehenden Kongruenz der PK-Hierarchie mit der organisatorischen Struktur der Unternehmung stehen ohne die Gesamtsicht eines Controllingkonzeptes dann resultierende Mängel in methodischer Hinsicht gegenüber. Dies führte in der Vergangenheit zur Bildung von Planungsstabsstellen, deren Arbeit zum Teil in inhaltlicher Hinsicht nicht genügte und bei den Linieninstanzen auf geringe Akzeptanz stieß (vgl. ULRICH, FLURI 1984, S. 96). Mit dem Controllingansatz und der weitergehenden Gestaltungstätigkeit in instrumenteller Hinsicht wird die Realisierung der Eigenplanung in einem kybernetischen System verknüpfter Regelkreise ermöglicht (vgl. TÖPFER 1976, S. 100ff).

Über die hierarchische Differenzierung erfolgt mit der stufenweisen Komplexitätsreduktion die bessere Anpassung an verschiedene Problemfelder, also Spezialisierung. Abhängig von dem Führungsstil als beschränkende Größe wird der Spezialisierungsgrad bzw. die Tiefe der Gliederung des PK-Systems mit der Komplexität der PK-Objekte zunehmen.

Es ergibt sich eine Struktur, die Pläne und Kontrollen der verschiedenen Ebenen mit der entsprechenden Hierarchie über- und unterordnet, so daß eine Mittel-Zweck-Beziehung entsteht und die Eigenplanung bzw. -kontrolle um eine Fremdplanung und -kontrolle auf der über- und untergeordneten Ebene ergänzt wird (Diese Ausführungen präzisieren die Aussage, daß der partizipative Führungsstil eine Voraussetzung für ein hochentwickeltes Controllingsystem ist. Bei einem autoritären, zentralisierenden Führungsstil erfüllen die "unteren" Ebenen reine Informationszuträgerfunktionen, was auf "oberen" Ebenen zur Einrichtung von Assistenzeinheiten führt. Vgl. PFOHL 1981, S. 216).

Die **inhaltliche Differenzierung**, zu der auch die zeitliche Differenzierung gehört, ist nun kein weiterer, mit der hierarchischen Differenzierung auf gleicher Ebene stehender Parameter, sondern das Gliederungskriterium, nach dem diese Zerlegung erfolgt (vgl. WILD 1966, S. 166).

Die wichtigsten Punkte, nach denen Pläne und Kontrollen verschiedener Ebenen inhaltlich gegliedert sind, sind deren Detailliertheit, Operationalität und Vollständigkeit sowie zeitliche Reichweite. Letztes Kriterium wird aufgrund der besonderen Bedeutung hier hervorgehoben (vgl. TÖPFER 1976, S. 107ff).

Bezogen auf die Hierarchieebenen nehmen der Plan-Detaillierungsgrad und die Planverbindlichkeit mit sinkender Ebene zu, der betrachtete Systemausschnitt verkleinert sich und aus den Grobplänen werden Feinpläne. Je mehr man sich der Planrealisierung nähert - und dies gilt sowohl zeitlich als auch funktional -, desto genauer müssen die Pläne sein, um konkretes Handeln anleiten zu können. In hoch entwickelten PK-Systemen enthalten die kurzfristigen, operationalen Teilpläne alle für die Unternehmungssteuerung relevanten und planbaren Unternehmungsaktivitäten. Mit steigender Ebene nimmt die Präzision bei zunehmender zeitlicher Reichweite der Pläne ab, denn aufgrund sich ändernder interner und externer Planeingangsdaten wird die Wahrscheinlichkeit von Planabweichungen bei zu niedrigem Abstraktionsgrad vergrößert und damit die Notwendigkeit von Planrevisionen erhöht. Abzuwägen ist also der mit zunehmender Genauigkeit steigende Informationsgehalt gegenüber dem ebenfalls zunehmenden Änderungsrisiko und -aufwand.

Weiterhin führt die Vergrößerung des betrachteten Systemausschnittes mit steigender Ebene auch dadurch zu abnehmender Genauigkeit, daß der zu bewältigende Informationsumfang und damit die Plankomplexität bei konstanter Präzision zu groß würde. Es erfolgt daher zunehmende Selektion und Aggregation der Plan- und Kontrollgrößen. Damit sind also mit der steigenden Hierarchieebene die zeitliche Reichweite und die Größe des betrachteten Systemausschnittes positiv, Präzision, Verbindlichkeit und Operationalität der Pläne negativ korreliert (vgl. TÖPFER 1976, S. 50ff).

Für die Zeitdauer bzw. **zeitliche Reichweite** der Pläne gilt, daß diese mit höherer Komplexität zunehmen muß, da die Gesamtwirkungsdauer von Maßnahmen über die bestehenden Interdependenzen bei komplexen Systemen steigt. Unter den Schlagworten operative und strategische Planung bzw. Controlling wird die aktuelle Notwendigkeit steigender Planzeiträume diskutiert, denn gerade in jüngerer Vergangenheit nahmen die Dynamik der Umwelt und die Größe der Unternehmungseinheiten weiter zu (vgl. ZÜND 1985, S. 34; MANN 1978, S. 18ff).

Kennzeichnend für strategische Planung ist, daß neben dem offenen Planhorizont verstärkt externe Daten in die Planung einfließen und interne Größen zunehmend variabel werden. Leitgedanke ist dann die langfristige Existenzsicherung der Unternehmung und nicht die Wirtschaftlichkeit der laufenden Unternehmungsaktivitäten. Daher konzentriert sich strategische Planung auf den externen Engpaßfaktor, der bei den meisten Unternehmungen der Absatzbereich ist (vgl. EBERT, KOINECKE, PEEMÖLLER 1985, S. 22ff). Es ergeben sich dann inhaltliche Überschneidungen mit der Marketing-Planung (Vgl. zu den Inhalten des strategischen Controlling die kontroverse Diskussion bei: PFOHL, ZETTELMEYER 1987, S. 145ff; GAULHOFER 1987, S. 1121ff; PFOHL, ZETTELMEYER 1987, S. 1128ff).

Zwischen der operativen Planung, für die meist ein Zeitraum von einem Jahr genannt wird (vgl. HUCH 1985b, S. 52), und der beschriebenen strategischen Planung wird im allgemeinen als Mittler eine taktische Planung mit einem Horizont von 3 - 5 Jahren gesehen (vgl. PFOHL 1981, S. 122; HUCH 1985a, S. 11f; HUCH 1979, S. 31).

Mit dem längeren Planzeitraum soll in der Unternehmung die Möglichkeit des Agierens und damit die längere Erhaltung eines Handlungsspielraumes erreicht werden.
Bei der Gestaltung des PK-Systems besteht hier das grundsätzliche Dilemma, daß instabile Umwelt längere Zeiträume fordert, sich zugleich aber die Möglichkeiten verläßlicher Informationsgewinnung verschlechtern (vgl. ZIEGENBEIN 1984, S. 25).

1.3.2.2 Strukturelle Integration

Die Strukturgestaltung des PK-Systems ist damit abgeschlossen. Sie sollte bereits so erfolgen, daß möglichst wenig Schnittstellen zwischen den gebildeten Teilplanungen entstehen. Trotzdem verbleiben eine Vielzahl von Interdependenzbeziehungen, die mit einer institutionalisierten Berücksichtigung im Rahmen der Ablaufgestaltung zu überwinden sind, um Teillösungen zu vermeiden (vgl. PFOHL 1981, S. 127).

Unter anderem ist die **Ableitungsrichtung der Pläne** über die Hierarchieebenen festzulegen. Grundsätzlich bestehen die beiden Möglichkeiten, die Pläne "induktiv" - ausgehend von unteren Systemebenen nach oben -, oder "deduktiv", in entgegengesetzter Folge, zu konsolidieren und abzustimmen. Bei der ersten Vorgehensweise, die man auch als progressive oder bottom-up-Methode bezeichnet, werden unter dem inhaltlichen Aspekt zunächst die detaillierten, kurzfristigen Pläne der unteren Hierarchieebenen aufgestellt und diese zu den taktischen und strategischen Plänen höherer Ebenen aggregiert. Faktisch läuft diese Methode darauf hinaus, daß Vorschläge von PK-Trägern aus untergeordneten Organisationsebenen angenommen, koordiniert und zusammengefaßt werden, ohne daß eine eigenständige längerfristige Planung und Kontrolle betrieben wird (vgl. SZYPERSKI 1973, S. 30ff). Darüber hinaus besteht das Problem, daß die kurzfristigen Pläne möglicherweise sehr schlechte Rahmenbedingungen für eine langfristige Planung setzen (vgl. TÖPFER 1976, S. 110ff).

Bei der zweiten Alternative (top-down oder retrograde Methode) werden die strategischen zu taktischen und diese zu operativen Plänen "heruntergebrochen". Längerfristige Pläne werden also ohne unmittelbare Prüfung der tatsächlichen Realisierungsmöglichkeiten aufgestellt.

In höher entwickelten Systemen erfolgt mit dem Gegenstromverfahren eine Kombination beider Methoden zur Vermeidung der spezifischen Nachteile. So wird auf allen Ebenen zunächst eigenständig geplant, durch alternierende Ableitung wird dann versucht, einen realisierbaren, zieloptimalen Gesamtplan zu finden. Diese Vorteile müssen mit höherem Arbeits-, Zeit- und Kommunikationsaufwand durch den erforderlichen mehrstufigen, iterativen Rückkoppelungsprozeß erkauft werden (vgl. WILD 1966, S. 174ff).

Die **Überlagerung der Zeitdauer** gestaltet den zeitlichen Zusammenhang der Pläne über die Systemebenen. Neben den Möglichkeiten der zeitlichen Stufung ohne Überlagerung und mit Überlagerung ist besonders die Schachtelung der Stufen effizienzfördernd. Hier beginnt die Planperiode auf allen Ebenen im Zeitpunkt O (Zeitpunkt des Beginns der zeitlich nächstfolgenden Planungsperiode), endet mit dem mit steigender Systemebene weiter in der Zukunft liegenden Planhorizont (vgl. WILD 1966, S. 171).
Zumindest sollte sich eine geschlossene zeitliche Kette ergeben, bei der der nächste Planzeitraum einer übergeordneten Ebene sich teilweise mit dem Planhorizont einer untergeordneten Ebene überschneidet (Überlagerung). Die PK-Aktivitäten beziehen sich dann strukturell zum Teil auf gleiche Inhalte, was für die Planabstimmung der Ebenen eine gemeinsame Kommunikationsbasis schafft.
Teilplanungen als zeitliche Teilmengen der darüberliegenden Ebenen (Schachtelung) sichern jeder Planung die Nähe zur Realisierung, erhöhen den Aufwand aber stark.

Die Ableitungsrichtung und Überlagerung der Planzeitdauer sind Parameter, die aufgrund ihrer Bedeutung für die Plankoordination gesondert dargestellt wurden, aber beide der vertikalen Planabstimmung dienen. Zu dieser vertikalen muß die **horizontale Plan- und Kontrollkoordination** treten, d.h. also die Integration auf einer Ebene (vgl. AGHTE 1972, S. 94ff; RIEBEL 1987, S. 1154ff). So werden auf einer Ebene Maßnahmen und Ressourcen sowohl geplant als auch kontrolliert. Es muß dann z.B. sichergestellt werden, daß die Kontrolle die Planentwicklung mit denselben Maßstäben mißt, nach denen die Planaufstellung ausgerichtet war, denn diese Tätigkeiten werden i.d.R. von verschiedenen Organisationseinheiten ausgeführt. Darüber hinaus ist es sinnvoll, z.B. bei einer divisionalen Organisation PK-Prozesse gleicher Stufen in den einzelnen Divisionen bei Wahrung individueller Besonderheiten weitestgehend gleich zu gestalten, um Transparenz und Übersichtlichkeit des PK-Systems zu fördern, aber auch, um die Konsolidierung zur nächsthöheren Ebene zu erleichtern.

Diesen Aspekt stellt über alle Ebenen und Aktivitäten das Prinzip der inhaltlichen, prozessualen und strukturellen **Formalisierung** in den Vordergrund (vgl. GÄLWEILER 1973, S. 67ff). Im Sinne einer generellen Regelung ist die Standardisierung der PK-Prozesse und -Ergebnisse nötig. So sollten PK-Größen vereinheitlicht werden, eine ähnliche Aufteilung der PK-Aufgaben auf die PK-Träger erfolgen, permanente Interaktionsmechanismen über die Ebene und Kommunikationsanlässe, -zeitpunkte, -inhalte bestimmt werden (vgl. TÖPFER 1976, S. 124f). Solche Regelungen sind auf Dauer und auf sich wiederholende Aspekte ausgerichtet. Aus diesem Grund sind die strategischen, längerfristigen Pläne wegen ihres höheren innovativen Charakters besonders im inhaltlichen Bereich diesen Formalisierungen nur auf abstrakterem Niveau zugänglich (vgl. ZANGEMEISTER 1973, S. 220).

1.3.2.3 Dynamische Gestaltung

Planung und Kontrolle bedürfen auf der Systemebene verschiedener Subsysteme; auf der **Prozeßebene** ist die Differenzierung in verschiedenen Phasen erforderlich (vgl. KRÜGER 1979, S. 162). Dies ist eine zweite wichtige Dimension der Unternehmungssteuerung bzw. des PK-Systems, weil hier als bedeutende Eigenschaft ein Prozeß- oder Regelungsphänomen identifiziert werden kann (vgl. HUCH 1985b, S. 52; BUCHNER 1981, S. 18) und diese Funktion den Unternehmungserfolg maßgeblich mitbestimmt. Die Phasen beinhalten die zeitliche Strukturierung der Aufgabenbearbeitung im PK-System und verdeutlichen die Ablauforganisation in der kybernetischen Verknüpfung der Teilfunktionen.

Die Festlegung und Abgrenzung der **Phasen** ist eine Frage der Zweckmäßigkeit, so daß sich in der Literatur abhängig von dem Erkenntnisziel verschiedene Phasenschemata finden (vgl. HUCH 1984, S. 103; BRAMSEMANN 1980, S. 160ff; PEEMÖLLER 1978, S.35ff; PFOHL 1981, S. 66ff).
Abbildung 3 zeigt die hier zugrundegelegten Phasen und einen ersten groben Zusammenhang. Informationsinput für den Prozeß sind die Formalziele des Bereichs, interne und externe Bedingungen und freie Aktionsparameter, die in Abstimmung mit der Gestaltung des Aufbaus festgelegt werden (vgl. SCHÄFER 1978, S. 7). Mit diesem Bezugsrahmen erfolgt eine Vorkoppelung des Steuerungsprozesses. Mit der Planungsfunktion werden auf Grundlage weiterer Datenprognosen Maßnahmen - und auf dieser Grundlage Ressourcenplanalternativen - erarbeitet. Nach der Alternativwahl erfolgen zunächst Plankontrollen, nach der Realisation Soll-Ist-Vergleiche. Erfolgt die Entwicklung plangemäß, dann kann bei noch nicht erfolgter Realisierung aufbauend auf den vorliegenden Plänen eine weitere detaillierte Planung erfolgen; bei Abweichungen müssen nach erfolgter Analyse Anpassungen erfolgen. Diese werden sich bei nur geringen Differenzen auf Planungsinhalte, bei anhaltenden und größeren Abweichungen auch auf die gebildeten Strukturen beziehen.
Die zweite grundsätzliche Möglichkeit besteht in einer Revision der gesteckten Ziele.
Nach erfolgter Realisierung geplanter Maßnahmen werden Ist- und Soll-Werte verglichen, gegebenenfalls nach Klärung der Ursachen Korrekturen eingeleitet, die einen weiteren Phasendurchlauf bedeuten und Zieländerungen oder Durchführung weiterer Maßnahmen nach sich ziehen.
Bei dieser Aufzählung der Phasen handelt es sich lediglich um eine logische Ordnung, von der nicht auf eine strenge lineare **zeitliche Abfolge** geschlossen werden kann. Vor allem werden Rückkoppelungsbeziehungen zwischen den einzelnen Teilaktivitäten bestehen und diese in Zyklen zunehmender Präzisierung und Konkretisierung bearbeitet (vgl. TÖPFER 1976, S. 80ff). So werden z.B. die Phasen Zielbildung und Maßnahmeplanung wiederholt durchlaufen, bis Ziele definiert sind, die auch verwirklicht werden können.
Ist die Folge der einzelnen Phase definiert, dann muß das Controlling im Sinne einer dynamischen Koordination den **Anpassungsrhythmus des Systems** festlegen. Aus dem institutionalisierten Soll-Ist-Vergleich und der daraus resultierenden Abweichungsanalyse soll ein Lernprozeß initiiert werden, der zum einen selbständige Plananpassung und zum anderen die Wartung des Systems in Zusammenarbeit mit dem Controlling ermöglicht (vgl. SCHEER 1983, S. 80ff). Für die Kontrollen als Voraussetzung jeder Anpassung sind neben Kontrollhäufigkeit und Kontrollzeitpunkten oder -

anlässen Schwellenwerte festzulegen, die die inhaltliche Änderung oder Neuplanung bzw. Struktur- oder Zieländerung veranlassen.

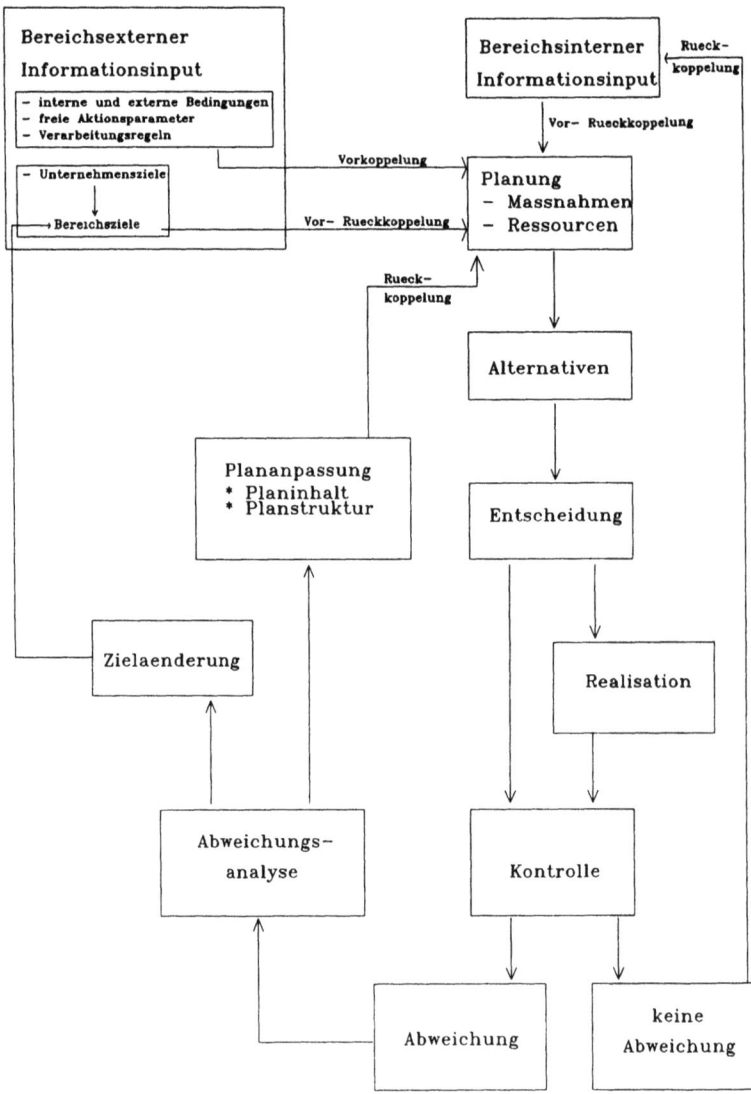

Abbildung 3: Die Phasen des Planungs- und Kontrollprozesses

1.3.3 Formalziel

In der Controlling-Diskussion ist die Frage der Formalzielsetzungen bisher weitgehend unbeachtet geblieben. Oft beschränkt sich die Literatur auf selbstverständliche Forderungen wie etwa "Beitrag zur Zielerreichung der Unternehmung" (vgl. HARBERT 1982, S. 226). Der Zusammenhang zwischen Zielsetzung und einer bestimmten Ausprägung von Gestaltungsparametern wird darüber hinaus nicht ausgeführt.

Controlling bzw. das PK-System als Gestaltungsergebnis des Controlling muß sich wie alle Unternehmungsfunktionen an den Unternehmungszielen bzw. daraus abgeleiteten Kriterien messen lassen.

Geht man davon aus, daß jede Unternehmung unabhängig von konkreteren Formulierungen nach **wirtschaftlichem Einsatz aller Faktoren** und längerfristig nach einer existenzsichernden Entwicklung strebt, dann muß sich Controlling um eine diesen Grundsätzen entsprechende Gestaltung des PK-Systems bemühen (vgl. LANGE 1979, S. 191).

Es soll die Wirtschaftlichkeit der Unternehmungsaktivitäten fördern und flexibel sein für in der Zukunft nötige Änderungen und Erweiterungen (vgl. HELLMICH 1970, S. 48ff).

Betrachtet man zunächst die Wirtschaftlichkeit des Controlling, dann ist das Verhältnis von Aufwand und Nutzen, der aus der Einrichtung einer solchen Funktion resultiert, zu beurteilen.

Der vom Controlling verursachte **Aufwand** ist verhältnismäßig einfach zu erfassen. Er besteht aus zwei Teilen: Aus dem Aufwand für den Betrieb der Controlling-Funktion zum ersten und zum zweiten aus dem durch die Gestaltungstätigkeiten des Controlling induzierten Mehraufwand im PK-System, der z.B. aus erhöhtem Personaleinsatz durch ein jetzt breiteres Funktionsspektrum bedingt ist. Dieser Gesamtmehraufwand könnte verhältnismäßig gut mit bekannten Methoden erfaßt und betragsmäßig beziffert werden.

Erheblich schwieriger ist auf der **Ertragsseite** der mit der Controllingfunktion verbundene Nutzen zu bewerten. Soll Controlling PK-Qualität erhöhen, so geschieht dies, um die Effizienz der Unternehmungssteuerung über bessere Entscheidungen der Unternehmungsführung derart zu verbessern, daß die Basisprozesse wirtschaftlicher ablaufen.

Dies wäre möglich mit der Erzielung höherer Erträge oder niedrigerer Kosten. Mögliche positive Einflüsse auf diese Größen durch eine höherwertige Planung und Kontrolle sind aber aus dem Gesamterfolg nicht zu isolieren. Aus diesem Grund müssen **Hilfskriterien** zur Beurteilung des Controlling-Nutzens herangezogen werden, die als multidimensionales Meßkriterium jeweils zumindest ordinale Meßskalen zur Verfügung stellen und insgesamt ein möglichst genaues und vollständiges Urteil über den Controlling-Nutzen geben sollen. Durch die vielschichtigen Wirkungen ist der Nutzen nicht in einer einzigen Größe zu messen.

Maßgeblich wird die Qualität der Meßkriterien durch die Korrelation zwischen ihrer Ausprägung und der Qualität der Unternehmungssteuerung geprägt. In der Theorie wurden bislang keine befriedigenden Verfahren zur Ableitung solcher Kriterien gebildet, so daß hier weitgehend spekulativ-hypothetische Überlegungen erfolgen müssen.

Im folgenden werden einige Kriterien aufgezählt, bei denen ein derartiger Zusammenhang angenommen wird:

So soll das PK-System vollständig, einfach und transparent, detailliert und hinreichend differenziert, formalisiert und standardisiert sein (Solche Listen finden sich z.B. bei KOCH 1982, S. 18; WILD 1966, S. 157ff). Mit der so erzielten Komplexitätsreduktion, besserer Datengrundlage und früherer Initiierung des Steuerungsprozesses soll die Entscheidungsqualität verbessert werden.

Sind Meßkriterien gefunden, wäre weiterhin festzulegen, z.B. wie formalisiert das System nun sein soll und wie Konflikte zwischen Kriterien, z.B. zwischen Einfachheit und Vollständigkeit oder auch Vollständigkeit und Aufwand ausgeräumt werden sollen; erst dann könnte festgestellt werden, wie effizient das PK-System wäre bzw. welchen Nutzen die Controlling-Gestaltungstätigkeit hätte, indem die Erfüllung der Kriterien mit und ohne Controlling verglichen wird.

Diese Ausführungen zeigen, wie schwierig und unvollkommen bislang eine Beurteilung der Controlling-Wirtschaftlichkeit nur möglich ist.

Flexibilität als zweite Hauptforderung an das PK-System verlangt genügend Freiheitsgrade, damit in der Zukunft nötige Änderungen zur Erhaltung eines wirtschaftlichen Systems möglich sind. Diese Anpassungsfähigkeit der Planung und Kontrolle wird insgesamt ausgemacht von der inhaltlichen Anpassungsfähigkeit der Pläne und der strukturellen Anpassungsfähigkeit des PK-Systems.

Inhaltliche Flexibilität ist erforderlich, sofern sich im Zuge der Planrealisierung (oder der näherrückenden Realisierung) Situationen ergeben, die vorher nicht berücksichtigt wurden und Planänderung erfordern.

Grundsätzliche Lösungsmöglichkeiten bestehen in der nachträglichen Plananpassung oder der vorherigen Berücksichtigung solcher Änderungsnotwendigkeiten mit Alternativplanungen (vgl. SCHMIDT 1973, S. 70 ff; WILD 1966, S. 77).

Strukturelle Änderungserfordernisse ergeben sich zusätzlich aus dauerhaften Änderungen der PK-Objekte. Derartige Notwendigkeiten können bereits in der Aufbaugestaltung des PK-Systems z.B. mit der Bildung von Projektgruppen berücksichtigt werden. Bei erwarteter niedriger Änderungsgeschwindigkeit genügt unter Umständen eine prozessuale Regelung (vgl. DIENSTBACH 1972, S. 85 ff).

Zu den grundsätzlichen Möglichkeiten der Anpassung müssen nun wie bereits bei der Beurteilung des Controlling-Nutzens Beurteilungskriterien gefunden werden, die Aufschluß über Anpassungsgeschwindigkeit und Reibungsverluste geben, hier gewünschte Werte festgelegt und schließlich das existierende PK-System eingestuft und der Controlling-Beitrag festgestellt werden.

Abschließend bleibt zu erwähnen, daß auch zwischen den beiden Hauptzielen **Konflikte** bestehen; so verursacht ein flexibles PK-System Zusatzaufwand, beeinträchtigt also die Wirtschaftlichkeit. Soll das Zielsystem widerspruchsfrei sein, dann müssen diese Konflikte ausgeräumt werden.

1.4 Die Bedeutung von Instrumenten im Rahmen des Controlling

Wird nach der ersten Beschreibung der Controlling-Aufgaben die Darstellung der Gestaltungsparameter als zweite Detaillierung des Controlling-Konzeptes bezeichnet, so folgt hier mit der Instrumentalisierung eine weitere Stufe der Konkretisierung der Controlling-Inhalte (vgl. GAYDOUL 1980, S. 24).

Die Gestaltungsaufgabe des Controllers endet nicht mit der Gestaltung der Informationsströme und des PK-Systems insgesamt. So hängt der Informationsgehalt der PK-Größen und so der PK-Prozeß in seiner Qualität vom Einsatz spezifischer Instrumente ab.

Etwa gleichgestellt mit dem Begriff "Instrument" werden die Bezeichnungen "Methode", "System", "Verfahren" verwandt.
Hier soll keine Abgrenzung versucht werden, denn alle Werkzeuge, die unter diesen Begriffen beschrieben werden, dienen dem hier geforderten Zweck: Als Ordnungsschema, Struktur und Beziehungsrahmen werden für bestimmte Problemklassen im Bereich Planung und Kontrolle Lösungshilfen zur Verfügung gestellt (vgl. HUCH 1985b, S. 53).
Diese Instrumente wurden nicht durch das Controlling entwickelt, sondern finden sich auch in anderen Teilen des Lehrgebäudes der Betriebswirtschaft, allerdings wird mit dem Controlling eine neue Qualität der Unternehmungssteuerung erschlossen (vgl. SERFLING 1983, S. 17). Der Einsatz eines integrierten Instrumentenbündels in einem koordinierten PK-System ist entscheidend (vgl. DEARDEN, NOLAN 1973, S. 68).

Liegt ein strukturiertes PK-System vor, dann sind die zur Wahl stehenden Instrumente sowohl hinsichtlich ihrer **Problemlösungsfähigkeit** "innerhalb" der Elemente des PK-Systems (z.B. der operativen Planung eines best. Bereiches) als auch hinsichtlich ihrer Koordinationsfähigkeit zwischen den Elementen des PK-Systems (z.B. zwischen den operativen Planungen verschiedener Bereiche oder der operativen und strategischen Planung eines Bereiches) zu beurteilen.

Die Beurteilung der Eignung eines Instrumentes zur Lösung einer Klasse von Sachproblemen ist i.d.R. gut möglich.

Die **Koordinationsfähigkeit des Instrumentenbündels** wird im wesentlichen von zwei Faktoren bestimmt:
Einsatz eines Instrumentes möglichst über alle Systemebenen und Gewährleistung eines gleichen Unterstützungsgrades über die Ebenen.

Universalität und hierarchische Gliederbarkeit der Instrumente ermöglichen den Einsatz eines Instrumentes über mehrere Ebenen. Ein Beispiel für ein solches Instrument ist die Kennzahlenrechnung.

Der erforderliche Formalisierungs- bzw. dann auch Instrumentalisierungs- und Unterstützungsgrad einer Ebene ist abhängig vom jeweiligen zeitlichen und inhaltlichen Differenzierungsgrad (vgl.

TÖPFER 1976, S. 124ff). So nimmt die Formalisierung mit sinkender Systemebene zu. Die kurzfristigen, operationalen Pläne verlangen aufgrund ihrer höheren Präzision und Verbindlichkeit höheren Instrumenteneinsatz, und zwar nach Möglichkeit Einsatz solcher Instrumente, die aufgrund der Koordinationsforderung konsolidierbar sind.

Notwendige Bedingung ist hier die Quantifizierbarkeit der detaillierten PK-Größe, zumindest muß dies über Hilfsmaßstäbe möglich sein.

Auf unteren Ebenen liegt das Schwergewicht auf repetetiven, eher programmierbaren und zu vereinheitlichenden Aufgaben. Entsprechend stehen viele Instrumente zur Verfügung (vgl. MANN 1978, S. 10).

Mit steigender Ebene nimmt die inhaltliche Differenzierung ab, zeitliche Reichweite nimmt zu; mit der gewöhnlich innovativen Planungsaufgabe ist der Formalisierungsgrad niedriger und eine Unterstützung mit Instrumenten aufgrund der schlechteren Problemstrukturierbarkeit aber auch viel schwieriger (vgl. HORVÁTH 1979, S. 143). Entsprechend stehen weniger Instrumente zur Verfügung. Darüber hinaus ist der Probleminhalt einer im Zeitablauf standardisierten Instrumentenunterstützung kaum zugänglich; vielmehr wird von den vorhandenen Instrumenten das Umfeld zur Problemlösung mit z.B. Kreativitätstechniken gestaltet (vgl. HUCH 1985, S. 53; SERFLING 1983, S. 106).

Die Gewährleistung eines den unteren Ebenen entsprechenden Unterstützungsgrades ist schwierig.

1.5 Organisation des Controlling

Als Meta-System organisiert das Controlling das PK-System der Unternehmung, bedarf aber auch selbst wieder der Organisation zur geregelten Aufgabenerfüllung.

Eine Institutionalisierung des Controlling in der **Aufbauorganisation** der Unternehmung ist zwar keine Prämisse für die Wahrnehmung von Controlling-Aufgaben. Eine diversifizierte Wahrnehmung durch die Mitglieder der Unternehmungsführung ist auch möglich - dann wird die Controllingfunktion "nur" in den Arbeitsabläufen der Unternehmungsführung manifestiert -; allerdings werden mit einer Zusammenfassung der Aufgaben zu einer eigenständigen Organisationseinheit weitergehende Synergieeffekte aus Spezialisierungsvorteilen erschlossen (vgl. SERFLING 1983, S. 32).

Das Vorhandensein eines Controllingbereiches in der Aufbaustruktur wird von bestimmten Determinanten beeinflußt. So haben empirische Untersuchungen eine positive Korrelation mit steigender Unternehmungsgröße, Konzernabhängigkeit, bestimmter Rechtsform und Branchenzugehörigkeit festgestellt (vgl. ZÜND 1985, S. 31ff; REICHMANN 1985, S. 12; GAYDOUL 1980, S. 2).

Weiterhin werden Zusammenhänge zu Innovationsbedarf, bestehenden Unternehmungsgrundsätzen und Komplexität der zu lösenden Probleme vermutet.

Die wichtigsten Probleme, die im Rahmen der Organisation des Controlling zu lösen sind, betreffen die Einordnung in die Unternehmungshierarchie, die Kompetenzabgrenzung des Controllers und die vom Controller zu übernehmenden Aufgabenkomplexe (vgl. HORVATH 1978, S. 135).

Abhängig von der Ausprägung der verschiedenen **Einflußfaktoren** ergeben sich Einschränkungen der Gestaltungsmöglichkeiten. Weil darüber hinaus keine Optimierungskriterien vorliegen, gibt es keine allgemeingültige Lösung des Gestaltungsproblems bzw. entscheidungsproblembezogene Regeln (vgl. HEIGL 1978, S. 23).

Aufgrund des Mangels an gesicherter wissenschaftlicher Erkenntnis werden demzufolge verschiedene Ansätze in der Literatur diskutiert, insbesondere die beiden Möglichkeiten der Organisation des Controlling in Linien oder Stabsform.

Beide Möglichkeiten haben Vorteile, denn eine Auflistung der Aufgaben des Controllers zeigt, daß sowohl klassische Stabs- als auch Linienaufgaben zu erfüllen sind (vgl. HORVATH 1978, S. 135; HEIGL 1978, S. 14).

Besonders in den USA steht der Controller in **Linienverantwortlichkeit**. War er ursprünglich ein untergeordneter Mitarbeiter im Bereich des Treasurers, so ist heute eine autonome Organisationseinheit i.d.R. in der zweiten Führungsstufe angesiedelt, immer mehr ist die Führung des Controllingbereiches auch in der Geschäftsführung vertreten (vgl. ZÜND 1985, S. 37f; SCHARPF 1961, S. 225).

Wesentliche Nachteile bestehen hier in der mangelnden Neutralität des Controllers - Konflikte durch Interessenkollisionen mit anderen Linienstellen sind wahrscheinlich - und in der fehlenden kritischen Distanz; die Ziel- und Handlungskritikfähigkeit des Controllers wird beeinträchtigt (vgl. HEIGL 1978, S. 21).

Diese Probleme führen zur Untersuchung einer Organisation des Controlling als zentralem, ressortungebundenen **Stab**. Dies würde dem führungsunterstützenden Charakter des Controlling entsprechen; die Linie wird bei dem außerhalb der Routine liegenden Problem der Gestaltung des PK-Systems unterstützt.

Probleme bestehen bei der Stabsorganisation darin, daß Controlling mit innovativen Aufgaben verbunden ist, die oft Anpassungsvorgänge auslösen. Die Durchsetzung dieser nötigen Änderungen verlangt Kompetenzen, die über bloße Beratungsbefugnis der klassischen Stabsstelle hinausgehen (vgl. ULRICH 1985, S. 24).

Mit einer Kombination beider Organisationsformen wird folglich versucht, das Dilemma zu lösen: Begrenzt auf seine Aufgabe erhält der Controllingstab Weisungsbefugnis gegenüber den Linienstellen.

Es entsteht eine Matrixorganisation aus der gewöhnlich vorliegenden divisionalen oder funktionalen Organisationsstruktur und der führungsunterstützenden Controllingstruktur (vgl. PREISSLER 1985, S. 44; SERFLING 1983, S. 88; HORVATH 1978, S. 133; ZILAHI-SZABO 1975, S. 79). Damit wird allerdings ein Konflikt zwischen den tendenziell stabilitätsorientierten Linienkräften und der innovativen Controllingfunktion institutionalisiert.

Er muß z.B. mit Mitteln der Teamarbeit in Richtung eines positiven und produktiven Konfliktes gesteuert werden.

Neben dieser organisatorischen Einordnung des Controlling in die Unternehmung muß bei größeren Bereichen auch eine **Struktur für den Controllingbereich** selbst gefunden werden (vgl. ZIEGENBEIN 1984, S. 37) und es müssen die zugehörigen Aufgabenerfüllungsprozesse bestimmt werden.

2. Controlling und automatisierte Datenverarbeitung

Wurde bisher Controlling allgemein beschrieben, dann muß jetzt die Verbindung zu dem Objektbereich ADV hergestellt werden. Dazu ist zunächst die Aufgabe der automatisierten Datenverarbeitung in der Unternehmung zu klären und dann ausgehend von ihren Besonderheiten die Aufgabe des ADV-Controlling darzustellen. Wichtig ist schließlich auch die Stellung der an dem ADV-Controlling beteiligten Personengruppen. Vorbereitend für die Gestaltung und Instrumentalisierung des operativen ADV-Controlling sind dann die Ziele, insbesondere Formalziele der ADV zu bestimmen.

2.1 Das betriebliche Informationssystem und ADV

Wird wieder auf das Konzept der **Subsystembildung** zurückgegriffen, dann kann auf hoher Abstraktionsebene neben dem Basissystem, das alle auf Realgüter und finanzielle Mittel unmittelbar bezogenen Aktivitäten zusammenfaßt, ein System der Informationsverarbeitung identifiziert werden (vgl. ZIMMERMANN 1983, S. 190; MELLER 1976, S. 781). Dieses System enthält dann auch das beschriebene Führungs- und Controllingsystem.

Die Informationsverarbeitungsvorgänge in diesem System werden von vielfältigen technischen Hilfsmitteln unterstützt, von denen allerdings die automatisierte Datenverarbeitung herausragende Bedeutung erlangt hat. Als Teilmenge des Informationsverarbeitungssystems können alle so unterstützten Vorgänge in einem ADV-System subsumiert werden.

Zerlegt man Informationsverarbeitung in einen einfachen Prozeß der

- Informationsbeschaffung,
- Informationszwischenspeicherung,
- Informationstransformation,
- Informationsergebnisverwendung und wieder
- Informationszwischenspeicherung,

dann zeigt sich, daß grundsätzlich alle diese Vorgänge ADV-gestützt ablaufen können (vgl. HORVATH, SCHÄFER 1982, S. 13; BRAUN 1981, S. 9; KÖNIG, NIEDEREICHHOLZ 1986, S. 5ff), also eine selbständige Abwicklung durch das ADV-System möglich ist.

Bei der Prüfung des aktuellen **Standes der technischen Unterstützung** zeigt sich allerdings, daß insbesondere die Informationsergebnisverwendung bzw. die sich bei anspruchsvolleren Vorgängen an die Transformation anschließende Entscheidung nur in wenigen, einfachen Fällen automatisiert abläuft.

Bei dem überwiegenden Teil der Vorgänge ergibt sich damit ein **unterstützender Charakter** des ADV-Systems für das Informationsverarbeitungssystem. Ein in sich geschlossener Vorgang wird dann von beiden Systemen abgewickelt.

Grundsätzlich existieren also **drei Typen von Vorgängen**: solche, die nur vom ADV- oder IV-System bearbeitet werden, und der häufigste Typ der arbeitsteiligen Vorgänge.

In der **historischen Entwicklung** wurden zunächst die routinehafte Massendatenverarbeitung und in der Folge auch mit Dispositions- und Planungssystemen anspruchsvollere Informationsverarbeitungsaufgaben ADV-gestützt abgewickelt (vgl. HAHN 1985, S. 653ff; GROSS 1985, S. 43ff; MERTENS 1983, S. 1ff; SUTER 1980, S. 23; KALTENHÄUSER 1976, S. 30f).

Entscheidungsunterstützende und Expertensysteme sind Schlagworte, die die Tendenz eines weiteren Vordringens der ADV-Unterstützung kennzeichnen. Ermöglicht und begleitet wird dies zum einen auf der Hardwareseite durch schnelle maschinentechnische Weiterentwicklung bei gleichzeitiger Verbilligung und zum anderen auf der Softwareseite durch neue und leistungsfähigere Programmiertechniken und -werkzeuge (vgl. JÜNGER, MATHYS, WETTACH 1982, S. 29; KÖNIG, NIEDEREICHHOLZ 1986, S. 12ff). Der Anteil der ausschließlich von der ADV und der von der ADV teilweise durchgeführten Vorgänge nimmt also zu.

Diese Entwicklung ist mitbestimmend für die Sicherung des Unternehmungserfolges, denn wird dieser letztlich von der Güte der unternehmerischen Entscheidungen bzw. der Informationsverarbeitung maßgeblich mitbestimmt, dann zeigt sich das Gewicht der ADV - wenn zumindest bis zu einem bestimmten Grad eine Korrelation zwischen ADV-Unterstützung und Informationsverarbeitungsqualität unterstellt wird.

Betrachtet man die **Aufbauorganisation** einer Unternehmung, dann zeigt sich, daß sich das **Informationsverarbeitungssystem** in viele verschiedene Funktionsbereiche aufgliedert.

Die ADV wurde in den Anfängen gewöhnlich zunächst dem Bereich zugeordnet, für den die Unterstützungsleistung erbracht wurde. Dies war meist der Bereich des betrieblichen Rechnungswesens.

Mit breiter werdender Anwendung wurde schließlich ein eigener Linien- oder Stabsbereich ADV eingerichtet (vgl. SELIG 1986, S. 76; KIESSLING 1979, S. 10; GRAEF, GREILER 1975, S. 52ff). Eine Diversifikation der Rechnerleistung erfolgte aus technischwirtschaftlichen Überlegungen heraus nicht. Das bisher beschriebene ADV-System fand sich also geschlossen in einem organisatorischen Funktionsbereich wieder.

In der jüngeren Vergangenheit ist in der Praxis mit der Verteilung von ADV-Leistungspotentialen unter dem Stichwort der individuellen Datenverarbeitung allerdings ein organisatorisches Zusammenfallen von ADV- und Informationsverarbeitungssystem möglich geworden. Der Anteil dieser Prozesse an der gesamten ADV-Leistung ist aber gering (vgl. SELIG 1986, S. 76).

Charakteristisch für den **ADV-Bereich** ist, daß er keine unmittelbare **Durchführungsverantwortung** für bestimmte Informationsverarbeitungsaufgaben übernimmt, sondern diese vielmehr bei dem betreffenden Funktionsbereich verbleibt und die ADV mit der Ausführung bestimmter Teilaufgaben beauftragt wird. Auch aus der üblichen Trennung von organisatorischer Implementierung von ADV- und IV-Bereichen ergibt sich ein Servicecharakter der ADV (vgl. BECKER 1984, S. 33). Dies gilt auch, wenn bestimmte Aufgaben vollständig ADV-gestützt abgewickelt werden. Diese Merkmale verleihen dem ADV-Bereich in der Unternehmung eine besondere Stellung.

2.2 Die betriebswirtschaftliche Grundproblematik von ADV-Leistungen

Bei oberflächlicher Betrachtung ähneln die in der ADV ablaufenden Vorgänge stark denjenigen des Fertigungsbereiches einer Industrieunternehmung. Dem Bereich Forschung und Entwicklung entspricht die Systemanalyse und Programmierung, die Produktion erfolgt mit Hilfe der ADV-Anlagen und Programme; Daten werden als Einsatzstoffe einer substantiellen Transformation unterworfen, aufbereitete Daten so erzeugt (vgl. KIESSLING 1979, S. 10; CHRISTO, LICHT 1974, S. 32ff).

Vergleichbare Überlegungen können auch für andere Dienstleistungsbereiche der Unternehmung angestellt werden, jedoch weist die ADV darüber hinausgehende Besonderheiten auf. So wird die ADV-Unterstützung nicht nur sporadisch von bestimmten Funktionsbereichen der Unternehmung beansprucht, sondern **durchdringt die gesamte Unternehmung** und ist ständig erforderlich. Viele Unternehmungen können den Betriebsablauf bei vollständigem Ausfall der ADV nur noch bedingt und kurzfristig aufrecht erhalten.

Ganz im Gegensatz zu dieser Bedeutung liefert die ADV **keine "echten" Erträge**, es fehlt der unmittelbare Zusammenhang zu den Erlösen der Unternehmung. So kann die ADV nur in Verbindung mit den anderen Subsystemen der Unternehmung einen Zweckerfolg erwirtschaften. Der Beitrag des ADV-Einsatzes zu diesem Unternehmungserfolg läßt sich sachlogisch nicht isolieren, mit Worten der Produktions- und Kostentheorie ausgedrückt, kann für die ADV in der Praxis keine partielle Grenzproduktivität ermittelt werden.

Betrachtet man die Unternehmung allerdings als nur bestehend aus einem produzierenden Bereich, einem Bereich der Unternehmungsführung und dem ADV-Bereich, dann ist der **Produktionsfaktor ADV** mit den anderen beiden Faktoren zu kombinieren. Theoretisch ist dann vorstellbar, daß sukzessive Vermehrung der ADV-Leistung bei Konstanz der anderen Faktoren zunächst zu einem progressiven, später degressiv steigenden Gesamtertragszuwachs führt. Grundgedanke ist dann, daß zunehmende ADV-Leistung und damit Bürokratisierung den Gesamtertrag entsprechend dem ertragsgesetzlichen Verlauf beeinflußt.

Abgesehen von theoretischen Problemen, kann diese Überlegung in der Praxis keine Hilfestellung für die Entscheidung über den ADV-Einsatz bieten (Vgl. die Überlegungen von Gaitanides bezüglich des Büro- und Verwaltungsbereiches der Unternehmung, GAITANIDES 1980, S. 680f und GRAEF, GREILER 1975, S. 436).

Darüber hinaus ist der **Begriff der ADV-Leistung** schwer zu fassen, sie kann nicht eindeutig mit einem bestimmten Kriterium gemessen werden, sondern stellt sich in vielen Dimensionen dar. So könnte z.B. ein erledigter Auftrag unter anderem mit den erforderlichen Druckzeilen oder der verbrauchten cpu-Zeit beschrieben werden.

Zusätzlich zu dieser produzierten Leistung bringt der ADV-Einsatz i.d.R. Ersparnisse bzw. Zusatznutzen, der nicht unmittelbar mit der Übernahme einer bestimmten Aufgabe auf ADV in Zusammenhang steht, wie z.B. aktuellere Information.

Ähnlich große betriebswirtschaftliche Probleme ergeben sich bei der Beurteilung der **Kostenseite** der ADV. Der außergewöhnlich hohe Anteil ausbringungsmengenunabhängiger Kosten (vgl. ZILAHI-SZABO 1983b, S. 236) führt bei Anwendung traditioneller Kostenrechnungsverfahren zu rechentechnisch nicht mehr beherrschbaren Fixkostenblöcken (vgl. DEARDEN, NOLAN 1973, S. 69), die Beurteilung der Angemessenheit des Gesamt-ADV-Aufwandes ist nur unvollkommen oder nicht möglich (vgl. GAITANIDES 1980, S. 680).

Schließlich führt der hohe Fixkostenanteil zu niedrigen Grenzkosten bei zusätzlichen Aufträgen, was grundsätzlich eine Tendenz zu Vollauslastung der ADV-Anlagen ergibt. Problematisch wird dann die Vorgehensweise bei Kapazitätsengpässen, denn die Vergrößerung der Kapazität kann nicht linear, sondern nur in größeren Blöcken (Sprüngen) erfolgen (vgl. MC FARLAN, NOLAN, NORTON 1973, S. 471f). Zudem verursacht die dann erforderliche Umstellung erheblichen Zusatzaufwand und Reibungsverluste. Insgesamt wird eine schlecht kontrollierbare Expansion des ADV-Bereiches begünstigt.

Diese Merkmale führen dazu, daß der relativ geschlossene ADV-Bereich für die "außenstehenden" Benutzer und die verantwortliche Unternehmungsführung wenig transparent und schlecht in Richtung der Unternehmungsziele steuerbar ist (vgl. HORVATH 1980, S. 13).

2.3 Die Entwicklung des ADV-Managements

Die Bemühungen um ein der ADV angemessenes Controlling bzw. Management werden hier mit Hilfe eines auf NOLAN zurückgehenden **Phasenschemas** dargestellt, was einer empirisch ermittelten, s-förmigen Budgetentwicklung im Lebenszyklus der ADV Situationsbeschreibungen in vier Phasen zuordnet (vgl. NOLAN 1977, S. 114ff; GIBSON, NOLAN 1974, S. 76ff; NOLAN 1979, S. 115ff; HORVATH o.J., S. 18f):

- So wurde **mit dem ersten Einsatz** der ADV diese einem Funktionsbereich zugeordnet und Grundanwendungen wurden nach FIFO-Maßgabe übernommen. Mit Kosten- und Personaleinsparungen war der Wert des ADV-Einsatzes für die Unternehmungsführung unmittelbar erkennbar. Es erfolgte kein oder nur loses ADV-Management.

- Überzeugt von den **guten Ergebnissen**, erfolgte in der zweiten Stufe eine "verkaufsorientierte" Handhabung der jetzt selbständigen ADV. Ohne besondere Prüfung wurde unter dem Eindruck, daß alle Aufgaben mit ADV-Unterstützung "besser" lösbar sind, der Umfang der ADV-Anwendungen erheblich ausgedehnt. In der Anfangsphase großzügig ausgelegte Kapazitäten wurden voll ausgelastet und bald erweitert. In einer Spirale damit einhergehend folgte ein Ausbau des ADV-Personals, verbunden mit zunehmender Spezialisierung.

- Unrealistische Ziele und Frustrationen in der Zusammenarbeit mit den technisch orientierten ADV-Spezialisten führten in diesem Stadium zu ersten Enttäuschungen. Weiter steigende ADV-Budgets und kaum noch festzustellende Qualitätssteigerung der Büro- und Verwaltungstätigkeit führten dann zu einer **kritischen Einstellung** der Unternehmungsführung gegenüber dem ADV-Bereich. In dieser dritten Phase des ADV-Wachstums wird folglich versucht, die Wirtschaftlichkeit der ADV zu erhöhen. Allerdings stehen der Unternehmungsführung hierzu im Vergleich zu der Steuerung anderer Teilbereiche nur sehr einfache und unzureichende Mittel zur Verfügung, wie etwa die Festlegung einer maximalen, prozentualen Steigerungsrate für das ADV-Budget.
  In dieser Stufe sind gewöhnlich bereits alle Massenanwendungen und viele Dispositionsaufgaben in ADV-Systeme übernommen. Es besteht allerdings noch ein großes Potential für höherstehende Aufgaben, wie z.B. Finanzplanung oder Planungsaufgaben insgesamt. Die Effizienz derartiger Anwendung wird mangels besseren Maßstabes nur an entstehenden Kosten und kurzfristig erzielbaren Einsparungen gemessen. Ein klares Urteil ist damit nicht möglich. Bei bereits realisierten DV-Unterstützungsleistungen wird deren Sinn nicht in Frage gestellt.
  Die Zusammenstellung des Portfolios der ADV-Anwendungen ist damit mehr oder minder willkürlich bestimmt.
  Zu dieser **schlechten Beurteilbarkeit** der ADV aus Sicht der Anwender tritt die ebenso schlechte Übersicht über den Stand der technischen Leistung des Bereiches.

Befanden sich etwa 1980 viele Unternehmungen am Anfang dieser dritten Phase (vgl. HORVATH 1979, S. 648; HORVATH 1977, S. 964), so haben neue Innovationsschübe mit der Einführung von Datenbanksystemen und dem Erkennen der Notwendigkeit einer Integration der Programmteile inzwischen eine Verbesserung der Beurteilbarkeit des ADV-Geschehens verhindert (aus der Berücksichtigung dieser beiden Punkte erweiterte NOLAN sein 4-Phasen-Schema zu einem 6-Phasen-Schema. Vgl. NOLAN 1979, S. 115ff. Diese Erweiterung ist für die hier angesprochene Problematik nicht von Bedeutung).

- Es fehlt der **Schritt in die letzte Phase der erwachsenen Datenverarbeitung**, bei der wie in den anderen Bereichen ein geschlossenes Planungs- und Kontrollsystem angewendet (vgl. WILLMS, JAUGEY 1983, S. 68; HORVATH 1985a, S. 7; O.V.: 1975, S. 2ff; BRAUN 1981, S. 70) und eine Optimierung der ADV-Leistung erreicht wird. Die mit ADV-Einsatz erschließbaren Nutzenpotentiale sind heute um Dimensionen größer als noch offene Rationalisierungsmöglichkeiten im Sinne von Kostenreduzierungen.
  Nicht möglichst kostengünstige IV, sondern möglichst wirksame IV mit Hilfe der ADV ist wichtig (vgl. RIEKE 1985, S. 32ff).

2.4 Controlling der ADV

Informationsverarbeitung mit Hilfe der ADV beschäftigt den Controller in mehrfacher Hinsicht:

So stellt die ADV ein enormes **Koordinationspotential** zur Verfügung. Es wurde ausgeführt, daß die ADV-Unterstützungsleistung nahezu die gesamte Unternehmung durchzieht. Der Objektbereich des Controlling ist ebenfalls die gesamte Unternehmung, insbesondere große Teile der Informationsverarbeitung. Es ist daher naheliegend, sich die ADV für die Koordinationsaufgabe des Controlling zu nutze zu machen. Einfache Beispiele sind die Verwendung gleicher Planungsprogramme auf gleichen Ebenen verschiedener Funktionsbereiche und die Integration verschiedener Planungsprogramme unterschiedlicher Ebenen durch Datenübergabe (vgl. HÖHN 1985, S. 515ff; LANGE 1982, S. 77; NILSSON 1983, S. 115ff; BIEL 1986, S. 294ff).

Zum zweiten bedient sich der Controller bei der **Entwicklung des Planungs- und Kontrollsystems** der ADV. Mit Simulationsmodellen kann er die zerlegte Planungs- und Kontrollaufgabe zu verschiedenen Aufgabenkomplexen zusammenfassen und aus der Berücksichtigung der Abhängigkeiten zwischen den Aufgaben die entstehende Schnittstellenproblematik analysieren (vgl. LANGE 1979, S. 191).

Letztlich besitzt die ADV einen enormen **Koordinationsbedarf**, wie die Beschreibung der Entwicklung des ADV-Managements gezeigt hat (vgl. SEIBT 1984, S. 101ff). Dieser letztgenannte Aspekt der Beziehung zwischen ADV und Controlling ist hier Gegenstand und soll unter dem sonst weiter zu verstehenden Begriff des ADV-Controlling gefaßt werden, es geht also um das Controlling der ADV. Dieses ADV-Controlling muß Antworten auf folgende **drei Fragen** ermöglichen:

- Ist das Portefeuille der ADV-gestützt bearbeiteten Informationsverarbeitungsaufgaben "richtig" zusammengestellt?

- Werden die in diesem Portefeuille enthaltenen Aufgaben in "richtiger" Art und Weise verarbeitet?

- Stehen die "richtigen" Ressourcen zur Verfügung? (vgl. O.V. 1975, S. 2; HORVATH, SCHÄFER 1982, S. 26ff; TARUSEV, TERHEYDEN 1983, S. 151)

Soll ein PK-System zur Beantwortung der Fragen konzipiert werden, so muß die Gesamtplanungsaufgabe in einer vertikalen Zerlegung in Teilplanungsaufgaben aufgespalten werden. Die dann erforderliche Koordination des Systems muß in zweierlei Hinsicht erfolgen: zum einen ist für Koordinationsmechanismen innerhalb des Systems zur Integration der Teilplanungen zu sorgen, zum zweiten ist als ebenso wichtiger Aspekt zu sehen, daß ADV-Planung und -Kontrolle selbst wieder nur Elemente des Gesamtunternehmungs-PK-Systems sind. Es ist die Beziehung zum Umsystem zu regeln. Zu der "vertikalen" Gestaltung muß die "horizontale" Gestaltung treten.

2.4.1 Besonderheiten der vertikalen Gestaltung

Hier muß mit den Parametern der inhaltlichen und zeitlichen Differenzierung zunächst eine ADV-Planungshierarchie geschaffen werden.

Die erste oben gestellte Frage gehört zu der Aufgabenstellung einer **strategischen ADV-Planung und -Kontrolle**. Auf inhaltlich relativ undifferenziertem Niveau wird hier geplant, wie die individuelle ADV-Unterstützung der Unternehmung in der Zukunft aussehen soll (vgl. AUERBACH 1980, S. 4). Um die Entscheidungssituation abstecken zu können, muß als wichtige Eingangsgröße die Entwicklung des Machbaren vorhergesagt werden können. Dies ist sowohl im Hard- als auch im Softwarebereich derart schwer möglich, daß in der Literatur bereits ein Zeitraum von zwei Jahren als Langfristplanung im ADV-Bereich bezeichnet wird (vgl. GRAEF, GREILER 1975, S. 370). Trotzdem sind bei der Festlegung von Anforderungen und einzuschlagender Entwicklungsrichtung strategische Entscheidungen zu treffen (vgl. SEIBT 1988, S. 6ff). Noch vor der Auswahl zukünftiger ADV-Anwendungen betreffen sie etwa

- den Integrationsgrad,
- den Zentralisierungsgrad,
- den grundsätzlichen Aktualitätsgrad von Auswertungen und Daten,
- die Organisation der verwendeten Datenbasis,
- die Verarbeitungsform,
- den Einsatz von individueller und Standardsoftware (vgl. SCHEER 1983, S. 39).

Der hohe Grad an Unsicherheit bezüglich der konkreten Inhalte der strategischen ADV-Planung (vgl. MELLER 1976, S. 382) und -Kontrolle erlaubt dem Controlling nur eine Organisation des formalen Rahmens der strategischen Abläufe; z.B. kann aus der Controlling-Tätigkeit dann die Etablierung eines Quality-Circle (vgl. RISCHAR, TITZE 1984; DEPPE 1986; KRAMER 1984) für ADV-Fragen hervorgehen.

Das hervorragende Merkmal des Controlling, auch inhaltliche Lösungshilfen zur Verfügung stellen zu können, ist im strategischen ADV-Controlling stark eingeschränkt.

Die strategische ADV-Planung und -Kontrolle mündet schließlich in einer Reihenfolge von Aufgaben, die ADV-gestützt gelöst werden sollen. Die Realisierung dieser Anwendungen erfolgt im Rahmen der taktischen ADV-Planung und -Kontrolle in Projektform. Das **ADV-Projektcontrolling** stellt für den Projektablauf ein Phasenschema zur Verfügung und kann zum Teil mit Instrumenten - z.B. dem Konzept der strukturierten Programmierung - inhaltliche Hilfen bieten (vgl. SEIBT 1983, S. 205; SEIBT 1984, S. 101).

Mit der strategischen und taktischen ADV-Planung und -Kontrolle werden die mit Hilfe der ADV gelösten Aufgaben festgelegt und das nutzbare Leistungspotential, z.B. mit der Festlegung von Programmstruktur und Leistungsumfang, bestimmt.

Im Rahmen des **operativen ADV-Planungs- und Kontrollsystems** werden ebenfalls Durchführungsprobleme, allerdings kurzfristigerer Art, gelöst. Zum Beispiel werden Zeitpunkt und Umfang der seitens der Benutzer angeforderten Leistung beeinflußt. Wichtig ist im operativen Bereich auch die Frage der Angemessenheit der Ressourcen.

Gegenstand sind die "unmittelbaren" Aktivitäten des Funktionsbereiches ADV und deren kurzfristige Änderung gemäß der zur Realisierung kommenden taktischen Planung sowie die operativen ADV-Aspekte der Benutzerbereiche. Planungs- und Kontrollobjekte sind die notwendigen Maßnahmen und Ressourcen in beiden Bereichen.

Die zunehmende Sicherheit der verarbeiteten Informationen - teilweise werden auch vergangenheitsorientierte Informationen verarbeitet - und der mehr repetitive Charakter machen die operative ADV-Planung- und -Kontrolle einer **Instrumentalisierung** zugänglicher.

Diese drei grundsätzlichen Ebenen des ADV-PK-Systems sind mit den angeführten Gestaltungsparametern zu integrieren. Erforderlich dürfte die Abstimmung der Pläne über die drei Ebenen im Gegenstromverfahren sein. Die top-down-Ableitung der Pläne ist selbstverständlich; entscheidend für den Erfolg von ADV-Vorhaben ist aber die bereits frühzeitige Feststellung der Realisierbarkeit und der damit verbundenen potentiellen Aufwendungen und Erträge durch die bottom-up-Abstimmung. Die sorgfältige Planung in dieser Richtung ist wichtig, weil besonders im ADV-Bereich gefällte strategische Entscheidungen und schließlich veranlaßte Projekte die Unternehmung sehr langfristig binden, hohe Kosten verursachen, Erfolge aber bei den heute zur Realisierung anstehenden Anwendungen erst spät festgestellt werden können (vgl. HORVATH o.J. S. 26f; LIESSMANN 1983, S. 101).

Damit in Zusammenhang steht auch die Forderung nach einer Schachtelung der ADV-Planung und -Kontrolle. Alle Planungen sollten in der Gegenwart beginnen, um nicht nur wünschenswerte zukünftige Zustände, sondern gleichzeitig auch den bis dahin zurückzulegenden Weg zum Planungsgegenstand zu machen.

Auch im Bezug auf die ADV-Funktion nimmt die Möglichkeiten der Formalisierung und Standardisierung der Pläne und Kontrollen mit steigender Ebene in negativer Korrelation mit dem Innovationsgrad der Planinhalte ab.

2.4.2 Besonderheiten der horizontalen Gestaltung

Die ADV und damit auch ihr PK-System stehen in vielfältigen Beziehungen zu den übrigen Subsystemen der Unternehmung. So beeinflussen die ADV-Planung und -Kontrolle andere Planungen und Kontrollen in der Unternehmung bzw. werden von ihnen beeinflußt. Als wichtigste Systeme sind hier zu nennen die Unternehmungsführung, die Beziehungen zu allen Subplanungen und -kontrollen unterhält und die Gruppe der Benutzer als die Leistungsempfänger der ADV.

Die Aufgabe des ADV-Controlling steht damit in einem **Spannungsfeld der Interessen** von Unternehmungsführung, ADV-Management und Benutzern (vgl. ZILAHI-SZABO 1975, S. 75ff). Bei anderen Bereichen der Unternehmung besteht ebenfalls eine vom Controlling zu berücksichtigende Interessenvielfalt; die Besonderheit der ADV besteht aber darin, daß fast ausschließlich Leistungen abgegeben werden und die Gruppe der Leistungsempfänger sehr heterogen ist.

Die Beziehungen und **Interessen der einzelnen Gruppen** können wie folgt gekennzeichnet werden:
- Die **Benutzer** legen Wert auf Preis und Qualität der bezogenen Leistungen und die Verbesserung dieses Angebotes in der Zukunft (vgl. MARUSEV, TERHEYDEN 1983, S. 151).
- Das **ADV-Management** ist interessiert an der Zielkongruenz der momentanen und zukünftigen Leistungserstellungsprozesse, damit auch an dem erforderlichen Änderungsprozeß zur Erfüllung der Leistungsanforderungen in der Zukunft (vgl. LANGE 1979, S. 190ff).
- Die **Unternehmungsführung** verlangt Leistungsnachweise sowohl von der ADV als auch von den Benutzern, ist also an der Leistungsentstehung und an der Leistungsverwendung interessiert. Zudem hat sie Interesse an der langfristigen Entwicklung der ADV aufgrund des engen Zusammenhangs zwischen ADV und Wettbewerbsfähigkeit der Unternehmung (vgl. ZIMMERMANN 1983, S. 190).

Dabei steht im Gegensatz zu den möglicherweise von Benutzern und ADV-Management angestrebten Suboptima die Unternehmungsgesamtwirkung im Vordergrund.

Neben einer Berücksichtigung dieser Interessen im Zielsystem der Unternehmung muß der Controller eine Beteiligung der Gruppen an der aktuellen ADV-Planung und -Kontrolle manifestieren, um die wunschgemäße aktuelle Beeinflussung zu ermöglichen. Diese Beeinflussung kann erfolgen durch aktive Mitarbeit im PK-Prozeß und über Informationsbeziehungen zwischen den Beteiligten. Für die einzelnen Ebenen des ADV-PK-Systems finden sich hier verschiedene Intensitäten:

Für die **strategische ADV-Planung** ist wesentliches "externes" Bindeglied die Unternehmungsführung. Aus ihrer ADV-Philosophie ergibt sich der "große" Rahmen für die mögliche ADV-Entwicklung. Wird z.B. die strategische Stellung in der Gegenwart und auch für die Zukunft hoch eingeschätzt, dann kann nach GROSS (vgl. GROSS 1985, S. 60) die ADV mit der dann anzunehmenden großen Unterstützung durch das Management zur "Waffe" im Wettbewerb entwickelt werden. Bei strategisch geringer Einschätzung bleibt die ADV ein für den Unternehmungserfolg untergeordneter Unterstützungsbereich.

Bis hin zur Auswahl von Projekten sind die erforderlichen Entscheidungen für jede Unternehmung von so weitreichender Bedeutung, daß die Mitarbeit der Unternehmungsführung zu fordern ist (vgl. GRAEF, GREILER 1975, S. 68; SZYPERSKI 1980, S. 144). Über den Betrieb der ADV genügen für die Unternehmungsführung dann Kontrollinformationen zur Erbringung der geforderten Leistungsnachweise seitens ADV und Benutzern.

Mit der **Auswahl von Projekten** und deren Umsetzung wird die ADV-Planung und -Kontrolle für die Benutzer wichtig, sie werden daher im taktischen Bereich mitarbeiten. Hinsichtlich der "Machtverteilung" bezüglich der Übernahme einer Aufgabe auf ADV sind die Extreme zu unterscheiden, nach der die ADV in "dienender" Funktion keinen Einfluß auf den Ressourceneinsatz hat oder eigenverantwortlich Abläufe auf ADV übernimmt und diese Leistung anbietet. Hier ist ein Mittelweg zu finden (vgl. SELIG 1986, S. 43ff).

Im **operativen Bereich** werden schließlich Informationen zur Vorkoppelung der einzelnen Planungen ausgetauscht; so wird die ADV von den Benutzern Informationen über den Umfang der in der folgenden Planperiode erforderlichen ADV-Unterstützung im Rahmen vorhandener Programme benötigen und die Benutzer wiederum brauchen z.B. Angaben über die Berechnung für diese Leistungen seitens der ADV.

2.5 Konkretisierung der Problemschwerpunkte

Vor der weiteren Konzeption eines Controllingsystems für die ADV wird der bisher weit gesteckte Rahmen eingeengt, damit dann eine hinreichend präzise und detaillierte Problemlösung erarbeitet werden kann.

Hier soll das **operative ADV-Controlling** im Vordergrund stehen. Man könnte zwar argumentieren, daß - bevor operatives Controlling betrieben werden kann - zunächst die langfristige Richtung der ADV-Entwicklung festgelegt werden muß, um Handlungsspielraum und Aktionsmöglichkeit zu erhalten. Für die umgekehrte Vorgehensweise sprechen folgende Argumente:

Der wohl wichtigste Grund resultiert aus der Betrachtung der **Kostenaufteilung der ADV**. So werden Zahlen zwischen 7o und 9o % angegeben für den Anteil der ADV-Kosten des "application portfolio" (der laufenden Anwendungen) an den gesamten ADV-Kosten (vgl. MC LAUGHLIN 1974, S. 56; HORVATH o.J. S. 41ff; CASHMAN 1978, S. 92ff). Jede Unternehmung wird das größte Interesse daran haben, zuerst diesen Fixkostenblock transparenter und handhabbarer zu machen, also zunächst die heute bestehende ADV einem besseren Management unterziehen, bevor man sich mit deren Veränderung beschäftigt (vgl. ZIEGENBEIN 1984, S. 25).

Schließlich liefert die operative ADV-Planung und -Kontrolle wichtige Daten für das strategische ADV-Controlling. So werden aus dieser kurzfristigen ADV-Betrachtung Schwachstellen erkennbar, die u.U. nur im Rahmen des taktischen und strategischen Vorgehens beseitigt werden können, und zur vollständigen Beurteilung einer strategisch und taktisch wünschenswerten Änderung bedarf es z.B. der Einschätzung der damit verbundenen Kosten. Aus der Nähe zur Leistungsproduktion des ADV-Bereiches rührt die bei bottom-up- und top-down-Abstimmung festzustellende Schlüsselstellung der operativen ADV-Planung und -Kontrolle.

Im Rahmen des operativen ADV-Controlling sind als **Teilaufgaben** dann festzuhalten:

- im Bereich der "**Differenzierung**" die Strukturierung der
  - operativen ADV-Planung,
  - operativen ADV-Kontrolle,

- im Bereich der "**strukturellen Integration**" die PK-Koordination durch Festlegung der
  - Beziehung zur taktischen und strategischen ADV- Planung,
  - Beziehung zur Unternehmungsführung,
  - Beziehung zum Benutzer,

- im Bereich der "**dynamischen Gestaltung**" die zeitliche Gestaltung der operativen ADV-Planung und -Kontrolle.

Eingangs wurde dargestellt, daß sich das ADV-System der Unternehmung nicht mehr geschlossen in dem abgegrenzten, organisatorischen Funktionsbereich ADV findet, sondern eine Diversifikation der Unterstützungsleistung über die Unternehmung stattgefunden hat. Im Rahmen dieser individuellen Datenverarbeitung setzen Fachabteilungen in eigener Verantwortung kleine ADV-Anlagen, i.d.R. Personalcomputer, zur schnellen Lösung individueller Probleme ein. Dieser Teil des ADV-Systems wird hier nicht mit in die Konzeption des Controlling-Systems einbezogen, vielmehr erfolgt eine **Beschränkung auf den unter einheitlicher Verantwortung stehenden ADV-Funktionsbereich.**

Dafür sprechen folgende Punkte:
- Es ist zwar nicht zwingend erforderlich, jedoch zweckmäßig, die Struktur des ADV-Planungs- und -Kontrollsystems an die Organisationsstruktur anzulehnen. So wird die Einheit von Zuständigkeit, Entscheidungskompetenz und Verantwortung gewahrt, wenn in das PK-System der ADV nur die zentralen Systeme einbezogen werden.
- Das Anwenden bestimmter Steuerungs-, Planungs- und Überwachungsinstrumente verlangt im allgemeinen eine Mindestausstattung der Rechner hinsichtlich Hauptspeichergröße, Betriebssystem etc., die bei kleinen ADV-Anlagen nicht zu finden ist (vgl. BRAUN 1981, S. 45).
- Die Kosten, die für dezentrale ADV-Systeme entstehen, sind gering (vgl. GROSS 1985, S. 49), und eine Zunahme in bedeutendem Ausmaß wird für die Zukunft nicht erwartet (vgl. AMDAHL 1985, S. 132ff). Statt Managementproblemen stehen hier vielmehr organisatorische Probleme im Mittelpunkt (So ist z.B. die Beschaffungsentscheidung von kleinen ADV-Systemen zu koordinieren, eine Betreuung der in der Regel "naiven" Benutzer einzurichten, und Prinzipien über Zugriffsrechte zu zentralen Daten sind festzulegen).
- Hinsichtlich Eigenschaften und Fähigkeiten unterscheiden sich diese Rechner von zentralen Großrechenanlagen derartig, daß einheitliche Gestaltungsempfehlungen nicht gegeben werden können, sondern vielmehr zwei völlig verschiedene Problemkomplexe vorliegen (vgl. BRAUN 1981, S. 43ff).

Hier steht also die Problematik im Vordergrund, daß Benutzer von einem abgegrenzten ADV-Bereich Serviceleistungen beziehen und dadurch entstehender Aufwand im ADV-Bereich und zugehöriger Nutzen in den Benutzerbereichen zu planen und zu kontrollieren ist. Instrumente sollen diese operative Planung und Kontrolle der ADV-Funktion als "höchste" Stufe der Gestaltung durch das Controlling unterstützen. Sie werden als Gliederungskriterium bei der Erläuterung des hier vorgeschlagenen Systems verwendet.

C. ADV-ZIELE UND OPERATIVE ADV-CONTROLLINGINSTRUMENTE

1. Bestimmung der ADV-Ziele als Voraussetzung des operativen ADV-Controlling

Lag bei der Beschreibung des Controlling das Schwergewicht auf der Darstellung des Sachziels, so ist dieses hier umgekehrt: die ADV-Formalziele sind für die weitere Konzeption eines ADV-Planungs- und -Kontrollsystems wesentlich.

Zwar ist die Bestimmung des Sachziels für den ADV-Bereich nicht Aufgabe des Controlling, sondern die der innerbetrieblichen Organisation. Da aber schließlich die Sachzielerfüllung und damit zusammenhängende Tätigkeiten das Objekt jeder Planungs- und Kontroll-Aktivität im ADV-Bereich ist, soll vor den weiteren Ausführungen zunächst eine Präzisierung dieses ADV-Sachziels erfolgen.

1.1 Sachziel

Die innerbetriebliche Datenverarbeitung war bereits als Dienstleistungsbereich identifiziert worden. ADV-Aufgaben werden auf einer oder mehreren ADV-Anlagen produktiv oder im Test abgewickelt und deren Ergebnisse im batch-Betrieb ordnungsgemäß und termingerecht an den Benutzer abgeliefert oder im online-Betrieb über Terminals zur Verfügung gestellt. Darüber hinaus werden Beratungs- und Entwicklungskapazitäten für die Konzeption und/oder Implementierung neuer Programme und Verfahren bereitgestellt (vgl. SEIBT 1983, S. 207; BRAUN 1981, S. 50ff; RÖHRS 1981, S. 31ff; KANNGIESSER 1980, S. 33).

Mit der laufenden Verarbeitung und der Programm-Entwicklung als den wichtigsten Teilbereichen existieren in der ADV zwei verschiedene Leistungserstellungsprozesse:

Der **Verarbeitungsprozeß** ist am ehesten vergleichbar mit einer anlageintensiven industriellen Fertigung; Hardware und Software sind eine ganzheitliche Produktionseinrichtung zur Gewinnung verarbeiteter Informationen. Entscheidender Unterschied ist aber, daß auf die internen Arbeitsabläufe lediglich indirekt Einfluß genommen werden kann, denn die eigentliche Steuerung erfolgt durch das Betriebssystem. Weiterhin ist der Produktionsprozeß gekennzeichnet durch hohe Verarbeitungsgeschwindigkeit, starke Schwankungen des Datenumfangs, also Arbeitsanfalls, Reihenfolgeprobleme aus Verknüpfungen zwischen Jobs und Konkurrenz in der Peripheriebeanspruchung bei Mehrprogrammbetrieb (vgl. BRAUN 1981, S. 246).

Neben den produktiven Aufgaben Datenerfassung, "eigentlicher" Verarbeitung und Nachbearbeitung sind zur Bewältigung der Probleme organisatorische und administrative Aufgaben zu erfüllen.

Eine Systemplanung bestimmt die erforderliche Konfiguration und Kapazität der Anlage, die Arbeitsplanung fertigt Quartals-, Wochen- und Tagespläne, die Arbeitsvorbereitung steuert schließlich den tatsächlichen Ablauf mit dem Auftrag, Leerzeiten der Potentialfaktoren und ablaufbedingte Wartezeiten der Einzelaufträge zu minimieren. Die Nachbearbeitung kontrolliert die ordnungsgemäße Abwicklung (vgl. RACKLES 1976, S. 75; RÖHRS 1981, S. 35ff).

Diese Aufgaben sind vollständig bei batch-Aufträgen zu erledigen. Bei online-Arbeiten dagegen fällt ein Teil der Aufgaben weg. So ist nur eine bedingte Planung möglich und der Benutzer führt den Auftrag und dessen Steuerung ebenso wie die Nachbearbeitung weitgehend selbst durch.

Weiterhin sind mit der Verwaltung von Material, Magnetbändern, Massenspeichern u.ä. logistische Aufgaben zu erfüllen (vgl. GRAEF, GREILER 1975, S. 24ff; KANNGIESSER 1980, S. 10ff; SEIBT, SENGER 1977, S. 564).

Die **Programm-Entwicklung** ist als Investition in Software eine spezielle Ausprägung des allgemeinen Investitionsproblems. Eine Besonderheit ist hier z.B. die theoretisch zeitlich unbegrenzte Nutzungsmöglichkeit der Programme, es tritt keine leistungsabhängige Abnutzung auf.

Insgesamt werden Personal- und Computerleistungen, bestehend aus Speicher- und Verarbeitungskapazität, einschließlich aller notwendigen Hilfsfunktionen verfügbar gemacht.

Diese Leistung hat mit ihrer mengenmäßigen Kennzeichnung eine quantitative Dimension, zum zweiten aber auch mit darüber hinaus interessierenden Kriterien eine qualitative Dimension (vgl. ZILAHI-SZABO 1984, S. 112).

Teilweise kann die Aufgabenerfüllung dezentralisiert, d.h. in die Benutzerbereiche verlagert werden. Möglich ist dies bei Datenerfassung, -ausgabe und -verarbeitung über Terminals.

1.2 Formalziele

Die bisherigen Ausführungen zur Bildung und Bedeutung von Formalzielen konnten nur einen Überblick geben. Hier ist nun konkret auf die Formalziele des ADV-Bereiches einzugehen; nur nach deren Präzisierung kann darauf aufbauend ein Vorschlag für ein operatives, nach Controlling-Gesichtspunkten gestaltetes Planungs- und Kontroll-System für den ADV-Bereich erarbeitet werden.

Diese **Zielbildung** kann nicht in einem Prozeß der logischen Deduktion erfolgen, sondern ist ein multipersoneller Verhandlungsprozeß.

Von den Planungs- und Kontroll-Subjekten der oberen organisatorischen Hierarchieebene und den Trägern der Unternehmung werden als führende Systemelemente die grundsätzlichen, aber nur wenig konkreten Zielsetzungen festgelegt. Zugrunde liegen Werte und Normen des Systems, i.d.R. deckungsgleich mit denen dieser Planungs- und Kontroll-Subjekte und des Supersystems. Je nach Führungsstil fließen die im allgemeinen nur auf Teilbereiche bezogenen Vorstellungen der Mitglieder ein.

Die Formulierung aktueller Formalziele wird neben den Machtverhältnissen in der Unternehmung maßgeblich von der Gestaltung des Zielplanungsprozesses, also von der Realisierung zum Teil gleicher zu den hier als Gestaltungsparameter des Controllers beschriebener Variablen bestimmt.

Wichtig ist die Festlegung der Abteilungsrichtung der Ziele.

Aus den oberen, nicht operationalen und unmittelbar beeinflußbaren Zielen werden Ziele, Maßnahmen, Ressourceneinsätze für alle unteren Ebenen mit steigendem Konkretisierungs- und Differenzierungsgrad abgeleitet. Erst dann kann bei einer angenommenen konsistenten Mittel-Zweck-Beziehung über die Ebenen die politische und ökonomische Realisierbarkeit der generellen Ziele überprüft werden. Also ist auch die Bestimmung der Ziele in einem Gegenstromverfahren sinnvoll (vgl. TÖPFER 1976, S. 59ff).

Erst nachdem die Ziele über alle Ebenen bestimmt sind, ist eine intersubjektive Prüfung von Entscheidungen über Maßnahmen und Ressourcenverwendung möglich, und dies ist die grundlegende Voraussetzung für eine Steuerung der Unternehmung im hier definierten Sinn (vgl. SELIG 1986, S. 42).

Die **Bestimmung eines Ziels** erfolgt in mehreren Dimensionen. Zu definieren sind:
- Zielinhalt,
- Zielausmaß und
- Zielerreichungszeitraum.

Festzulegen ist zunächst der **Zielinhalt**. Er "bezeichnet diejenigen Eigenschaften und Relationen, die Alternativen besitzen müssen, um als wünschenswert, weil zielerreichend, gelten zu können" (vgl. BERTHEL 1973, S. 31). Es wird davon ausgegangen, daß neben der Unternehmungsführung auch Benutzer und ADV-Bereich ihre Interessen in den Zielbildungsprozeß derart einbringen können, daß diese sich in den formulierten Zielinhalten wiederfinden.

Die zweite Dimension von Zielen ist das angestrebte **Zielausmaß**. Es gibt an, bis zu welchem Grad ein Ziel erfüllt werden soll. Ist für die Zielinhalte des ADV-Bereiches eine allgemeingültige Formulierung möglich - die Gesamtmenge der möglichen wesentlichen Inhalte kann erfaßt werden -, so finden sich dann bei dem gewünschten Niveau individuelle Festsetzungen bei den einzelnen Unternehmungen. Als grundsätzliche Möglichkeiten werden die Festlegung als Extremierungskriterium oder Satisfaktionsziel unterschieden. Ersteres enthält die Vorschrift über ein anzustrebendes Maximum oder Minimum, während letztere Ziele ein befriedigendes Zielausmaß festlegen.

Eng im Zusammenhang mit der Festlegung von **Anspruchsniveaus** steht die Frage der Quantifizierbarkeit von Zielinhalten; es muß ein Zielmaßstab gefunden werden, um Soll und Ist der Zielerfüllung ermitteln zu können (vgl. HAUSCHILDT 1980, Sp. 2419ff).

Um eine vollständige Zielangabe zu definieren, fehlt letztendlich noch die Bestimmung des Erreichungszeitraumes, denn Ziele sollen "nicht irgendwann, sondern zu bestimmten Zeitpunkten oder innerhalb bestimmter Zeiträume erreicht werden" (vgl. BERTHEL 1973, S. 45; HEINEN 1976, S.

115). Hier soll als Zeitraum der Horizont der operationalen Planung und Kontrolle angenommen werden.

Im folgenden wird davon ausgegangen, daß jede Unternehmung dieses **Spektrum von Zielinhalten für den ADV-Bereich** ermittelt (vgl. MELLER 1976, S. 781; WITTENBERG 1978, S. 49; ZUR NIEDEN 1971, S. 43ff; WINDFUHR 1976, S. 1ff; GROSS 1985, S. 59; FEMEILING 1978, S. 12ff):
- Wirtschaftlichkeit,
- Flexibilität,
- Benutzerzufriedenheit,
- Sicherheit.

Zur Schaffung eines ADV-Zielsystems sind diese Ziele in ihrem anzustrebenden Ausmaß und Erreichungszeitraum zu bestimmen.

1.2.1 Wirtschaftlichkeit

Wirtschaftlichkeit ist das oberste Ziel, gleichsam Prinzip, nach dem jede Unternehmung die Kombination der Produktionsfaktoren ausrichten sollte. Wie für das Controlling gilt es ebenso auch für die Aktivitäten der innerbetrieblichen Datenverarbeitung (vgl. ZUR NIEDEN 1971, S. 43ff; HEINEN 1976, S. 126). Zudem muß sich die ADV bei einer Interpretation als Werkzeug zur Wirtschaftlichkeitssteigerung der Unternehmung selbst diesem Bestreben unterwerfen.

Inhalt ist bei dem Wirtschaftlichkeitsziel die Betrachtung eines Verhältnisses von Input zu zugehörigem Output. In Beziehung gesetzt werden können sowohl Wert- als auch Mengengrößen. Letzteres führt zu der Betrachtung von Produktivitäten, ist aber für die ADV aufgrund der Unmöglichkeit, für die heterogenen Einsatz- und Ausbringungmengen einheitliche Maßstäbe zu finden, nicht heranziehbar. Gewöhnlich wird dann nach der Ermittlung von Wertgrößen die Wirtschaftlichkeit von unternehmerischen Aktivitäten in einer Rentabilitätsgröße, z.B. dem Return-on-Investment, angegeben (vgl. HEINEN 1976, S. 133).

Die Schwierigkeit, für die Leistung der ADV Werte zu bestimmen, wurde bereits ausführlich dargestellt. Zudem ist zunächst unklar, ob bei einer anzustrebenden Wirtschaftlichkeit diese über möglichst hohe Leistung oder niedrige Kosten erreicht werden soll.

Hier soll sich der Lösung dieser Problematik in der Zielbestimmung mit einen **zweistufigen Konzept** der ADV-Wirtschaftlichkeitsbetrachtung genähert werden (vgl. SEIBT 1984, S. 102; DWORATSCHEK, DONIKE 1972, S. 29).

In einer ersten Stufe wird die ADV als Produktionsbetrieb gesehen. Die Leistungsanforderungen der Benutzer sind determiniert, es geht dann um möglichst kostengünstigen Einsatz von Mensch und Maschine, was hier als **Kostenwirtschaftlichkeit** bezeichnet wird. Die Abläufe im ADV-Bereich stehen im Vordergrund, und berührte Interessengruppen sind im wesentlichen die Unternehmungsführung und die ADV selbst. Die Benutzer interessieren die internen Abläufe, sofern die Leistung in geforderter Form erbracht wird, nicht. Inwiefern die Benutzer von den ADV-Kosten berührt sind, hängt von dem implementierten Koordinationssystem der horizontalen Beziehung zwischen ADV und Benutzer ab. Hier ist ihrem Interesse aber auch damit Genüge getan, daß die ADV-Produktion möglichst kostengünstig erfolgt.

Mit dieser Betrachtung ist aber nur ein Teil der ADV-Wirtschaftlichkeit erfaßt, es kommt zu einer "Scheinwirtschaftlichkeit", wenn die Betrachtung hier abbricht (vgl. VIDONYI 1977, S. 154). Eine zweite Klasse von Problemen wird erschlossen, wenn die von den Benutzern angeforderte Leistung in Frage gestellt bzw. mit deren Verwendungsnutzen im Zusammenhang gebracht wird. Geschieht dies nicht, so werden die Benutzer eine Maximierung der ADV-Leistungsmenge und -qualität anstreben (vgl. DEARDEN, NOLAN 1973, S. 68). Die zu überwindende Schwierigkeit liegt hier insbesondere darin, daß die Verwendung von ADV-Leistungen über die gesamte Unternehmung diversifiziert ist, der geschlossene ADV-Verantwortungsbereich damit verlassen wird und eine zentrale Beurteilung der ADV-Leistungsverwendung nicht möglich ist. Über die horizontale Koordination der ADV-Benutzer-Beziehung und das über die Gesamtunternehmung verwendete PK-System muß der Benutzer zu einem Abwägen der in der ADV entstehenden Kosten mit dem bei ihm entstehenden Nutzen gezwungen werden. An diesem Aspekt der ADV-Wirtschaftlichkeit sind nicht die ADV und die Benutzer, sondern nur die Unternehmungsführung interessiert.

Im operativen Bereich ist die Art der möglichen ADV-Unterstützung mit dem Bündel der einsatzfähigen Software weitgehend unveränderbar, so daß sich der Nutzen des ADV-Einsatzes beim Benutzer abhängig von der bezogenen ADV-Leistungsmenge im Rahmen dieses Potentials ergibt.

Hier soll die erste Stufe der ADV-Wirtschaftlichkeit auch als Kostenwirtschaftlichkeit, dementsprechend die zweite Stufe als **Leistungswirtschaftlichkeit**, bezeichnet werden.

1.2.2 Weitere ADV-Formalziele

Die übrigen, bereits genannten ADV-Formalziele haben gemein, daß sie Qualitätsanforderungen an die Durchführung der ADV-Leistungserstellungsprozesse und an ADV-Leistung als Endprodukt dieser Prozesse stellen.

- Die Forderung nach **Flexibilität** der Leistungserstellung berührt alle drei Interessengruppen, denn sie soll günstige Voraussetzungen für die Wirtschaftlichkeit der ADV in der Zukunft schaffen.
  Die ADV ist um so flexibler, je geringfügiger notwendige Änderungen des Systems bei Variation von Parametern ist. Die technische Flexibilität betrachtet die nötigen physischen Änderungen im Wandel der Leistungsanforderung, sie korreliert i.a. mit der für die Unternehmung wichtigeren ökonomischen Flexibilität, die als wesentliche Faktoren die im Rahmen der Umstellung anfallenden Kosten und die dann verstreichende Zeit beinhaltet.

Grundsätzlich können zwei Dimensionen der Flexibilität der ADV unterschieden werden; so bestehen im Zeitablauf Änderungen in der von der ADV geforderten Leistungsmenge und in der geforderten Leistungsart.

Die Möglichkeit einer Anpassung der Leistungsmenge ist eine Kapazitätsfrage; während eine andere Leistungsart die Struktur des ADV-System immer berührt und Software- und/oder Hardwareänderungen nach sich zieht, ist dies im Rahmen der quantitativen Flexibilität unmittelbar nur bei Kapazitätsvergrößerung gegeben. Die Reaktion auf variierte Art der ADV-Leistung wird auch als qualitative Flexibilität bezeichnet (vgl. WITTENBERG 1978, S. 45).

- Die Forderung nach **Sicherheit** der ADV beinhaltet verschiedene Aspekte. So müssen die Abläufe ein bestimmtes Maß an Sicherheit gegen beabsichtigte und unbeabsichtigte Manipulation bzw. Fehlbedienung aufweisen. Daraus ergeben sich Unterforderungen bezüglich des Systemwiederanlaufs bei Programmunterbrechung, Wiederherstellung verlorengegangener Daten, Zugangskontrollen, Datenträgerarchivsicherung etc. (vgl. NAGEL 1979, S. 1ff; KIEFER 1979, S. 5ff).
An der Erfüllung dieses Ziels sind ebenfalls Unternehmungsführung, ADV-Management und Benutzer interessiert.

- Die **Benutzerzufriedenheit** ist ein wesentliches Element der Motivation, mit dem eine positive Einstellung und Akzeptanz der Benutzer bezüglich der Aufgabenabwicklung mit ADV im Gegensatz zu der herkömmlichen manuellen Abwicklung erreicht werden soll. Nur so kann die Nutzung des vollen Leistungspotentials der vorhandenen Software gewährleistet werden. Primär ist dies ein Anliegen der Unternehmungsführung, die die Gesamteffizienz der Informationsverarbeitung - mit oder ohne ADV - gesteigert sehen will.
Die Benutzerzufriedenheit ist zweistufig bestimmt: Durch das ADV-Konzept einer bestimmten Aufgabenlösung und durch die konkrete ADV-Produktionsleistung im Rahmen dieses Potentials. Viele in der ersten Stufe wichtige Punkte fallen unter das Stichwort der Softwarequalität. Sie wird determiniert durch die Verwirklichung von ADV-Projekten im Rahmen der taktischen ADV-Planung und -Kontrolle.
Bestimmungsgründe bzw. Unterziele der zweiten Stufe der Benutzerzufriedenheit hängen von der Nutzungsform der ADV ab, in der die ADV-Leistung erstellt wird. Im batch-Betrieb sind hier besonders wichtige Faktoren die Termintreue und Fehlerfreiheit, bei online-Betrieb die Systemverfügbarkeit und Anwortzeit (vgl. PEARSON, BAILEY 1980, S. 59ff; HASCHKE 1983, S. 6ff; FALTENBACHER 1978, S. 356ff).

1.2.3 Interdependenzen zwischen den Zielen und Formulierung von Anspruchsniveaus

Mit der bisher beschriebenen Sammlung von ADV-Formalzielen endet die Diskussion der Problematik häufig in der Literatur (vgl. BRAUN 1981, S. 67ff). Um praktisches Handeln anleiten zu können, muß aber zu der expliziten Formulierung der Zielinhalte die Schaffung eines widerspruchsfreien Zielsystems erfolgen (vgl. HUCH 1979, S. 30ff), denn zwischen den ADV-Zielen bestehen **Beziehungen**.

1. Bestimmung der ADV-Ziele

Grundsätzlich können Ziele zueinander indifferent sein, sich gegenseitig in der Zielerreichung fördern, d.h. komplementär sein, oder in Konkurrenz stehen (vgl. HEINEN 1976, S. 120).

Tendenziell bestehen zwischen den ADV-Formalzielen folgende Beziehungen: Auf der ersten Stufe der Wirtschaftlichkeitsbetrachtung besteht zwischen der Wirtschaftlichkeit und den übrigen Zielen Konkurrenz; höhere Flexibilität, Sicherheit und Benutzerzufriedenheit verursachen Kosten, beeinträchtigen also die Kostenwirtschaftlichkeit, wogegen auf der zweiten Stufe der Wirtschaftlichkeitsanalyse eine komplementäre Beziehung besteht. So wird der Nutzen einer ADV-Leistung tendenziell ansteigen, je höher dessen Sicherheit ist, je zufriedener die Benutzer sind und je flexibler Änderungen an dieser Leistung in der Zukunft möglich sind. Weiterhin dürfte eine Komplementarität zwischen Benutzerzufriedenheit und Sicherheit bzw. Flexibilität der ADV bestehen (vgl. HASCHKE 1983, S. 6ff).

Vor einer weiteren Analyse möglicher Widersprüche und praktischen Verwendbarkeit des Zielsystems muß eine Festlegung des angestrebten **Zielerreichungsgrades** erfolgen, denn insbesondere die Konkurrenz zwischen Zielen erfordert zur Entscheidungsfindung eine Gewichtung (vgl. HEINEN 1976, S. 122; PEEMÖLLER 1978, 39). Hier wird davon ausgegangen, daß die letztendlich jede Unternehmung interessierende Zielgröße eine monetäre ist. Es ist z.B. weder die erhöhte Geschwindigkeit noch die große Sicherheit von ADV-Leistungen, sondern die bessere Erreichung der übergeordneten Unternehmungsziele von Bedeutung (vgl. ZUR NIEDEN 1971, S. 43ff; DEARDEN, NOLAN 1973, S. 68f; KALTENHÄUSER 1976, S. 88).

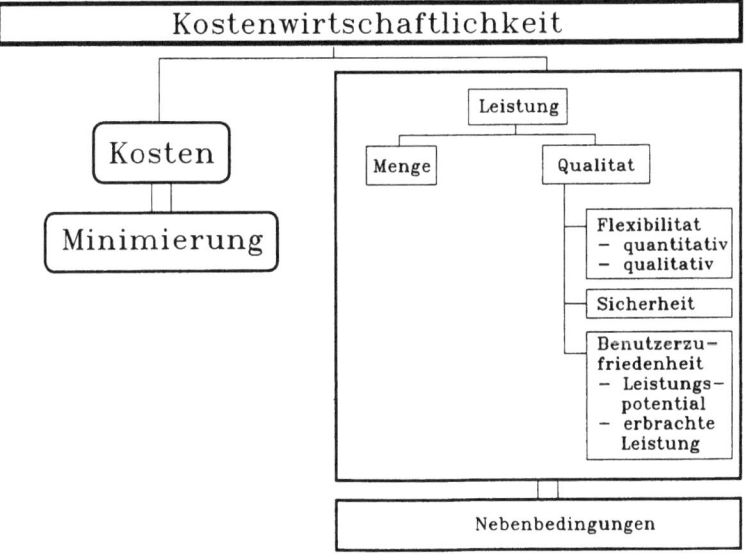

Abbildung 4: Die Kostenwirtschaftlichkeit der ADV-Funktion

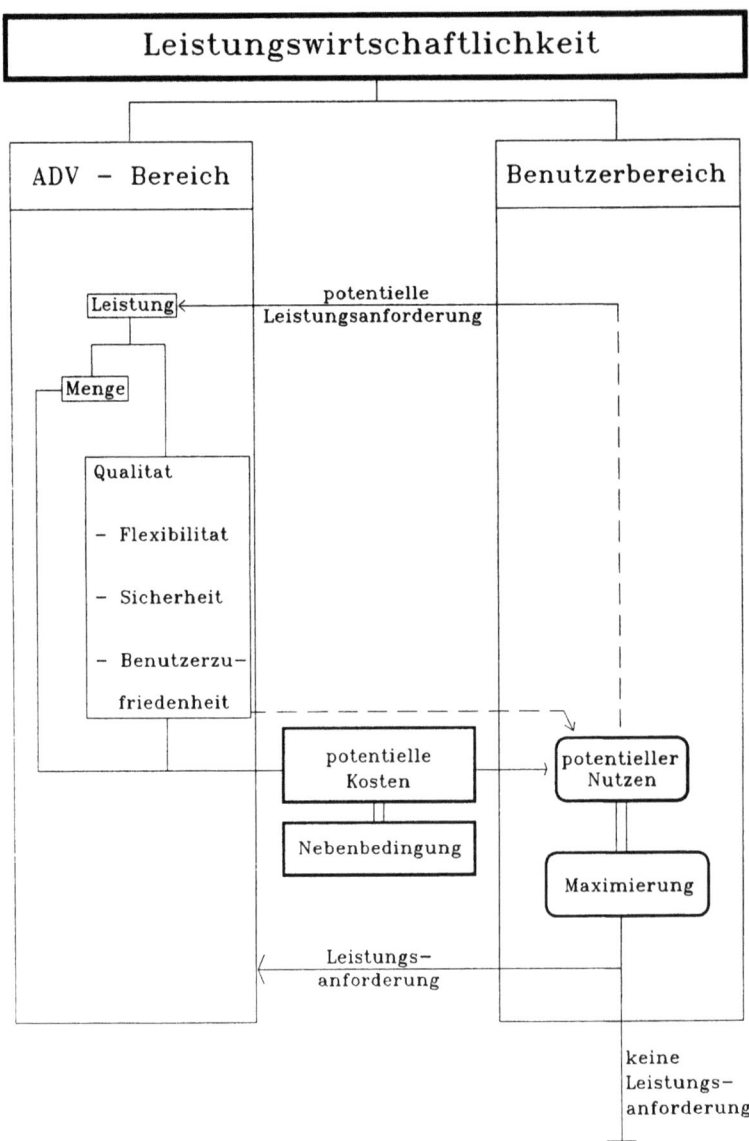

Abbildung 5: Die Leistungswirtschaftlichkeit der ADV-Funktion

Die Unternehmung wird so lange einen Anstieg der ADV-Kosten akzeptieren, so lange sie nicht den zugehörigen Grenzertrag übersteigen, grundsätzlich also eine Maximierung der ADV-Wirtschaftlichkeit anstreben. Die Wirtschaftlichkeitsforderung geht also als Extremalziel in das Zielsystem der ADV ein.

Bei den übrigen Zielen wird im Rahmen eines sinnvollen ADV-Einsatzes die Erreichung eines befriedigenden Niveaus angestrebt. Eine maximale Sicherheit bzw. Flexibilität und/oder Benutzerzufriedenheit unter Vernachlässigung von Kosten und Nutzen ist praxisfremd. Diese Ziele sind damit begrenzt und haben den Charakter von Nebenbedingungen im ADV-Zielsystem.

Die Wirtschaftlichkeit wird damit zum **primären Ziel**, die Nebenbedingungen können als sekundäre Ziele bezeichnet werden. Zu beachten ist, daß das Anspruchsniveau der **Satisfaktionsziele** nicht starr für alle Aufgabentypen festgelegt sein kann, sondern mit dem speziellen Aufgabencharakter unterschiedliche Ausprägungen annimmt. So wird z.B. bei Planungsaufgaben die Flexibilitätsanforderung an das ADV-Konzept höher sein als bei administrativ-routinehaften Aufgaben wie der Finanzbuchhaltung.

Es liegt damit der unproblematischere Fall eines Zielsystems mit nur einem unbegrenzten Ziel vor (vgl. HEINEN 1976, S. 103ff).

In einem mathematischen Modell ergäbe sich eine Optimierungsaufgabe, die die Satisfaktionsziele als Ungleichungen und die Wirtschaftlichkeit als Zielgröße enthalten würde. Im Bereich der Kostenwirtschaftlichkeit wären zusätzlich die zu erbringenden Leistungen determiniert, also die Kosten zu minimieren. Im Bereich der Leistungswirtschaftlichkeit könnten die Minimalkosten als potentielle Kosten einer einzelnen ADV-Leistung als zusätzliche Determinante eingehen und die Leistung optimiert werden, indem bei einer Leistungsanforderung die potentiellen Minimalkosten gegen deren Nutzen abgewogen werden und so das Portefeuille geforderter ADV-Leistung zusammengestellt wird.

Die beiden Zielsysteme wären mathematisch eindeutig lösbar und sind damit widerspruchsfrei (vgl. PFOHL 1977, S. 40).

Letztlich bleibt zu klären, an wen die **Zielvorgaben** gerichtet sein sollen. Grundsätzlich sollten mit einer Organisationseinheit Ziele nur in der Form vereinbart werden, daß sie den Zielerreichungsgrad auch eindeutig bestimmt bzw. selbst beeinflußt.

Abbildung 4 zeigt das Zielsystem, das die Kostenwirtschaftlichkeit enthält. Es wird der ADV vorgegeben, während das zweite System mit der 2. Stufe der Wirtschaftlichkeit (Leistungswirtschaftlichkeit) für den Benutzerbereich gilt (Abbildung 5).

2. Instrumente des operativen ADV-Controlling

2.1 Das ADV-Controlling und Ableitung von Anforderungen an ein Instrumentarium zur Unterstützung

Die Instrumentalisierung ist die detaillierteste Stufe der Gestaltungstätigkeit des Controlling. Im Rahmen der Struktur des auf Vorstufen geschaffenen PK-Systems werden inhaltliche Lösungshilfen für die vorhersehbaren Klassen von Aufgabenstellungen und Problemen implementiert, um allgemein die Qualität der Aufgabenerfüllungsprozesse weiter zu verbessern und den Fachbereichen ihr "eigenes Controlling" zu ermöglichen (vgl. HUCH 1985b, S. 53).

Dabei liegt die Hypothese zugrunde,
- daß mit dem spezifischen Einsatz der Planungs- und Kontrollinstrumente der quantitative und qualitative Informationsgrad in den jeweiligen Phasen des PK-Prozesses verbessert werden kann und
- daß gerade die Instrumentenverwendung eine allgemein nachvollziehbare Messung der Zielgrößen und zugehöriger In- und Outputgrößen ermöglicht.

Die erste Forderung an jedes PK-Instrumentarium ist die, daß es das gesamte **Spektrum an PK-Aufgabenstellungen und Formalzielsetzungen** des Objektbereiches unterstützen soll. Da kein einzelnes Instrument den Gesamtbereich abdecken kann, ist ein entsprechendes Bündel von Instrumenten einzusetzen (vgl. TÖPFER 1976, S. 168ff; SEIBT 1983, S. 211ff). Diese Arbeitsteilung schafft bereits in anderem Zusammenhang angesprochene Schnittstellenprobleme. Die Instrumente dürfen nicht als ungeordnete Sammlung nebeneinander stehen, sondern sind in ein abgestimmtes System zu integrieren, was auch der sonst möglichen "Überdeckung" einzelner Problembereiche mit Instrumenten und möglicherweise widersprüchlichen Ergebnisse entgegenwirkt und Doppelarbeiten verhindert. Der abzudeckende Bezugsbereich der Instrumente wurde bereits sachlich grob unterteilt in :

- operative ADV-Planung und -Kontrolle,
- Koordination der Beziehungen zur Unternehmungsführung und zum Benutzerbereich,
- Koordination der Beziehungen zur taktischen und strategischen Planung und Kontrolle,
- dynamische Gestaltung

zur Erreichung maximaler Wirtschaftlichkeit der ADV-Funktion und zufriedenstellender Erfüllung der definierten Satisfaktionsziele.

Weiterhin muß sich das geschaffene Instrumentensystem in ein **Supersystem** einfügen, woraus sich die Forderung ableitet, nach Möglichkeit für den ADV-Bereich Instrumente einzusetzen, die in traditionellen Controlling-Objektbereichen eingesetzt (vgl. CRANE 1982, S. 101) und methodisch beherrscht werden (vgl. MANN 1978, S. 10; SERFLING 1983, S. 17). Damit erschließt sich eine Reihe von Vorteilen, so wird insbesondere den Gruppen der Benutzer und der Unternehmungsführung die Vorgehensweise und Interpretation von Ergebnissen besser verständlich und die Konsolidierung auf größere Systemausschnitte der Unternehmung möglich. Zu prüfen ist, ob solche traditionellen Instrumente auf die besonderen ADV-Bedürfnisse abgestimmt werden können.

2.2 Vorschlag und Begründung eines Instrumentariums

Zur Lösung der beschriebenen ADV-Controllingaufgaben wird hier ein aus drei Instrumenten bestehendes, integriertes System vorgeschlagen: Es soll die Leistungsfähigkeit von

- Budgets,
- Verrechnungspreisen und
- Kennzahlen

im Rahmen des operativen ADV-Controlling bestimmt werden.

Aufgrund der beschränkten Einsatzbreite des einzelnen Instrumentes, der Möglichkeit zur Nutzung spezifischer Vorteile durch Spezialisierung bei sich eventuell überschneidender Verwendungsmöglichkeit und zur Erschliessung von Synergieeffekten werden mehrerer Instrumente vorgeschlagen (vgl. SCHMIDT 1986, S. 227).

Das wesentliche Argument, das zur **Auswahl der einzelnen Instrumente** führt, ist die in der Praxis breite Verwendung insbesondere von Budgets und Kennzahlen (vgl. HORVATH u.a. 1985, S. 138ff; AUERBACH 1980, S. 42; BISCHOFF 1985, S. 19ff; BITTERLI 1965, S. 76; SERFLING 1983, S. 17, S. 111) - im neuen Objektbereich ADV kann die Verwendung von Bekanntem gute Voraussetzungen für Akzeptanz und Transparenz bilden -. Verrechnungspreise sollen aufgrund des besonderen Charakters des ADV-Bereiches hinzutreten (vgl. HORVATH 1978b, S. 189; BISCHOFF 1985, S. 23; CANNING 1974, S. 5).

Prinzipiell eignen sich diese Instrumente für alle genannten Teilaufgaben in Bezug auf alle ADV-Ziele (siehe Abbildung 6 und 7).

Die **Budgetierung** der ADV ist der finanzielle Niederschlag der ADV-Leistungsplanung und hat besonders die Planung und Kontrolle der Kostenwirtschaftlichkeit der ADV zum Gegenstand. Schritte in Richtung der Leistungswirtschaftlichkeit können getan werden, sofern beim Benutzer entsprechende Budgetierungszwänge vorliegen.

Kennzahlen sind aufgrund ihrer hervorragenden Möglichkeit der Informationsverdichtung besonders zu Kontrollzwecken für alle Ziele geeignet, dienen aber auch der Erfassung und Planung der Satisfaktionsziele und können darüber hinaus die Beziehung zu Benutzer, Unternehmungsführung und anderen ADV-Teilplanungen koordinieren.

Verrechnungspreise sind kein traditionelles Controllinginstrument, werden aber aufgrund der besonderen Relevanz zur dezentralen Koordination der horizontalen Beziehung zwischen ADV und Benutzerbereich eingesetzt und haben besonders die Steuerung der Leistungswirtschaftlichkeit zum Gegenstand.

Dynamische Gestaltung der ADV-Planung und -Kontrolle erfolgt besonders mit der Budgetierung, aber auch im Rahmen der übrigen Instrumente, denn neben Inhalt und Struktur ist die Vorgehensweise festzulegen.

ADV-Wirtschaftlichkeit

Sachziel \ Instrumente		Budgets	Verrechnungspreise	Kennzahlen
System-differenzierung	Planung	X		(X)
	Kontrolle	X		X
System-integration	Beziehung zum Benutzer		X	
	Beziehung zur Unternehmungsführung	X		X
	Beziehung zur strategischen u. taktischen Planung	(X)		(X)
Dynamische Systemgestaltung		X		(X)

X primäre Zielrichtung
(X) sekundäre Zielrichtung

Abbildung 6: ADV-Wirtschaftlichkeit: Übersicht über die Zielrichtung des vorgeschlagenen Instrumentariums

Bei der Diskussion der einzelnen Instrumente müssen zunächst zur Klärung der generellen Leistungsfähigkeit und des Einsatzbereiches die konzeptionellen Möglichkeiten dargestellt werden, und anschließend hat eine Abstimmung auf die Besonderheiten des ADV-Bereiches zu erfolgen. Geprüft werden soll, inwiefern es möglich ist, die Besonderheiten der ADV durch entsprechende

2. Instrumente des operativen ADV-Controlling

ADV–Satisfaktionsziele					
Sachziel \ Instrumente		Budgets	Verrechnungspreise	Kennzahlen
System– differenzierung	Planung			X
	Kontrolle			X
System– integration	Beziehung zum Benutzer			X
	Beziehung zur Unternehmungsfuhrung			X
	Beziehung zur strategischen u. taktischen Planung			X
Dynamische Systemgestaltung				X
X primare Zielrichtung				
(X) sekundare Zielrichtung				

Abbildung 7: ADV-Satisfaktionsziele: Übersicht über die Zielrichtung des vorgeschlagenen Instrumentariums

Modifikationenen aufzufangen. Weiterhin muß die Beziehung zu den anderen vorgeschlagenen Instrumenten gestaltet werden (vgl. DEARDEN, NOLAN 1973, S. 68).

D. DIE GESTALTUNG EINES OPERATIVEN ADV-CONTROLLING-SYSTEMS

1. Budgetierung

Die Budgetierung wird hier als erstes Element der Instrumentalisierung des PK-Systems der ADV genannt, da sie von den vorgeschlagenen Instrumenten zur inhaltlichen Formalisierung der ADV-Planung und -Kontrolle auf der sachlich höchsten Ebene steht und aufgrund der globalen Sichtweise einen Rahmen für die gesamte thematisierte operative Planung und Kontrolle zu schaffen vermag (vgl. AGHTE 1974, S. 167ff).

1.1 Konzeptionelle Kennzeichen der Budgetierung

Von HEISER wird das Budget der Unternehmung **definiert** als "...eine zusammenfassende und vollständige Darstellung der geplanten und in Geldeinheiten umgeformten Gesamttätigkeit der Unternehmung in einer bestimmten Planperiode" (HEISER 1969, S. 15). Damit sind Budgets also "...in Geldeinheiten umgeformte Übersichten über geplante nichtmonetäre Vorgänge des Unternehmens" (HEISER 1969, S. 16).

Obwohl auch der Begriff Budgetierung in der Literatur unterschiedlich gefaßt wird (vgl. KOCH 1976, Sp. 222ff; COLLARD 1969, S. 1262ff), so ist doch **allen Definitionen gemein**, daß die Quantifizierung der Wirtschaftspläne in einem "...logisch-diskursiven Prozeß der Analyse, Bestimmung, Ordnung und Kombination..." (HORVAT 1979, S. 242) und der Ausdruck aller Plangrößen in der gleichen Einheit, in Geld, von zentraler Bedeutung ist (vgl. BRECHT 1976, S. 15).

Auf die Festlegung der **Beziehung zwischen Planung und Budgetierung** kann der Gestaltungsparameter der vertikalen Plankoordination angewendet werden; so ist denkbar, daß dem Entscheidungsträger eine bestimmte einzuhaltende Budgethöhe zugestanden wird, nach der er dann seine Aktionspläne ausrichtet, oder er bestimmt die zur Durchführung der notwendigen Aktionen erforderliche Budgetsumme (Ein Teil der Autoren verlangt vor der Budgetierung den Abschluß der Aktionsplanung. So STAMM 1982, S. 314; VAN DER ENDEN 1976, S. 83ff). Eine effiziente Kombination beider Verfahrensweisen mit einem iterativen Abstimmungsprozeß entspricht dem Gegenstromverfahren (vgl. die Beschreibung der Schnittstelle zwischen Budgetierungs- und PK-System bei JUNG 1985, S. 53ff).

Die grundsätzlichen Unterschiede zwischen dem PK- und dem Budgetierungssystem der Unternehmung zeigt Abbildung 8. Hervorzuheben ist hier die Ausrichtung der Budgetierung auf eine formalzielorientierte Steuerung der sachzielorientierten Aktionsplanung und -kontrolle. Dieser

Aktionsplanungssystem	Budgetierungssystem
* sachzielorientiert	* formalzielorientiert
* Bestimmung von Programmen und Aktionen	* Bestimmung von wertmassigen Ergebnissen
* Messung und Kontrolle mit Bezug auf Sachziel	* Messung und Kontrolle mit Bezug auf Formalziel
* Kontrollobjekt ist der Prozess	* Kontrollobjekt ist das Ergebnis
* funktionale Orientierung	* institutionale Orientierung

Abbildung 8: Inhalte des Budgetierungs- und Planungssystems (vgl. HORVATH 1986, S. 25)

Punkt deutet die hervorragende Verwendungsmöglichkeit der Budgetierung für die verfolgten Zwecke an (vgl. CHURCHILL 1984, S. 150ff; WILL 1969, S. 691ff).

Entsprechend der Unmöglichkeit einer simultanen Gesamtplanung für die Unternehmung, ist auch keine "simultane Gesamtbudgetierung" möglich; vielmehr setzt sich das Unternehmungsbudget aus einer Vielzahl von an die organisatorische Struktur angelehnten **sukzessiven Teilbudgets** zusammen (vgl. GORONZY 1975, S. 11f). Abbildung 9 zeigt ein einfaches Beispiel für eine funktional strukturierte Unternehmung (vgl. TÖPFER 1976, S. 144; SCHRÖDER 1985, S. 66; MEYER 1978, S. 78; WELSCH u.a. 1971, S. 401).

Je nach Abbildungsabsicht werden weiterhin meist für die Gesamtunternehmung zusammengefaßte Bilanz-, Investitions-, Finanz- bzw. Liquiditäts- und Erfolgsbudgets unterschieden (vgl. MODOUX 1981, S. 9), von denen besonders letztere mit einer Gegenüberstellung von Kosten- und Leistungsgrößen einer Wirtschaftlichkeitsplanung und -kontrolle dienen.

Soll die **Wirkung der Budgetierung** weiter beschrieben werden, dann ist zwischen ihrer Funktion auf Teilbereichsebene und auf der Ebene der Gesamtunternehmung zu unterscheiden (vgl. PETSCH 1985, S. 20ff):

Die Gesamtunternehmung handelt grundsätzlich unter wirtschaftlichen Beschränkungen. Vorhandene knappe Mittel sind im Sinne der angestrebten Ziele optimal einzusetzen. Das Unternehmungsbudget ist nun ein Ausdruck dafür, wie eine Unternehmung Ressourcen verwenden will; mit dem Budget wird ein Mechanismus für die interne Ressourcenallokation zur Verfügung gestellt, der auf dem Koordinationspotential der Budgetierung beruht (vgl. BAMBERGER 1971, S. 31).

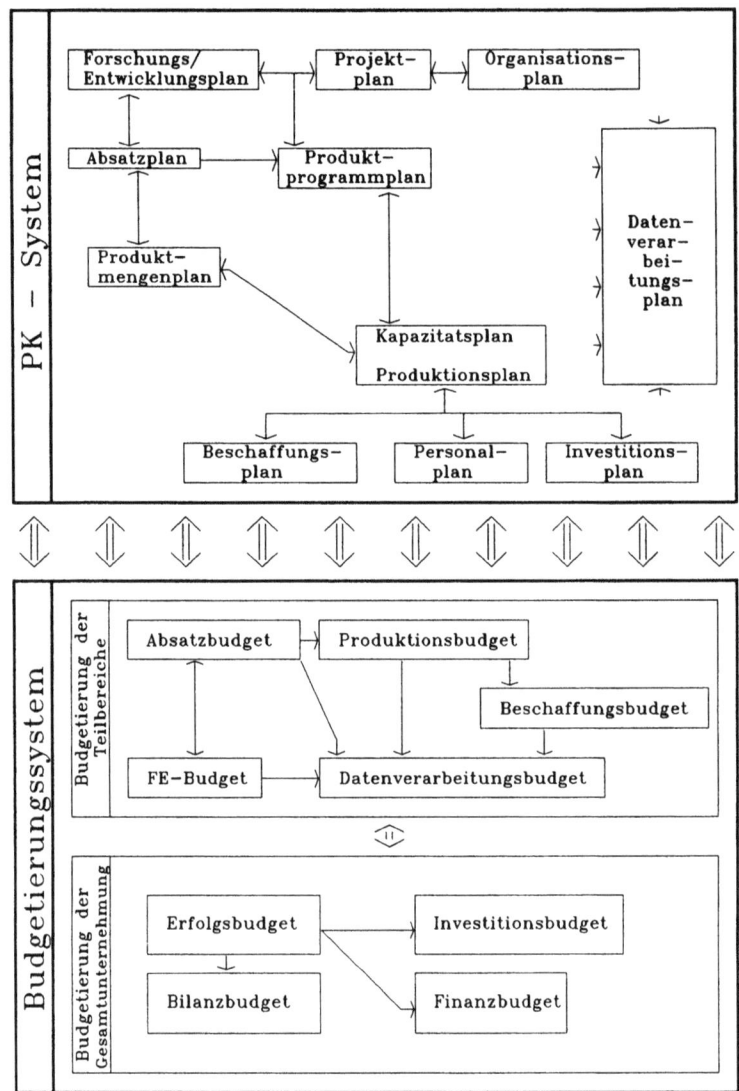

Abbildung 9: Die Interdependenzen von Planung und Budgetierung

Schon bei der Erstellung auf Teilbereichsebene erfolgt Abstimmung durch den erforderlichen Informationsaustausch; sie setzt sich fort mit der Konsolidierung und Bewilligung von Einzel- und Gesamtbudgets (vgl. AGHTE 1974, S. 145).

1. Budgetierung

Auf Teilbereichsebene werden den einzelnen Verantwortungsträgern (Budgetverantwortlichen) mit dem Budget Soll-Ergebnisse vorgegeben, für deren Einhaltung sie verantwortlich sind. Aus dieser Möglichkeit der Leistungsmessung ergibt sich eine Motivationswirkung.

Wie bereits für das Controlling ausgeführt, verlangt die Budgetierung damit als organisatorische Grundlage ein Maß an Entscheidungsdelegation; vorgegebene Handlungsergebnisse sind im Rahmen der Handlungsautonomie des Budgetverantwortlichen in adäquate Maßnahmen umzusetzen (vgl. KOCH 1976V, S. 224; FREILING 1980, S. 47).

Zusammenfassend wird der Budgetierung damit folgende Sammlung von **Funktionen** zuerkannt (vgl. BRECHT 1976, S. 15; HORVATH 1986, S. 28; MATZ 1964, S. 161ff; STAMM 1982, S. 314; PREISSLER 1985, S. 69; KOCH 1982, S. 55; ZÜND 1973, S. 173; PETSCH 1985, S. 209; BUNGE 1968, S. 175ff; DUNBAR 1971, S. 88f; BARRET, FRASER 1977, S. 137ff):
- Prognose und Quantifizierung der Aktionsplankonsequenzen,
- formalzielorientierte Koordination und Integration der Aktionspläne,
- Vorgabe, Bewilligung und Durchsetzung,
- Verantwortungszurechnung, Leistungsmaßstab und Motivation,
- Information und Kommunikation,
- Ressourcenallokation,
- Entscheidungspartizipation der Beteiligten.

Aus diesen Funktionen bzw. Aufgaben leitet sich die Forderung nach einer **Mindestdetaillierung** eines Budgets ab, was wiederum den Planungshorizont begrenzt, auf den sich die Budgetierung beziehen kann.

Keine **Periodenabgrenzung** bzw. die dazu herangezogene Regel oder Konvention ist vollkommen frei von Willkür; so wird dann auch in der Literatur überwiegend, begründet durch die Anlehnung an die Dauer des Geschäftsjahres, ein Planhorizont von 12 Monaten für die Budgetierung genannt (vgl. BAMBERGER 1971, S. 35ff; SPIEGEL 1976, S. 25; PETSCH 1985, S. 75; MEYER 1978, S. 78; HORVATH 1987, S. 438f).

Damit wird die Budgetierung nicht einmalig oder fallbezogen durchgeführt, sondern ist eine regelmäßig angestellte Rechnung, die zukunftsorientiert, perioden- und auf organisatorische Bereiche bezogen ist und der Gestaltung im Sinne einer dauerhaften Regelung bedarf (vgl. CARONI 1973, S. 27; DOBER 1967, S. 185).

Diese Gestaltung muß sich auf die Struktur des Budgetierungssystems zum einen, zum anderen aber auch auf den dynamischen Prozeß der Budgeterstellung und -kontrolle beziehen (vgl. HORVATH 1986, S. 24).

Mit der bisherigen Kennzeichnung weist die Budgetierung, besonders die Erfolgsbudgetierung, **Gemeinsamkeiten mit der innerbetrieblichen Plankostenrechnung** auf, denn auch sie betrachtet Kosten und Leistungen und möchte die Wirtschaftlichkeit der Unternehmung sichern.

Allerdings ist die Budgetierung universeller, sie will den erwarteten Kosten- und nach Möglichkeit auch Leistungsanfall der zukünftigen Periode ermitteln und bemüht sich hier um eine vollständige Erfassung auch für Teilbereiche der Unternehmung, bei denen Möglichkeiten einer Operationalisierung grundsätzlich eingeschränkt sind. Die Plankostenrechnung ist detaillierter und findet vorrangig im Fertigungsbereich und bei vergleichbaren Prozessen Anwendung. Variable Kosten und deren Verlauf stehen im Vordergrund, und Informationen werden mittels exakter Zeit-, Arbeits- und Materialverbrauchsstudien ermittelt. Der ermittelte zulässige Verbrauch ist abhängig von Bezugsgrößen festlegbar und dient zur flexiblen Überwachung des effektiven Verbrauchs.

Wesentlich scheint weiterhin, daß sich die Plankostenrechnung auf eine gegebene Konfiguration, die im Rahmen der Budgetierung noch variabel ist, bezieht (vgl. SPIEGEL 1976, S. 29ff; MÄNNEL 1972, S. 111ff).

Die Plankostenrechnung ist also spezieller und kann deshalb im Rahmen der Budgetierung als Hilfsmittel eingesetzt werden, bei besonderen Fragestellungen als Datenlieferant dienen (vgl. KILGER 1981, S. 44; MARETTEK 1964, S. 408ff; MIZOGUCHI 1972, S. 551ff).

1.2 Budgetierung der automatisierten Datenverarbeitung

1.2.1 Problematik einer Budgetierung von ADV-Leistungen

Gewöhnlich werden in den Unternehmungen bislang auch schon ADV-Leistungen "budgetiert", allerdings in der Regel nur in der Form, daß die nach Meinung der Führung des ADV-Bereichs notwendigen Aufwendungen addiert und der Gesamtbetrag von dem budgetautorisierenden Organ - möglicherweise um einen pauschalen Satz gekürzt - genehmigt wird. Andere Unternehmungen vereinfachen den Prozeß noch weiter, indem die DV-Kosten an eine Kennzahl, z.B. einen Prozentsatz vom Umsatz oder eine festgelegte Steigerungsrate gegenüber dem Letztjahresansatz, gebunden werden (vgl. PICOT, RISCHMÜLLER 1981, S. 334; WINDFUHR 1977, S. 7).

In Anlehnung an die lange Tradition der Funktion der Budgetierung im öffentlichen Bereich hat diese damit auch im ADV-Bereich weniger PK-Charakter als vielmehr eine **Mittelzuweisungsaufgabe**, die zur Ausgabe des entsprechenden Betrages ermächtigt (vgl. MODOUX 1981, S. 6).

Rechentechnisch werden die ADV-Gemeinkosten dann en bloc vom Deckungsbeitrag der Unternehmung subtrahiert und nicht weiter aufgeschlüsselt.

Zum Teil spricht man bei einer solchen Vorgehensweise auch von einer vereinfachten Budgetierungsmöglichkeit der Gemeinkostenbereiche. Dies stimmt jedoch nur unter der kaum realistischen Annahme, daß bereits eine optimale Allokation der Ressourcen vorlag bzw. durch die Kenngröße ausgewiesen wird. Anderenfalls ist das Ziel der formalzielorientierten Steuerung mittels solcher Budgets nicht erfüllbar.

Der Grund für die **unbefriedigende Vorgehensweise** liegt in der schwierigen oder kaum möglichen Flexibilisierbarkeit des ADV-Budgets (Zudem erschöpfte sich die theoretische Diskussion um die Budgetierung in den 60er Jahren, und eine erneute Beschäftigung mit der Thematik erscheint wenig aktuell. Dies ist - zumindest bezüglich des Datenverarbeitungsbereichs der Unternehmung - ein oberflächlicher Eindruck, denn aufgrund der Ermüdung erfolgte bislang keine Beschäftigung mit den Besonderheiten einer ADV- bzw. Gemeinkostenbudgetierung. Zum Teil wird dieses

Erfordernis auch in der Literatur verneint: "Die Budgetierung im Bereich der Datenverarbeitung weist keine Besonderheiten auf." BRAUN 1981, S. 311).

Grundsätzlich unterscheidet man **flexible und starre Budgets**. Bei ersteren steigen oder fallen die Kosten des betreffenden Teilbereiches in Abhängigkeit von einer leistungsabhängigen Bezugsgröße. Dies ermöglicht die Bindung des Budgetansatzes an einen Maßstab, wodurch dieser nicht auf ein bestimmtes Leistungsniveau fixiert bleibt. In diesem "klassischen" Fall der Budgetierung liegt ein sensibles Instrument der Teilbereichssteuerung unmittelbar vor.

Bei starren Budgets hingegen ist die beschriebene Messung der Kostenverursachung nicht durchführbar, es kann keine direkte Beziehung zwischen Leistungserstellung und Kostenentstehung hergestellt werden. Folglich bleibt der Budgetansatz in der Höhe starr (vgl. BUNGE 1968, S. 22; WEGMANN 1982, S. 42f; AGHTE 1974, S. 142).

In solchen Fällen wird für die Wirtschaftlichkeitskontrolle über einen längeren Zeitraum in der Literatur als sinnvoll betrachtet, Sollkosten dadurch zu ermitteln, daß für Kalkulationszwecke konzipierte Verrechnungsbasen - ihr Vorhandensein vorausgesetzt - hilfsweise als Bezugsgröße verwendet werden. Die Soll-ADV-Kosten entwickeln sich dann in gleichem Verhältnis wie die jeweilige Verrechnungsbasis, also z.B. die Ist-Herstellkosten.

Gestiegene Ist-Herstellkosten mögen zwar in wenigen engbegrenzten ADV-Leistungsbereichen eine Ursache dafür sein, daß auch höhere ADV-Kosten zur Erreichung eines vorgegebenen ADV-Leistungsniveaus erforderlich sind. Allerdings ist in den meisten Fällen eine Proportionalisierung eine genauso willkürliche Unterstellung, wie es jede über- oder unterproportionale Verkettung wäre. Nur in den wenigsten Fällen kann dieses Verfahren befriedigen (vgl. PICOT, RISCHMÜLLER 1981, S. 36).

Vielmehr ist der Kostenanfall in derartigen Bereichen beinahe ganz durch Führungsentscheidungen bestimmt.

1.2.2 Ziel und Leistungsvermögen einer Budgetierung von ADV-Leistungen

Bei den starren Budgets, zu denen auch das ADV-Budget gehört, kann eine **Flexibilisierung und Sensibilisierung** also nur erreicht werden, wenn es gelingt, die budgetrelevanten Konsequenzen getroffener Entscheidungen und besonders möglicher Entscheidungsalternativen abzubilden, denn der im Hinblick auf das Geschäftsvolumen fixe Kostenanfall bedeutet nicht, daß dieser unbeeinflußbar wäre (vgl. PETSCH 1985, S. 29ff).

In der Literatur zur Kostenplanung wird durchweg allerdings nicht geschlossen behandelt, nach welchen ökonomischen Kriterien und vor allem Methoden eine derartige inhaltliche Erfassung und Operationalisierung der ADV-Führungsentscheidungen erfolgen könnte. Ist dies das hier gesteckte oberste Ziel für die Gestaltung der **Budgetierung im ADV-Bereich** (vgl. SELIG 1986, S. 166), so gilt - sofern dieses Ziel erreicht werden kann - hinsichtlich der festgelegten ADV-Controllingaufgaben und ADV-Formalziele im einzelnen folgendes:

- Aufgrund des beschriebenen engen Zusammenhangs ist eine gute Unterstützung der operativen ADV-Planung und -Kontrolle mittels der Budgetierung zu erwarten.
- Der Ausdruck der Planung in Zahlen wird zum einen die Kontrollierbarkeit verbessern, zum anderen die Verfügbarkeit von Informationen für längerfristige Planungen erhöhen.
  In umgekehrter Richtung wird die taktische Planung oft Daten für die operative Planung bzw. Budgetierung liefern. Art und Qualität können im Rahmen der Gestaltung festgelegt werden (vgl. WEBER 1988, S. 85ff).
- Dem Erfordernis nach Beteiligung der Unternehmungsführung kann durch deren Einbindung in den Prozeß der Budgetautorisierung, -abstimmung und -kontrolle Rechnung getragen werden (vgl. HARDY, ORTON 1982, S. 39ff).
- Budgetierung selbst weist schließlich auch eine dynamische Dimension auf, so daß zur erfolgreichen Budgetierung die Prozeßgestaltung erfolgen muß; der Ablaufaspekt von Planung und Kontrolle ist also ebenfalls gestaltbar.

Damit können annähernd alle **ADV-Controllingaufgaben** mittels der Strukturierung eines ADV-Budgetierungssystems unterstützt werden. Diese Breite kann allerdings nicht über alle ADV-Formalziele gewährleistet werden:

- Mit einer Erfassung der Plangrößen in Werten ist die Budgetierung prädestiniert für die Erfassung des Wirtschaftlichkeitsziels, und zwar über die ADV- und Benutzerbudgetierung sowohl für die Kosten- als auch Leistungswirtschaftlichkeit.
- Schlecht ist die Budgetierung hingegen für das Controlling der übrigen ADV-Formalziele (Benutzerzufriedenheit, Sicherheit, Flexibilität) geeignet, denn diese entziehen sich weitgehend einer Erfassung in Geldwerten. Hier müssen also andere ADV-Controllinginstrumente angesprochen werden.

1.2.3 Kontext und Annahmen der ADV-Budgetierung

Der Kontext der Budgetierung von ADV-Leistungen wird bestimmt durch das zugrundeliegende PK-System und die abrechnungstechnische Organisation des ADV-Teilbereichs (vgl. PETSCH 1985, S. 26).

Konstituierend für das hier vorgeschlagene Pk-System ist die **Einbeziehung der Benutzer**. Sie sollen zusätzlich zum ADV-Teilbereich die bezogenen ADV-Leistungen planen und in ihr eigenes Budget aufnehmen.

Hierin wird der entscheidende Vorteil gesehen, daß neben der Erfassung der Kosten im ADV-Bereich eine Erschließung der Leistungsseite der ADV möglich wird, denn Produktion und Verwendung der DV-Leistung fallen vollständig auseinander. Es war aber bereits ausgeführt worden, daß nur diese zweiseitige Betrachtung Voraussetzung einer vollständigen Erfassung der

ADV-Wirtschaftlichkeit ist. Darüber hinaus können weitere Vorteile mit dieser Vorgehensweise erschlossen werden:
- Kommunikation und Koordination zwischen ADV-Bereich und Benutzern werden geradezu erzwungen.
- Durch gegensätzliche Interessen - aus Gesamtbudgetbeschränkungen setzen die Benutzer tendenziell niedrige ADV-Kosten an, während der ADV-Teilbereich zu höheren Kosten zur Schaffung von Reserven tendiert - wird ein positiver Konflikt etabliert, wenn die Summe der von den Benutzern budgetierten ADV-Kosten dem ADV-Budget entsprechen muß. So sollen in dem Verhandlungsprozeß zwischen Benutzern und ADV realistische Plandaten ermittelt und die Planqualität allgemein verbessert werden.

Bei der Betrachtung des Planungskontextes ist schließlich eine genauere Identifikation der erforderlichen Inhalte und Ergebnisse der **zugrundeliegenden PK-Aufgaben** und der Beziehung zu längerfristigen ADV-Planungen und -Kontrollen aus Budgetierungsaspekten erforderlich. Dies muß geschehen für die Budgetierung des ADV-Bereichs und für die des Benutzerbereichs:

- Im **ADV-Bereich** gefällte Entscheidungen, die den Kostenanfall im Budgetjahr bestimmen, beruhen auf den erwarteten vom ADV-Bereich zur Verfügung zu stellenden Leistungen. Diese setzen sich wiederum zusammen aus dem laufenden ADV-Betrieb, der Entwicklung neuer Systeme, der Beratung der Anwender und damit verbundener Leistungen. Die zugrundeliegende operative Planung muß diese Leistungsaspekte ermitteln zusammen mit dem erwarteten Anfall primärer Kosten (vgl. HORVATH 1985b, S. 113; AUERBACH 1980, S. 29; HORVATH, SCHÄFER 1982, S. 104) und deren Veränderbarkeit. Bei längerfristigen ADV-Planungen sind besonders Informationen über vorgesehene Systementwicklungen auszutauschen (vgl. SELIG 1986, S. 140f). Die Koppelung beider Planungshierarchien soll zu realisierbaren Strategien führen.

- Im **Benutzerbereich** stellen die bewerteten ADV-Leistungen sekundäre Kosten dar. Zentral ist hier die Frage, ob es gelingt, zwischen dem Anfall dieser sekundären Kosten und der Leistung des Benutzerbereichs eine Beziehung herzustellen, ob also diese Kosten flexibel budgetierbar sind.
Beziehungen zu längerfristigen Planungen sind von Bedeutung, da sich mit der Inbetriebnahme neuer Systeme das Leistungsangebot der ADV verändert - hier greift der Benutzer auf die längerfristige ADV-Planung zurück, an der er beteiligt ist. Schließlich greift der Benutzer aber auch auf seine eigene längerfristige Leistungsplanung zurück, denn eine Änderung seines Leistungsumfangs und -inhaltes mag eine Änderung seiner ADV-Leistungsanforderung induzieren.

Weiterhin ist zu untersuchen, ob bei der ADV-Planung horizontale **Abhängigkeiten zu anderen Planungssystemen** der Unternehmung bestehen, ob die ADV-Planung also in die Kette von Unternehmungsteilplanungen einzuordnen ist.
Hierzu gilt, daß der ADV-Bereich grundsätzlich kein Engpaßbereich ist, auf dessen Plandaten andere Planungen aufbauen. Vielmehr steht die ADV als Servicebereich außerhalb der Sequenz von Unternehmungsteilplanungen - schaubildlich verlaufen die Informationsbeziehungen nur in Richtung hin zum ADV-Bereich, wie dies Abbildung 9 andeutet (vgl. BITTERLI 1965, S. 82; PEEMÖLLER 1978, S. 49ff).

Formal konkurriert die ADV allerdings mit den auf gleicher Ebene angeordneten Teilbereichen der Unternehmung um die knappen Ressourcen, was sich aber nur im Prozeß der Budgetautorisierung auswirkt.

Neben diesen wesentlichen Charakteristika des ADV-PK-Systems ist für die Art und Weise der ADV-Planung und -Budgetierung von Bedeutung, wie die ADV **abrechnungstechnisch** organisiert wird.

So ist es üblich, die dezentralisierte Unternehmung zur Überwindung der entstehenden Koordinationsproblematik in Profit- und Cost-Center zu zerlegen (vgl. BRAUN 1981, S. 334ff; COENENBERG 1973, S. 373). Profit-Center sind selbständige, gewinnorientierte Bereiche der Unternehmung, die für ihre Kosten und Erlöse, evtl. auch Investitionen, voll verantwortlich sind. Demgegenüber sind Cost-Center "nur" für ihre Kostenseite verantwortlich, die Steuerung der Outputseite erfolgt gewöhnlich über Verhaltensnormen (vgl. VANCIL 1973, S. 75ff; RETTUS, SMITH 1972, S. 77).

Hier sprechen folgende Argumente für eine Gestaltung der ADV als **Cost-Center**:
- die ADV-Leistung ist eine innerbetriebliche und nicht zum Absatz bestimmt, es können keine Erlöse zugerechnet werden (vgl. RIEBEL 1973, S. 12).
- Gewinne der ADV wären bei einer Organisation als Profit-Center keine Markterlöse, sondern nur "Verrechnungsgewinne", die die Selbstkosten der Marktleistung der Unternehmung erhöhen (vgl. NOLAN 1976, S. 125).
- Bezüglich des Angebotes von Rechnerleistung hat die ADV in der Unternehmung eine Monopolstellung, sie könnte unrealistisch hohe Preise fordern.
- Gewinnorientierung würde die ADV-Aktivitäten auf die gewinnhöchsten Verfahren und Aufgaben konzentrieren, was die ADV-Serviceleistung verschlechtern und der Unternehmungspolitik widersprechen kann.
- Allgemein besteht die Gefahr der Suboptimierung dadurch, daß die Benutzer die teure Unterstützungsleistung nicht anfordern, obwohl der Nutzen in günstigem Verhältnis z.B. zu den Produktionskosten steht.

Mit diesen Ausführungen wird folgender **Rahmen für die ADV-Budgetierung** gesteckt:
- Die Budgetperiode ist ein Jahr und wird in monatliche Abrechnungsperioden unterteilt, um zeitlichen Schwankungen gerecht zu werden und frühzeitig Abweichungen erkennen zu können.
- Die operative Sichtweise impliziert weitgehend gegebene Kapazitäten und Leistungspotentiale. Die Entscheidungen über Kapazitätsveränderungen sind zwar grundsätzlich einer mehrperiodigen Planungsrechnung zuzuordnen, dies erübrigt aber nicht die operative Kapazitätsplanung und Prüfung der Kapazitätsvorhaltung nach erfolgtem Abgleich. Dies dient der Konkretisierung und Kontrolle der längerfristigen Planung und regt gegebenenfalls Entscheidungsrevision an. Bei geringwertigen Potentialen kann deren Steuerung auch vollständig dem operativen Bereich zugeordnet werden.
- Da die Budgetierung hier zum Zweck der Steuerung der innerbetrieblichen Leistungsbeziehungen eingesetzt werden soll, liegen im Gegensatz zu der Möglichkeit, pagatorische Größen zu erfassen, kalkulatorische Ansätze zugrunde.
- Ist bei der Erfolgsbudgetierung grundsätzlich die Zweiseitigkeit des Budgets mit einer Erfassung von Kosten und Leistungen zu fordern, so besteht bei der ADV das Problem aller indirekter

Bereiche, nämlich, daß für die Leistung keine Erlösgrößen ermittelbar sind (vgl. BRAUN 1981, S. 334ff; COENENBERG 1973, S. 373ff).
Dieses Problem wird gemildert mit der Budgetierung durch ADV und Benutzer. Die Leistung des ADV-Bereichs schlägt sich bei den Benutzern als sekundäre Kosten nieder, was allerdings eine interne Verrechnung der ADV-Leistungen verlangt.
- Prinzipiell entspricht die Summe der bei den Benutzern budgetierten sekundären Kosten der Summe der primären Kosten des ADV-Teilbereichs.
- Um bei den Benutzern ein Kostenbewußtsein zu erzeugen, erfolgt das Begleichen der verrechneten ADV-Leistungsmenge mit "hard money", also mit Budgetmitteln, die auch für andere Zwecke verwendet werden könnten (vgl. KANNGIESSER 1980, S. 85f).

1.3 Die Gestaltung eines ADV-Budgetierungssystems

Hier ist zu differenzieren in den statischen Aspekt der Aufbauorganisation und den dynamischen Aspekt der Ablaufgestaltung.

Allgemein ist zunächst jeweils mit der Identifikation der zu berücksichtigenden Größen und möglichen Einflußfaktoren ein Bezugsrahmen zu schaffen, bevor die ADV-bezogene Ausprägung, Verknüpfung und Abhängigkeit der enthaltenen Gestaltungsparameter zu beschreiben ist.

1.3.1 Die Gestaltung des Budgetierungsaufbaus

Zur Minderung der Komplexität des Gestaltungsproblems soll hier eine Betrachtung in **verschiedenen Dimensionen** erfolgen.

Die erste Dimension, die auch als weiteres Gliederungskriterium verwendet wird, ist die bereits vorweggenommene Subsystembildung einer ADV- und Benutzerbudgetierung.

Wenn Budgetierung die Fassung der Planung und Kontrolle in Wertgrößen bedeutet, dann können diese Wertgrößen in verschiedene Leistungs- und Kostengrößen eingeteilt werden. Diese Kategorisierung von qualitativ unterschiedlichen Budgetbestandteilen bedeutet die zweite Gestaltungsdimension.

Schließlich setzt sich jeder Summenwert in diesen Kategorien aus gleichartigen Mengeneinheiten und zugehörigen Einzelwerten zusammen. Dies bildet eine weitere Budgetierungsdimension.

In Abbildung 10 wird dieser Zusammenhang dargestellt. Der Würfel soll verdeutlichen, daß sich das zu gestaltende Budgetsystem aus einer Vielzahl von Einzelbausteinen zusammensetzt, die in den Dimensionen beschrieben sind.

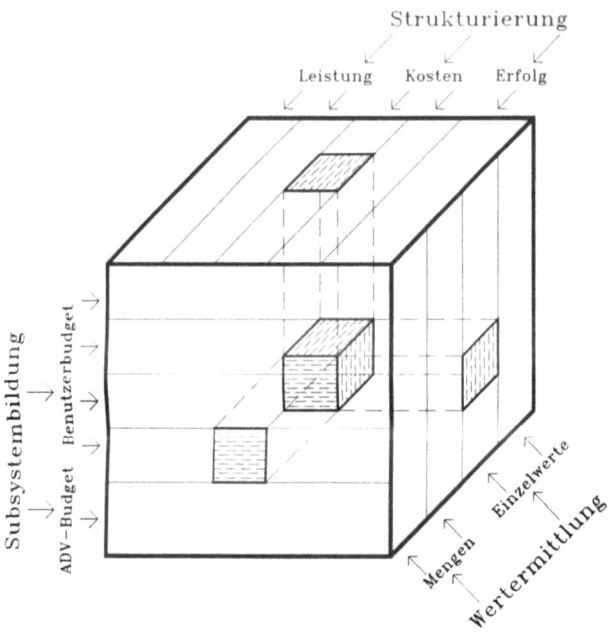

Abbildung 10: Die Dimensionen der Aufbaugestaltung des ADV-Budgetierungssystems (Exemplarisch wurde für einen Benutzerbereich ein Einzelwert im Bereich Kosten hervorgehoben)

Die Budgetierungssubsystembildung wurde bereits hergeleitet und die Systeme wurden in ihren Grundzügen gekennzeichnet. Zur Vervollständigung des Bezugsrahmens sind im folgenden die zweite und dritte Gestaltungsdimension zu beschreiben.

Die vollständige budgettechnische Erfassung der Bereichsplanung und -kontrolle bedingt die Erfassung der **Input- und Outputgrößen**. Inhaltlich sind Budgets also prinzipiell zweiseitig (vgl. PETSCH 1985, S. 68).

Die Outputgrößen enthalten die von der Entscheidungseinheit gemäß Sachziel für interne Stellen oder den externen Markt zu erbringenden Leistungen, der Input beschreibt den zur Erbringung des Output notwendigen Güterverbrauch. Dieser kann, sofern er einem Kalkulationsobjekt direkt zurechenbar ist, als Einzelkosten erfaßt werden. Diese sind variabel, sofern eine ausbringungsmengenabhängige Entstehung vorliegt, ansonsten fix, resultierend aus der Vorhaltung zeitunelastischer Produktionsfaktoren, d.h. solcher Faktoren, die ihre Leistungspotentiale für bestimmte Zeiträume zur Verfügung stellen (vgl. KILGER 1981, S. 59ff, S. 140ff; EGGER, WINTERHELLER 1984, S. 88ff). Gemeinkosten sind dagegen auch mit besten Erfassungsmethoden nicht differenziert für einzelne Erzeugnisarten bzw. -einheiten erfaßbar. Ihre Plan- und Kontrollierbarkeit hängt maßgeblich davon ab, ob für ihre Entstehung direkte oder indirekte Bezugsgrößen ermittelbar sind, ob also eine Sollkostenfunktion aufstellbar ist. Bei Gemeinkosten, bei denen dies nicht möglich ist, bestehen in Theorie und Praxis größte Steuerungsschwierigkeiten (vgl. SCHOLL 1983, S. 35ff).

Diese übliche Einteilung der Kosten wird nach dem Einfluß der Ausbringung des betrieblichen Teilbereiches auf die Kostenentstehung vorgenommen.

Neben diesem Kosteneinflußfaktor werden besonders im Gemeinkostenbereich eher Entscheidungen über andere unten aufgeführte **Einflußfaktoren** die Kostenentstehung determinieren (vgl. HABERSTOCK 1977, S. 46f; KILGER 1981, S. 135ff; MELLEROWICZ 1973, S. 207ff).
Der Kostencharakter einer bestimmten Kategorie wird also bestimmt von dem Einfluß, den die folgenden Bestimmungsfaktoren auf die Kostenentstehung haben:
Entscheidungen über
- die Ausbringung betrieblicher Teilbereiche,
- die Verfahren betrieblicher Teilbereiche,
- die Kapazitäten betrieblicher Teilbereiche,
- den Aufbau zeitungebundener Nutzungspotentiale.

Der **zeitliche Entscheidungsrahmen** der drei letztgenannten Faktoren übersteigt gewöhnlich die Budgetperiode. Da die Kosten aber gewöhnlich im Zeithorizont der Budgetperiode beeinflußbar sind, ist die periodenbezogene Wirkung der Bestimmungsfaktoren abzubilden.
Entscheidungsbezug kann dann über die Darstellung der zeitlichen Wirkungsdauer auf der Basis der Beeinflußbarkeit, d.h. über Frist und Kosten der Abbaubarkeit dieser Kosten, hergestellt werden (vgl. SCHOLL 1983, S. 37ff).

Erfaßt man Kosten und Leistungen in dem betreffenden Teilbereichsbudget vollständig, so ergibt sich als Saldo der Teilbereichsgewinn bzw. -verlust (vgl. SPIEGEL 1976, S. 55).

Bei der Kategorisierung von Kosten- und Leistungsgrößen kann weiter unterschieden werden nach deren **Beeinflußbarkeit durch die Budgetverantwortlichen**.
Grundsätzlich können den Verantwortungsträgern nur solche Ergebnisse zugerechnet werden, auf die sie im Rahmen der Kompetenzen Einfluß nehmen können. Nur diese Größen sind für die Ver-haltenssteuerung relevant. Aus dieser Sicht sollte ein Budget nur beeinflußbare Größen enthalten.
Es sprechen aber Gründe dafür, alle dem Teilbereich zurechenbaren Bestandteile zu erfassen. So geben gerade die nicht beeinflußbaren Größen Aufschluß über die Autonomie der Entscheidungseinheit. Weiterhin ist die vollständige Zurechnung aller einwirkenden Faktoren aus der Sicht der Unternehmungsführung für eine erfolgsorientierte Steuerung sinnvoll (vgl. PETSCH 1985, S. 67).

Ist die Budgetstruktur bestimmt, dann können zur weiteren Charakterisierung die Eigenart und Problematik der **Wertermittlung** in den einzelnen Kategorien herangezogen werden. Die Summenwertermittlung besteht aus den Komponenten Menge und Einzelwert; weiterhin sind die anwendbare Methodik zur Ermittlung dieser Größen sowie die einfließenden Daten wichtig. Diese Punkte werden hier als dritte Budgetierungsdimension bezeichnet.

Im **Leistungsbereich** besteht bei der Mengenermittlung die grundsätzliche Schwierigkeit, eine den Stellenoutput treffend kennzeichnende Größe zu finden. Oft unterscheidet sich trotz vorliegenden Maßstabes die produzierte Leistung in Qualitätsmerkmalen, so daß eine weitere Kategorisierung nötig wird. Diese Heterogenität kann so weit gehen, daß die Mengenmessung der Teilbereichsleistung unmöglich wird bzw. einer vollständigen verbale Beschreibung gleichkommt. Dann liegt eine schlechte Ausgangsposition für eine qualitative, auf der Leistungsausbringung aufbauende Kostenplanung und -kontrolle vor.

Im **Kostenbereich** liegt mit der Kostenartenrechnung bereits eine weitgehende Differenzierung der Gesamtkosten in homogene Gruppen vor. Das Finden von Mengenmaßstäben ist gewöhnlich unproblematisch.

Einen Sonderfall bilden solche Kostenarten, bei denen keine Teilung in Mengen- und Wertbestandteile möglich ist. Hier, z.B. bei Abschreibungen, werden unmittelbar die Summenwerte geplant.

Bei der sonst erforderlichen Ermittlung von Einzelwerten ist festzustellen, ob eine unmittelbare Beziehung zur Unternehmungsumwelt besteht, dann erfolgt i.d.R. eine Bewertung mit erwarteten Marktpreisen.

Zur Bewertung von innerbetrieblichen Leistungen bzw. sekundären Kosten wurden verschiedene Kostenrechnungsverfahren entwickelt. Hierzu liegt umfangreiche Literatur vor (vgl. HUMMEL, MÄNNEL 1982; KILGER 1980; HUCH 1984b; MOEWS 1986; MELLEROWICZ 1973 und die dort angegebene Literatur).

Hinsichtlich der Methodik zur **Ermittlung der Budgetgrößen** ist zu unterscheiden zwischen statistischen und analytischen Planungsverfahren (vgl. KILGER 1981, S. 358ff ; FRANCL 1984, S. 92).

Eingabe	Konvertierung	Ausgabe
Daten aus		
- langfristigen Planen	- analytische	- Mengengrossen
- kurzfristigen Planen	Planungsverfahren	- Einzelwerte
- volkswirtschaftlicher	- statistische	
Entwicklung	Planungsverfahren	
- Marktforschung		
- Budgetansatzen		
der Vergangenheit		

Abbildung 11: Die dritte ADV-Budgetierungsdimension

Erstere ermitteln Näherungswerte meist aus Vergangenheitswerten und verzichten auf eine logisch-diskursive Ableitung aus den zugrundeliegenden Unternehmungsaktivitäten. Sie sind

Verfahren, wenn eine rechentechnische Modellbildung nicht möglich ist. Möglicher Nachteil dieser Verfahren ist die zum Teil schwierige Aufdeckung von Unwirtschaftlichkeiten; sie bleiben u.U. aus vergangenen Perioden erhalten.

Analytische Verfahren basieren auf der möglichst realitätsnahen Abbildung der Abhängigkeit zwischen Plangrößen und Einflußgrößen. Sie sind zukunftsorientiert und exakter und bieten damit die Chance zu qualitativ besseren Ergebnissen, Unwirtschaftlichkeiten werden erkennbar. Abbildung 11 zeigt die Zusammenhänge einschließlich einer Sammlung der einfließenden Basisdaten (vgl. PETSCH 1985, S. 195).

1.3.1.1 Die Budgetierung der Benutzer

1.3.1.1.1 Determinierende Annahmen zur Verrechnung der ADV-Kosten

Primäre Kosten für die Produktion von Datenverarbeitungsleistung entstehen nur im Datenverarbeitungsbereich. Da diese Leistung aber ausschließlich als Service für andere Teilbereiche der Unternehmung erbracht wird und keinen Selbstzweck darstellt, ist es konsequent, die entstehenden Kosten innerbetrieblich an die Benutzer weiterzuverrechnen. Es wird davon ausgegangen, daß ein derartiges Verrechnungssystem besteht - dessen Gestaltungsmöglichkeiten unter Controllinggesichtspunkten werden später beschrieben -, jeder Benutzer muß daher in seinem eigenen Budget eine Position "sekundäre Kosten für bezogene ADV-Leistungen" aufnehmen, planen und kontrollieren.

Wesentlicher Ausgangspunkt für die Planung ist die **Grundkonzeption des Verrechnungspreissystems**, denn sie schafft das Regelwerk für Art und Zeitpunkt des Kostenanfalls und begrenzt so die möglichen Kosteneinflußgrößen, die wiederum die Planung der Budgetgrößen determinieren (vgl. KANNGIESSER 1980, S. 84ff).

Hier wird angenommen, daß alle ADV-Kosten leistungsmengenbezogen an den Benutzer verrechnet werden.

Diese Vorgehensweise bietet folgende wesentliche Vorteile:

- Die für den Benutzer ohnehin schon schwierige Planung von ADV-Kosten wird auf wenige für den Benutzer verständliche Positionen reduziert und so transparenter.

- Die Mengenbezogenheit ist notwendige Voraussetzung einer Flexibilisierbarkeit und Beeinflußbarkeit der Kostenposition (vgl. KILGER 1981, S. 40ff), was die Akzeptanz einer Budgetierung von ADV-Kosten verbessert. Anders wären die ADV-Kosten für den Benutzer Gemeinkosten, die unter Umständen jetzt mögliche genauere und methodisch besser unterstützbare Einzelkostenplanung (vgl. PIROTH u.a. 1984, S. 71ff) wäre nicht anwendbar.

1984, S. 115ff) sind damit ebenso abzulehnen wie die Verrechnung von ADV-Entwicklungskosten vor der Inbetriebnahme des betreffenden Systems.

- In dem Maß, in dem die Benutzerplanung vereinfacht wird, steigen die Ansprüche an die Planung des ADV-Bereichs.
  So wird die Planungsqualität der ADV eher meßbar, wenn man z.B. Kapazitätskosten nicht pauschal umlegt, sondern leistungsabhängig verrechnet.

Zu dieser Annahme auf der Mengenseite der Benutzerbudgetierung tritt auf der Seite der Einzelwertermittlung die Annahme, daß die zugehörigen Mengenpreise seitens der ADV - unter Umständen mit Beteiligung der Benutzer - ermittelt werden, hier also nicht Betrachtungsgegenstand sind. Mit der so im Vordergrund stehenden Kosteneinflußgröße "Ausbringung des betrieblichen Teilbereiches" sind gute Voraussetzungen für die Anwendung traditioneller Kostenplanungsinstrumente gegeben (vgl. KILGER 1981, S. 135ff).

1.3.1.1.2 Zusammmenstellung der Benutzer-Budgetdaten

Gegenüber der Budgetierung anderer Kostenarten besteht hier für ADV-Kosten die erste Besonderheit darin, daß zwar möglicherweise innerhalb der Kostenart der Anfall in gleichen Einheiten bemessen wird, der zugrundeliegende Einsatz des Produktionsfaktors ADV-Leistung aber keineswegs derartig homogen ist, sondern im Gegenteil eine außerordentliche Vielfalt entsprechend der vorhandenen Software und deren Leistungsvermögen besitzt, wie dies bei keiner anderen Kostenart der Fall ist (vgl. SELIG 1986, S. 39ff).

Soll zunächst die **Anwendbarkeit eines analytisch-exakten Verfahrens** untersucht werden, dann muß zunächst eine Differenzierung der ADV-Leistung entsprechend ihrer Verwendung in homogene Gruppen erfolgen. Eine Vereinfachung und Strukturierung der Vorgenhensweise wird dann dadurch erreicht, daß die Kostenverursachung in den Klassen etwa gleichen Gesetzmäßigkeiten unterliegt (vgl. KALTENHÄUSER 1976, S. 30ff; ZUR NIEDEN 1971, S. 28ff).

- **Administrative Anwendungen:**
  Hierunter fallen alle Massen- und Routinearbeiten, bei denen große Datenmengen bewältigt werden. Beispiele sind Fakturierung, Bestellung, Lohn- und Gehaltsabrechnung. Vielfach sind die Anwendungen identisch mit dem Rechnungswesen und zum Teil gesetzlich vorgeschrieben. Sie wurden historisch als erste Anwendungen mit Hilfe der automatisierten Datenverarbeitung ausgeführt. Im Vordergrund stand die möglichst rationale Produktion eines vorgegebenen Informationsstromes, besoondere Nutzenerwägungen wurden kaum getroffen, da der Vorteil der ADV-gestützten Erfüllung der Aufgaben unmittelbar erkennbar war.

1. Budgetierung 65

- **Dispositive Anwendungen**:
Sie beziehen sich auf die realen Betriebsprozesse unmittelbar, z.B. auf Beschaffung, Produktion und Absatz. Dabei soll nicht vergangenheitsorientiert dokumentiert werden; vielmehr sind zukunftsorientierte Prognose und Entscheidungsprobleme der kurz- und mittelfristigen Unternehmungsplanung und -kontrolle zu lösen. Die ADV-Leistung dient der Entscheidungsvorbereitung, kann aber auch die Entscheidung mit einschließen, denn die zugrundeliegenden Prozesse laufen unter hoher Sicherheit häufig in gleicher, zumindest ähnlicher Form bei klar definierter Datenbasis ab. Auch hier führten Kostenüberlegungen bei determinierter Leistung zur Übernahme auf ADV. Bei komplexeren Anwendungen werden allerdings auch Nutzenerwägungen wichtig.

- **Aufbereitende Anwendungen**:
Hier werden die Informationen der ersten beiden Stufen aufbereitet, verdichtet, Datenbanken aktualisiert, evtl. Sonderrechnungen angefertigt.

- **Entscheidungsunterstützende Anwendungen**:
Auch diese Anwendungen dienen der Steuerung der Betriebsprozesse, allerdings auf höherer PK-Ebene. Gegenstand sind strategische, langfristige, "echte" Entscheidungen der Unternehmungs- oder Teilbereichsführung. Sie sind nicht programmierbar im Sinne der traditionellen Datenverarbeitung, fallen unregelmäßig an und sind oft neuartig und komplex.
Die ADV muß hier unvorhergesehenen, flexiblen, von der jeweiligen Problemstellung abhängigen Informationsbedarf decken.
Auch wenn die Entscheidungen nicht programmierbar sind, so kann doch ein großer Teil des Entscheidungsprozesses unterstützt werden: Besonders dessen Initiierung, die Generierung von Alternativen und deren Bewertung.

Von den zur Verfügung stehenden Instrumenten der Kostenplanung ist die **Grenzplankostenrechnung** aufgrund ihres hohen Entwicklungsstandes hervorzuheben. Als Form der flexiblen Plankostenrechnung bietet sie hervorragende Möglichkeiten der Kostenplanung und -kontrolle (vgl. KILGER 1981, S. 51ff; VIKAS 1988, S. 12ff).
Den Kostenträgern des Teilbereichs werden hier die variablen Einzelkosten nach dem Verursachungsprinzip zugerechnet. Neben der Zielsetzung der Kostenkontrolle ist die Konzeption des Rechenwerkes zur Lösung von Dispositions- und Entscheidungsproblemen ausgelegt.
Sofern ein funktionaler Zusammenhang zwischen Teilbereichsleistung und ADV-Kosten definierbar ist, könnte die Grenzplankostenrechnung auch zur flexiblen Budgetierung von ADV-Kosten dienen.
Als Voraussetzung jeder Kostenplanung war die Kenntnis der Kosteneinflußgrößen genannt worden. Kostenrechnungsverfahren als Rechenwerke "auf der Basis vorhandener Kapazitäten und Verfahren" (vgl. KILGER 1976, S. 35) stellen die Einflußgröße "Beschäftigung des Teilbereiches" in den Vordergrund.
Neben dem zum Leistungsbezug proportionalen Kostenanfall - diese Bedingung wird mit den Annahmen zur Konstruktion des Verrechnungspreissystems erfüllt - muß als hinreichende Bedin-

gung für die Anwendbarkeit der Grenzplankostenrechnung die Ermittelbarkeit von Bezugsgrößen möglich sein.

Diese **Bezugsgrößen** müssen zwei wesentliche Anforderungen erfüllen (vgl. AGHTE 1974, S. 35ff): Sie sollen
- Maßstab der Stellenleistung sein, der zu den durch die Leistungserbringung verursachten Kosten ein Höchstmaß an Proportionalität aufweist und zugleich
- einen engen Zusammenhang zu den Kostenträgern des Teilbereiches aufweisen, um die Genauigkeit der Kalkulation zu gewährleisten.

Verschiedene Autoren gehen auf die Problematik des Auffindens von Bezugsgrößen für den Verwaltungsbereich der Unternehmung ein (vgl. WEGMANN 1982, S. 16ff). Da die ADV-Leistungen im informationsverarbeitenden Bereich verwendet werden, gelten die Ausführungen entsprechend.

Nach PLAUT ist - zwar bei außerordentlich hohem Aufwand aufgrund der erforderlichen Kostenanalyse und anschließend differenzierten Leistungsdatenerfassung - eine exakte Kostenplanung in Verwaltungsstellen zumindest theoretisch möglich (vgl. PLAUT 1976, S. 5ff; PLAUT 1961, S. 474, S. 482).

AGHTE sieht das Grundproblem in der praktischen Verwirklichung einer Verwaltungsplankostenrechnung in der Leistungsmessung. Häufig ist es nach seiner Meinung überhaupt nicht möglich, stellenindividuelle Leistungsmaßstäbe zu finden. Das in der Praxis vorzufindende ersatzweise Heranziehen von stellenfremden Maßstäben, etwa dann global geltenden Größen aus dem Fertigungsbereich, lehnt er für Wirtschaftlichkeitsbetrachtungen des Verwaltungsbereiches aufgrund der mangelnden Korrelation zwischen Maßstab und Stellenleistung und damit Stellenkosten ab (vgl. AGHTE 1974, S. 167ff).

Nach KILGER sind die informationsverarbeitenden Tätigkeiten in zwei große Gruppen zu gliedern (vgl. KILGER 1981, S. 336f).

Zur ersten Gruppe gehören Tätigkeiten und Kostenstellen, in denen vorwiegend planende, steuernde oder organisatorische Tätigkeiten verrichtet werden, die sich in der Regel von Fall zu Fall so stark unterscheiden, daß eine Messung der Stellenleistung nicht möglich ist. Hier ist das Auffinden von Bezugsgrößen praktisch unmöglich und damit auch die Grenzplankostenrechnung nicht anwendbar.

In die zweite Gruppe der Tätigkeiten gehören sich häufig wiederholende, repetitive und routinisierte Informationsverarbeitungsaufgaben. Hier können mit Hilfe von Funktionsanalysen direkte Bezugsgrößen bestimmt werden. Bei homogener Stellenleistung ist dies unmittelbar die Zahl der Bearbeitungsfälle. In vielen Fällen dürften allerdings nicht alle Qualitätsmerkmale homogen sein. Ist die Kostenverursachung also heterogen, müssen mehrere Bezugsgrößen verwendet werden.

Die wiedergegebenen Ausführungen KILGER's können auf die hier vorgenommene Differenzierung der ADV-Leistungen übertragen werden.

Dann gehören in die zweite Gruppe administrative und dispositive Anwendungen. Sie wiederholen sich, sind prinzipiell über Bezugsgrößen im Rahmen der Grenzplankostenrechnung budgetierbar. Während die aufbereitenden Anwendungen nicht eindeutig zuzuordnen sind, gehören die entscheidungsunterstützenden Anwendungen in die erste Gruppe, sie entziehen sich jedem Versuch einer Bezugsgrößenbildung aufgrund der heterogenen Kostenverursachung.

Erfolgte hier eine Beschreibung nach verschiedenen Tätigkeiten, dann ist zu berücksichtigen, daß sich in einer Kostenstelle gewöhnlich alle Arten von ADV-Anwendungen finden, eine weitere Differenzierung der Kostenstelle also erforderlich ist.

Für die Praxis einer Bezugsgrößenbildung für ADV-Leistung bzw. -Kosten dürfte KILGER's Schlußfolgerung zum Verwaltungsbereich gelten:

Die Voraussetzungen für eine Bezugsgrößenbildung und damit exakte Kostenplanung sind selten. Selbst bei Vorliegen der Voraussetzungen wird aber in der Praxis meist auf die Ermittlung verzichtet, da der Planungs- und Erfassungsaufwand hoch ist.

Auch die **Einzelkosten- und Deckungsbeitragsrechnung** (vgl. RIEBEL 1982; PLAUT, BONIN, VIKAS 1988, S. 9ff) als weiteres wichtiges exaktes Verfahren der Kostenplanung und Kontrolle bietet bezüglich der ADV-Kostenplanung durch den Benutzer keine wesentlichen Vorzüge. Die erfolgreiche Anwendung hängt auch hier von der Ermittlung geeigneter stellenindividueller Bezugsgrößen ab (vgl. WEGMANN 1982, S. 25ff).

Im Einzelfall ist also zu prüfen, inwiefern die Budgetierung der ADV-Kosten mit Hilfe analytisch-exakter Instrumente unterstützt werden kann. Voraussetzung ist die Identifikation von Bezugsgrößen für die Kostenverursachung. Ist dies nicht möglich oder sinnvoll, muß mit Hilfe der statistischen Verfahren geplant werden (vgl. HARRMANN 1976, S. 119ff).

Relevant wird hier die Unterscheidung zwischen alten, für den Benutzer bekannten Anwendungen und neuen, im Laufe des Budgetjahres in Betrieb zu nehmenden Anwendungen. Für solche Anwendungen liegen keine statistischen Daten vor.

Nach BRONNER ist in diesen Fällen das in der Praxis wohl am weitesten verbreitete Verfahren der Vergleich mit bestehenden, ähnlichen Anwendungen. Genauere Meßmethoden oder Modelle existieren bislang nicht (vgl. BRONNER 1980, S. 7ff; BRANDON 1978, S. 19).

Selbst wenn die Plandaten ausschließlich mit **statistischen Methoden** gewonnen werden, so bedeutet dieses allerdings nicht, daß sie damit ungenauer oder weniger verläßlich sind als diejenigen, die aus exakten Verfahren resultieren (vgl. BRANDON 1978, S. 20). Einzuschränken ist aber, daß mit einer ausschließlichen Anwendung statistischer Kostenplanungsverfahren das operative Aufdecken von Unwirtschaftlichkeiten nur schwer möglich ist.

Dann muß die exakte Prüfung der ADV-Leistungswirtschaftlichkeit - intuitiv prüfen die Benutzer die Leistungswirtschaftlichkeit mit ihrer Entscheidung über den Leistungsbezug selbst - mit einer Revision der gesamten Informationsverarbeitung eines Bereiches, dessen erforderlichen Inhaltes und Umfanges und der Aufteilung auf traditionelle und ADV-gestützte Informationsverarbeitung im Rahmen eines taktischen bzw. strategischen ADV-Controlling erfolgen.

1.3.1.2 Die Budgetierung des ADV-Bereichs

Anders als bei der Budgetierung von ADV-Kosten im Benutzerbereich steht hier nicht die Budgetierung einer einzelnen Kostenposition im Vordergrund, sondern die Budgetierung aller den Teilbereich Datenverarbeitung betreffenden Größen, also die gesamte Leistungs- und gesamte Kostenseite.

Dabei konzentriert sich die Betrachtung ebenfalls auf Mengengrößen. Die Bestimmung von den primären Kostenarten zuzuordnenden Einzelwertgrößen ist ein eigenständiges und vergleichsweise einfaches Prognoseproblem, und die Bewertung der ADV-Leistung mit Verrechnungspreisen erfolgt gesondert.

Im Sinne einer möglichst hohen Plan- bzw. Budgetgenauigkeit soll wie bei der Benutzerbudgetierung untersucht werden, inwieweit analytisch-exakte Methoden einsetzbar sind. Entgegen den statistischen Verfahren, bei denen mit dem Letztjahresbudget und wenigen anderen Daten alle Ausgangsgrößen vorliegen, sind dann Zwischenschritte vor der Ermittlung der Budgetwerte notwendig (vgl. FRANCL 1984, S. 92).

Wesentlich ist wiederum die Identifikation der Kosteneinflußgrößen. Teilplanungen leiten daraus dann budgetrelevante Daten für die verschiedenen Funktionen der ADV ab, denn bevor die Zusammenfassung in einer entscheidungsbezogenen Budget-Struktur erfolgen kann, sind vorbereitende Maßnahmen der Mengenplanung erforderlich (vgl. KILGER 1981, S. 317).

1.3.1.2.1 Die Kosteneinflußgrößen des ADV-Bereichs

Abbildung 12 gibt eine Übersicht über die kostenverursachenden Faktoren des ADV-Bereiches. Nachrichtlich sind die den Budgetierungshorizont überschreitenden Faktoren der Entscheidung über den Aufbau von Nutzungspotentialen und der Entscheidung über die Zusammenstellung des Programmportefeuilles mit aufgeführt. Diese dem strategischen bzw. taktischen PK-Bereich zuzuordnenden Faktoren sind als Determinanten zu berücksichtigen.

Die im Benutzerbereich maßgeblich beeinflußte Entscheidung über das Ausmaß der **Produktion von ADV-Leistungen** hat unmittelbar nur geringes Gewicht, da die Grenzkosten bzw. variablen Kosten einer bestimmten Anwendung mit den zurechenbaren Material- und Energiekosten nur sehr gering sind.

Mittelbar erlangt diese Entscheidung an Bedeutung, da sie die im operativ/taktischen Bereich anzusiedelnde Entscheidung über die Kapazität des ADV-Bereiches bedingt. Für die von der Momentanleistung unabhängig vorgehaltene Betriebsmittelkapazität und personelle Betriebsbereitschaft werden Kostenanteile von bis zu 90% der ADV-Gesamtkosten genannt (vgl. DEARDEN, NOLAN 1973, S. 69).

Entsprechend der Bedeutung muß sich die operative Planung/Budgetierung auf **Kapazitätserwägungen** konzentrieren - Rechenwerke wie die Grenzplankostenrechnung sind damit nicht

1. Budgetierung   69

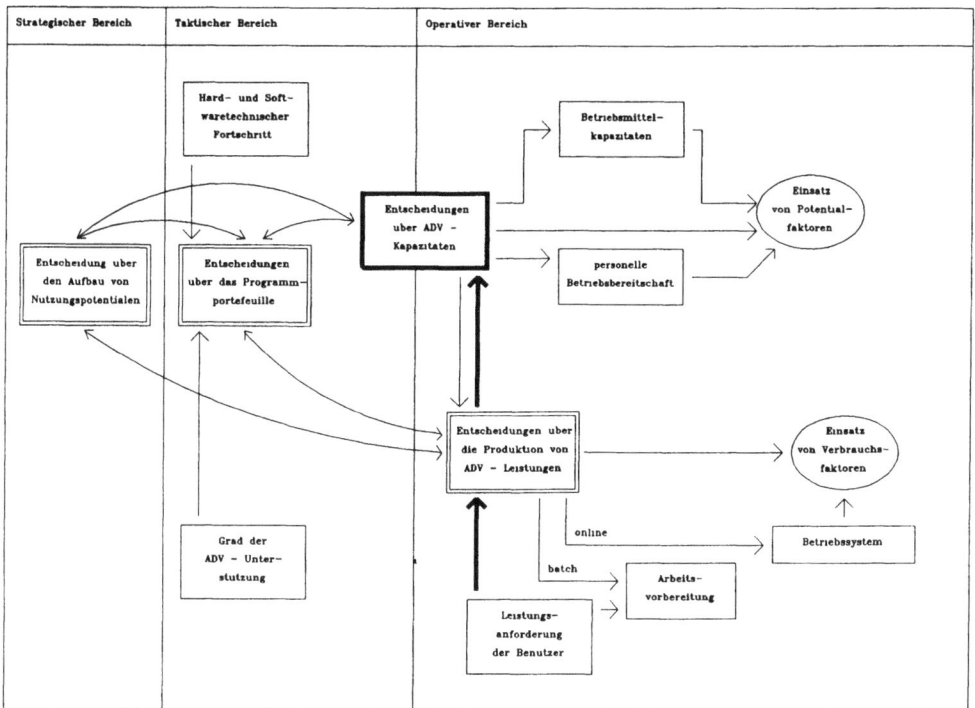

Abbildung 12: Kosteneinflußfaktoren des ADV-Bereiches

anwendbar, denn sie konzentrieren sich auf die variablen Kosten bei gegebenen Kapazitäten. Weiterhin ist der Zusammenhang von ADV-Leistungen und ADV-Kosten nicht mit einer aussagefähigen Produktionsfunktion beschreibbar. Hier liegt ein Grund für die methodisch mangelhafte Unterstützung der Planung des Bereiches. So ist die Entwicklung der Kostenrechnung zur entscheidungsorientierten PK-Rechnung für die kurzfristig variablen Kosten bei gegebenen Kapazitäten weit fortgeschritten. Dies gilt aber nicht für die von der tatsächlichen Leistung unabhängigen Bereitschaftskosten. Vielmehr zeichnet sich hier noch die Tendenz ab, die Veränderungen der Bereitschaft überhaupt nicht mehr als Gegenstand der Kostenrechnung zu betrachten, sondern sie als Gegenstand der Investitionsrechnung zuzuweisen. Hiergegen sprechen folgende Punkte (vgl. RIEBEL 1982, S. 82):
- Die Betriebsbereitschaft ist oft kurzfristig, also innerhalb des operativen Zeithorizontes änderbar.
- Auch wenn die Planung im Rahmen der Investitionsrechnung stattfindet, so muß die Kontrolle doch im Rahmen der Kostenrechnung/Budgetierung erfolgen.
- Praktische Entscheidungen müssen oft die Wahlmöglichkeit zwischen einer Anpassung der Betriebsbereitschaft oder anderen Anpassungsmöglichkeiten im Rahmen gegebener Kapazitäten

betrachten. Eine Diskrepanz in Denk- und Rechenansätzen erschwert hier die Entscheidungsfindung.

1.3.1.2.2 Vorbereitende Teilplanungen der ADV-Budgetierung

Auf die PK-"Mikrostruktur" des ADV-Bereiches können die für die Gesamtunternehmung gewonnenen Erkenntnisse übertragen werden. So soll Ausgangspunkt jeder Planung der **Engpaßbereich** sein; dies ist nach der vorgenommenen Abgrenzung auch im ADV-Bereich der **Absatz von Leistungen** (Es ist zwar denkbar, daß mit einer maximalen Budgethöhe das Leistungsvermögen der ADV begrenzt wird und eine Form der Kontingentierung gefunden werden muß. Diese willkürliche Form der ADV-Steuerung wird hier allerdings abgelehnt. Vgl. zur Systematik von Teilbudgets AGHTE 1974, S. 157; MEYER 1978, S. 77; HAHN 1985, S. 808). Die Nachfrage ist mit der Summe aller bei den Benutzern budgetierten ADV-Kosten bestimmt. Diese Leistungsplanung ist wesentliche Grundlage für die Kapazitätsplanung der Funktionsbereiche der ADV. Nach einer Phase des Kapazitätsabgleiches zwischen vorhandenen Kapazitäten und ermittelten erforderlichen Kapazitäten wird die Entscheidung über die Deckung der notwendigen Potentiale geprüft. Ergebnis des Planungsprozesses ist die Bereitstellung von Eigentums- und Vertragspotentialen für die Budgetperiode.

Vor der Beschreibung der Planungsabschnitte ist eine Unterteilung der ADV in **Verantwortungsbereiche** zweckmäßig. Insbesondere für die Planung und Budgetierung von Fixkosten ist diese Differenzierung wichtig, denn bei den nicht unmittelbar Kostenträgern zuordnenbaren Kosten kann eine Steuerung nur innerhalb von entsprechend abgegrenzten Subsystemen erfolgen (vgl. EGGER, WINTERHELLER 1982, S. 107; HANS 1984, S. 182ff).

Die Forderung nach eindeutiger Zurechenbarkeit der Kosten empfiehlt eine nicht zu weit gehende Teilung.

Angelehnt an die gewöhnlich in der Praxis unzutreffende funktionale Gliederung des ADV-Bereiches sollen die Kostenbereiche (vgl. BACHMANN 1978, S. 6; SELIG 1986, S. 88)

- Systementwicklung,
- Systemwartung,
- Systembetrieb,
- Beratung/Schulung

unterschieden werden. Bei ausreichender Gliederung (zum Zweck der Gestaltung der ADV-Budgetierung) sind hier noch alle Fixkosten als Stelleneinzelkosten erfaßbar.

Die Benutzerkostenplanung ist also die wesentliche **ADV-bereichsexterne Datengrundlage** für die Leistungsplanung der ADV. Mit ihr liegen dort, wo das möglich ist, ADV-outputorientierte Angaben vor - dies sind Stückzahlangaben vorrangig aus den Bereichen der administrativen und dispositiven Anwendungen - und dort, wo dies nicht möglich ist, einfache ADV-ressourcenorientierte Angaben, z.B. die erforderliche Terminalzeit für entscheidungsunterstützende Anwendungen.

Unabhängig von den eingesetzten Verfahren zur Ermittlung der Plandaten - es war darauf hingewiesen worden, daß statistische Methoden nicht zwangsläufig schlechtere Werte liefern als exakte Verfahren - begrenzt die Prognosegüte der Leistungsdaten die Kostenplanungsqualität der ADV.

Grundsätzlich wird die ADV-Leistung von einem Mensch-Maschine-System produziert. Eine erste Schwierigkeit bei der Kapazitätsplanung beider Komponenten besteht in der **Fassung des Kapazitätsbegriffes**.

Bei der Festlegung der personellen Betriebsbereitschaft kann eine Messung mit der erforderlichen bzw. zur Verfügung stehenden Arbeitszeit gegliedert nach Tätigkeitsbereichen erfolgen.

Schwieriger ist dies bei der Betrachtung der Maschinenkapazität. So ist unklar, ob etwa die technische Maximalkapazität, die kostenoptimale Kapazität oder eine "Normalkapazität" als Anhaltspunkt dienen soll (vgl. HANS 1984, S. 200). Die theoretisch erreichbare Maximalkapazität scheint als Maß unbrauchbar, da sie weit über der unter praktischen Betriebsbedingungen realisierbaren Beschäftigung liegt. Eine kostenoptimale Auslastung dürfte für ADV-Komponenten aufgrund des äußerst geringen variablen Kostenanteils kaum von der theoretischen Maximalkapazität abweichen. Das Maß der "Normalkapazität" ist zwar problematisch, soll aber hier mangels anderer Größen Grundlage für die verfolgten Planungs- und Kontrollziele sein. So kann nur die unter realistischen Betriebsbedingungen erzielbare Auslastung eines Betriebsmittels, nicht aber dessen Kapazität als "normal" bezeichnet werden. Die Orientierung an einer dann besser als realisierbare Normalbeschäftigung zu bezeichnenden Größe ist also hier Basis der Kapazitätsplanung. Ein nicht weiter verfolgtes Problem ist dann allerdings, wie von der ermittelten Normalbeschäftigung auf die gewöhnlich von Herstellern etc. zur Beschreibung von Betriebsmitteln angegebenen Maximalkapazität geschlossen werden kann.

Die Bestimmung der sich aus den Leistungsanforderungen ergebenden Normalbeschäftigung des Kostenbereiches **Systembetrieb** stellt sich besonders bei der Bestimmung der Maschinenkapazität als komplexes Problem dar, denn hier sind unter anderem die Anforderungen an die einzelnen Systemkomponenten abzuleiten (vgl. MEYHAK 1981, S. 164). Aus der globalen Kennzeichnung der Benutzerbudgetierung sind qualitative und quantitative Anforderungen an die Rechnerbestandteile:

- Rechnerkern (CPU),
- Zentralspeicher,
- Datenkanäle,
- Eingabeperipherie,
- periphere Speicher,
- Ausgabeperipherie

abzuleiten. **Qualitative Aspekte** können durch einfache Analyse der Software, die in der kommenden Periode verwendet werden soll, bestimmt werden (Bestimmte Anwendungen verlangen z.B. wahlfreien Zugriff auf periphere Speicher oder die Ausgabe auf einem Plotter). Erheblich schwieriger ist die Bestimmung der zugehörigen **Quantitäten**. Die einfachen Benutzervorgaben sind entsprechend der Konfiguration zu differenzieren. Dies kann heuristisch, aufwendig mittels Probeläufen, bei weiter steigenden Aufwand durch Analyse von Programmstrukturen oder statistisch anhand von in der Vergangenheit aufgezeichneten Anforderungsprofilen geschehen. Bei fortschreitender Steigung der Systemleistungsfähigkeit ist damit zu rechnen, daß Hilfsprogramme bei vertretbarem Overhead in der Zukunft genaue Statistiken liefern können, hierin also die wirtschaftlichste Planungsmethode zu sehen ist (TEUFFEL berichtet bereits 1979 von einem Hilfsprogramm, das alle 30 Minuten bis zu 3.100 Daten der Systembelastung ermittelt. Vgl. TEUFFEL 1979, S. 63; PEISCHL 1976, S. 49; HANSEN, WECKMANN 1979, S. 41). Zudem scheint dieses Verfahren bei den schlecht typisierbaren entscheidungsunterstützenden Anwendungen das einzig mögliche. Einschränkungen ergeben sich wiederum bei der Beurteilung von neu einzuführenden Anwendungen.

Zu dieser Beanspruchung durch Serviceleistungen sind ADV-interne Anwendungen im Rahmen der eigenen Ablaufsteuerung/Verwaltung, der Systementwicklung/-wartung und Schulung/Beratung hinzuzurechnen. Die internen ADV-Kostenbereiche können in diesem Fall wie externe Benutzer behandelt werden, es gelten dann die entsprechenden Ausführungen für die Planung der Rechnerbelastung.

Weiterhin sind nicht produktive Zeiten für geplante Wartungsarbeiten etc. zu berücksichtigen.

Aus der so ermittelten Kapazitätsanforderung kann durch Berücksichtigung folgender **Korrekturpositionen** die Normalbeschäftigung der Komponenten ermittelt werden:
- Durch Maschinen-, Daten-, Anwendungsprogramm-, Betriebssystem-, Bedienungsfehler können Wiederholungsläufe erforderlich werden. Diese Größen sind stochastisch, also nur statistisch planbar.
- Mit einer bestimmten Wahrscheinlichkeit liegt die reale Beschäftigung über der geplanten. Entsprechend der im ADV-Zielsystem festgesetzten quantitativen Flexibilität ist eine "Überkapazität" zu halten.
- Mit der bisher bestimmten Beschäftigung ist die Forderung nach einer durchschnittlichen, geglätteten Leistungsfähigkeit je Zeiteinheit ermittelt. Die tatsächliche Leistungsanforderung, besonders durch online-Anwendungen, unterliegt allerdings starken zeitlichen Schwankungen (vgl. BACHMANN 1978, S. 6). Da diese Größe ebenfalls zufallsbedingten Charakter aufweist, erfolgt die Planung der hierzu nötigen Kapazitätsvorhaltung statistisch.
- Aufgrund geplanter Wartungszeit etc. sind nicht-produktive Zeiten zu berücksichtigen. Dadurch erhöht sich die je Zeiteinheit während der produktiven Zeit erforderliche Kapazität.

Da das gleichzeitige Auftreten aller vier Zusatzkapazitäten fordernden Aspekte unwahrscheinlich ist, kann die Normalbeschäftigung um ein zu bestimmendes Maß niedriger sein als die Summe der aus den Leistungsanforderungen abgeleiteten Kapazitäten und den Zuschlägen für die Einzelrisiken.

Die im Rahmen des Systembetriebes erforderliche personelle Kapazität ergibt sich aus einem weitgehend limitationalen Verhältnis zwischen den Hard- und Softwarecharakteristika des Systems und dem erforderlichen Betriebspersonal.

1. Budgetierung

Die personelle Betriebsbereitschaft des Bereiches **Systementwicklung** und des Bereiches Schulung kann aus der taktischen ADV-Planung abgeleitet werden, denn hier wird die Entwicklungstätigkeit geplant und kontrolliert und aus der Implementierung neuer Anwendungen in der Planperiode ergibt sich der erforderliche Schulungsumfang.

Schwieriger ist die Planung im Bereich Wartung und Beratung.

Entgegen der Wartung vieler Betriebsmittel ist diese im Softwarebereich nicht verschleißbedingt: Sie umfaßt alle Tätigkeiten, die nach der Einführung eines Systems dessen Verfügbarkeit erhöhen oder Lebensdauer verlängern und kann eingeteilt werden in die Notfallwartung zur Behebung unerkannter Fehler, die Anpassung an veränderte Umweltbedingungen und die Verbesserung des Leistungsumfanges (vgl. GRIESE 1987, S. 529; SMITH 1973, S. 76). Nur die letzte Position ist vorhersehbar und exakt planbar (vgl. FRANCL 1984, S. 161); personelle Kapazität für die übrigen Positionen ist nur statistisch ermittelbar. Korrelationen werden in der Literatur mit dem durchschnittlichen Programmalter und Programmwert als Maß für dessen Größe und Komplexität hergestellt (vgl. BRANDON 1978, S. 16).

Dies gilt ebenso für die Anforderung der Benutzer nach Beratungsleistung.

Beratung und Schulung sind allerdings anwenderorientierte Serviceleistungen. Je nach Gestaltung des Verrechnungspreissystems müssen die Benutzer entsprechende Positionen in ihr Budget aufnehmen. Dies ändert zwar nicht die Planungsmethode, beteiligt aber die Benutzer als Bezieher der Leistung. Horizontale Planungssynergien durch Koordinationserfordernisse können dann die Planansätze verbessern.

Im Bereich der personellen Kapazitäten liegt mit der beschriebenen Planung der zu deckende Bedarf unmittelbar vor.

Bei den Maschinenkapazitäten sind mit der Einbeziehung von Spitzenbelastungen, Wiederholungsläufen, gewünschter Flexibilität und nicht-produktiven Zeiten viele über die durchschnittliche Beschäftigung hinausgehende Aspekte erfaßt. Damit liegt die Grundlage für die Bestimmung der erforderlichen technischen Kapazität vor.

Aus dem Vergleich mit der bestehenden Konfiguration sind **Über- und Unterkapazitäten** zu erkennen. Aufgrund der längerfristigen Nutzbarkeit der Potentiale werden Entscheidungen über deren Veränderung unter Einbeziehung der weiteren Erwartungen in Zusammenarbeit mit dem taktischen/strategischen ADV-PK-Subsystem getroffen.

Betriebsmittel- und personelle Kapazität werden als Vertrags- oder Eigentumspotential zur Verfügung gestellt.

1.3.1.2.3 Zusammenstellung und Aufbereitung der ADV-Budgetdaten

Mit dem Abschluß der vorbereitenden Planungen liegen die wesentlichen Daten zur Fassung der operativen Pläne in Budgetwerten vor.

Die Leistungsmengen, bewertet mit den entsprechenden Verrechnungspreisen, bestimmen den Budgetansatz der ADV-Outputseite.

Die Plankosten leiten sich im wesentlichen aus den für die Leistungserstellung vorgehaltenen Kapazitäten ab. Die wichtigsten Kostenarten sind hier (Vgl. die Ergebnisse einer empirischen Untersuchung bei GRIESE 1987, S. 544):
- Personalkosten,
- Abschreibungen auf gekaufte Hardware,
- Hardwaremiete,
- Abschreibungen auf gekaufte/selbsterstellte Software,
- Softwaremiete.
- Andere Kosten geringerer Bedeutung, z.B. Energiekosten, Kosten für fremde Wartung.

Neben dem Wertansatz dieser Kosten sollte das Budget im Sinne einer Entscheidungsorientierung Fristen einer **Veränderbarkeit** der den Kosten zugrundeliegenden Potentialen und dadurch entstehende Anpassungskosten und resultierende Kosteneinsparungen bzw. -steigerungen enthalten.

Personalkosten entstehen in allen vier Kostenbereichen der ADV. Zur Darstellung der Veränderbarkeit muß der Personalbestand in homogene Gruppen zerlegt werden. Bei Untersuchung der Kostenabbaubarkeit sind die zu beachtenden Kündigungsfristen maßgeblich, sollen Kapazitäten erhöht werden, dann sind die Lage auf dem Arbeitsmarkt und erforderliche Einarbeitungszeiten zu berücksichtigen.

Abschreibung auf gekaufte **Hardwareausstattung** ist anzusetzen für nutzungsunabhängigen Zeitverschleiß durch technisch-wirtschaftliches Verhalten der Güter, bei mechanisch arbeitenden Peripheriegeräten auch für Gebrauchsverschleiß. Bei Zeitverschleiß ist der tatsächliche Werteverzehr nicht meßbar, der Ansatz dient zur Prüfung der Entscheidung über die Anschaffung des Wirtschaftsgutes. Liegt Gebrauchsverschleiß vor, dann handelt es sich zumeist um geringwertige Güter, die zudem über ihre Lebensdauer betrachtet in der Nutzung keine großen Schwankungen aufweisen, so daß auch hier auf einer Zeitgrundlage abgeschrieben werden kann.

Bei einer Betrachtung der Veränderbarkeit ist bis zu den einzelnen Hardwarebestandteilen zu differenzieren. Sofern sich die betreffende Kapazität aus mehreren gleichwertigen Einzelkapazitäten zusammensetzt, erfolgt die Veränderung durch Kauf/Verkauf einzelner Einheiten. Wird das Leistungsvermögen von einer einzelnen Komponente zur Verfügung gestellt, muß bei höheren Anpassungskosten der Ersatz dieser Komponente erfolgen.

Obwohl **Software** grundsätzlich zeitlich unbegrenzt nutzbare Potentiale zur Verfügung stellt, zeigen Erfahrungen, daß durch Veränderung der Softwareumgebung und dadurch steigenden Wartungsaufwand die wirtschaftliche Lebensdauer eines Programmes 6 - 10 Jahre beträgt. An

1. Budgetierung

Kostenarten	Σ Plankosten	Verteilung der Plankosten		Verteilung der Normalbeschäftigung					
		Über-kapazität	Normal-beschäftigung	Benutzer	Eigen-verbrauch	Nicht-produktiv	quantitative Flexibilität	Spitzen-verbrauch	Wiederholungs-läufe
1									
⋮									
N									
Σ									

Kostenarten	Kosten der Entscheidungsrevision Kapazitätsabbau						Kosten der Entscheidungsrevision Kapazitätserweiterung					
	Monat		Quartal		Jahr		Monat		Quartal		Jahr	
	% Veränderung	einmal. Kosten	% Veränderung	einmal. Kosten	% Veränderung	einmal. Kosten	% Veränderung	einmal. Kosten	% Veränderung	einmal. Kosten	% Veränderung	einmal. Kosten
1												
N												

Abbildung 13: Zusammenfassung der ADV-Budgetgrößen: Kostenseite

Leistungsarten	Σ	ressourcenorientiert geplant	outputorientiert geplant
administrative Anwendungen			
dispositive Anwendungen			
aufbereitende Anwendungen			
enscheidungs-unterstützende Anwendungen			
Σ			

Abbildung 14: Zusammenfassung der ADV-Budgetgrößen: Leistungsseite

derartigen Größen kann sich die Abschreibung investierter Beträge orientieren. Eine Veränderung des Softwarepotentials kann sich nur auf Qualitäten beziehen - die quantitative Leistungsfähigkeit wird wesentlich durch die Hardware bestimmt. Eine Verminderung des Leistungsumfanges ist nicht sinnvoll, da sie nicht zu Kosteneinsparungen führt; eine Erhöhung bedeutet je nach Umfang Wartungstätigkeit oder Neuprogrammierung. Da hier vielschichtige Qualitätsdimensionen wichtig sind, deren gewünschte Ausprägung und zugehörige Kosten bei einer Neuprogrammierung ex ante aber nicht bekannt ist, kann keine entsprechende Information in das Budget aufgenommen werden.

Gemietete Hard- und Software sind wie Personalkosten Vertragspotentiale. Die Nutzungsdauer entspricht der Vertragsdauer. Die Kostenabbaubarkeit ergibt sich aus der Vertragsgestaltung. Im Softwarebereich gelten zu Erweiterungen die oben gemachten Ausführungen. Im Hardwarebereich ist der Kapazitätsaufbau mittels zusätzlicher gleichartiger Einheiten unproblematisch. Sofern die vorhandene Einheit ersetzt werden muß, ist zunächst die Kapazität vollständig abzubauen, bevor die Neubeschaffung erfolgt. Dies kann bei höheren Kosten auch zeitlich parallel erfolgen.

Die Abbildungen 13 und 14 zeigen einen möglichen Rahmen für die schematische Zusammenfassung der Planungsresultate einschließlich der Möglichkeiten und Konsequenzen der Entscheidungsrevision in der Budgetperiode.

1.3.2 Die Gestaltung des Budgetierungsablaufs

Ergebnis der dynamischen Budgetierungsgestaltung muß neben der Definition der notwendigen Teilaktivitäten insbesondere die Festlegung der Abfolge dieser Tätigkeiten einschließlich der Träger und Beteiligten sein. Eine grobe Gliederung ergibt sich aus der an die Phasen des PK-Prozesses angelehnte Festlegung von Budgetierungsphasen. Gewöhnlich werden hier etwa folgende Phasen unterschieden:

- Budgetplanung: - Budgeterstellung
                       - Budgetkonsolidierung und
                         -abstimmung
                       - Budgetautorisierung
- Budgetrealisation
- Budgetkontrolle: - Budgetkontrolle i.e.S.
                       - Budgetabweichungsanalyse
                       - Budgetrevision.

Diese Aufzählung verdeutlicht die Verwendbarkeit der Budgetierung in allen Phasen des PK-Prozesses.

Bei der Beschreibung der Aufbaugestaltung des ADV-Budgetierungssystems wurden schon Ablaufaspekte erfaßt - die zur Komplexitätsreduktion erfolgte Zerlegung besonders der

Planungstätigkeit beinhaltet bereits eine logische Ordnung der Tätigkeiten; z.B. wurde dargestellt, welche vorbereitenden Teilplanungen im ADV-Bereich erforderlich sind und wie die anschließende Zusammenfassung und budgetorientierte Aufbereitung erfolgt. Wichtig ist deshalb hier die Phase der Budgetkontrolle, -abweichungsanalyse und -revision.

In den übrigen Phasen sind im Ablaufbereich wenig ADV-spezifische Besonderheiten zu identifizieren.

1.3.2.1 Der Ablauf der Budgetplanung

In der Erstellungsphase werden für die einzelnen Kostenbereiche den vorgegebenen Zielen entsprechende, realisierbare Kosten- und Leistungsgrößen generiert.

Träger dieser Aufgabe sind die Kostenbereichsverantwortlichen (vgl. SPIEGEL 1976, S. 46).

Der **Anfangszeitpunkt** der Erstellung sollte zur Steigerung der Prognosegenauigkeit möglichst kurz vor dem Realisierungszeitraum liegen. Der zu berücksichtigende zur Erstellung notwendige Zeitbedarf wird neben dem Umfang von dem Grad der Parallelisierung von Aktivitäten bestimmt (vgl. POPP, TRAN NGOC AN 1980, S. 29ff). Sachlich entkoppelte Teilbereichsbudgets können ohne Schwierigkeiten parallel erstellt werden; hier wurden ADV- und Benutzerbudget allerdings bewußt gekoppelt, indem die Summe der bei den Benutzern budgetierten ADV-Kosten der ADV-Budgethöhe entsprechen soll. Die den Benutzern belasteten sekundären Kosten werden aber von der angenommenen Leistungsanforderung beeinflußt und umgekehrt. In einem iterativen Abstimmungsprozeß sind hier die endgültigen Budgetgrößen festzulegen. Aufgrund der hohen Kommunikationsintensität sind entsprechende Informationskanäle zu gestalten und der zusätzliche Zeitbedarf zu berücksichtigen.

Da die autorisierten Budgets schließlich als Vorgaben verwendet werden, sind bei der Budgeterstellung beträchtliche **psychologische Momente** zu berücksichtigen (vgl. BAMBERGER 1971, S. 155f; TREUZ 1974, S. 103ff; HOFSTEDE 1970, S. 144ff; GRIMMER 1980, S. 130ff; MODOUX 1981, S. 27). Durch hohe Ansätze versuchen die Verantwortlichen, die Erreichbarkeit sicherzustellen. Die hier beschriebene ADV-Budgetierung wirkt dem mit folgenden Mechanismen entgegen:
- Im ADV-Bereich werden auf der Grundlage der Benutzeranforderungen realistische Kapazitäten geplant, da Überkapazitäten ausgewiesen werden.
- Wenn im ADV-Bereich kein Gewinn erwirtschaftet wird, werden den Benutzern niedrigstmögliche Kosten belastet.
- Für eine realistische Leistungsanforderung der Benutzer sorgen die Gesamtbudgetbeschränkungen. Eine Unterstützung ist mit einer entsprechenden Konzeption des Verrechnungspreissystems erzielbar.

Ein bisher weitgehend ungelöstes Problem stellt die mit der **Verabschiedung** aller Teilbereichbudgets verbundene Frage der optimalen Allokation der Ressourcen dar. Entwickelte exakte

Verfahren scheitern in der Praxis an nicht realisierbaren Datenforderungen oder zu restriktiven Modellannahmen (vgl. LEICHTFUSS 1984; PARIS 1977, S. 77; SCHMIDT 1986, S. 251ff), so daß praktikable Verfahren unter dem Begriff der nicht-exakten, unstrukturierten Konferenzlösung zusammengefaßt werden können.

Mit der Autorisierung der Budgets in Zusammenhang steht auch die Frage nach den "richtigen" **Vorgabewerten**. Teilweise wird die Vorgabe von unter bzw. über den Erwartungswerten liegenden "Motivationswerten" gefordert. Aufgrund des Objektivitätsverlustes und der damit schlechteren Verwendbarkeit für die Beurteilung und Steuerung der Wirtschaftlichkeit werden derartige Wertansätze hier allerdings abgelehnt (vgl. BUNGE 1968, S. 164).

1.3.2.2 Der Ablauf der Budgetkontrolle

Im Laufe des Budgetjahres sind zum Ende festzulegender Kontrollperioden, in der Regel werden Monatszeiträume vorgeschlagen, entsprechend den Plandaten strukturierte Ist-Daten zu ermitteln (vgl. EGGER, WINTERHELLER 1984, S. 56).
Kontrollbereich sind die Leistungsseite des ADV-Bereichs mit einer Erfassung der mengenbezogenen Belastung sekundärer Kosten an die Benutzer und die ADV-Kostenseite mit den entstehenden primären Kosten.

Entsprechend der Planungsdifferenzierung zeigt die Erfassung der Kontrolldaten, in welcher Leistungsklasse bei welchem Benutzer die tatsächlich bezogene Leistung von der geplanten Leistung abweicht. Bei einer angenommenen Konstanz des Verrechnungssatzes über den Budgetzeitraum begründen sich **Abweichungen** ausschließlich in Mengenabweichungen. Neben einer sich nicht planentsprechend entwickelnden Bezugsgröße sind Fehler des Prognosemodells sowohl mit einem nicht treffend kennzeichnenden funktionalen Zusammenhang zwischen Bemessungsgrundlage und Budgetgröße als auch in der Bemessungsgrundlage selbst als Ursachen zu prüfen. Dieser Aufwand ist zu rechtfertigen mit der Bedeutung der Planungsqualität für den ADV-Bereich, denn Planüber- und auch -unterschreitung über bestimmte Schwellenwerte wirft hier große Probleme auf. So induziert die Unterschreitung vermeidbare Leerkosten, die Überschreitung belastet die ADV-Leistungsqualität.

Ausgangspunkt für die Betrachtung der ADV-Kostenentwicklung ist die **ADV-Leistungskontrolle**. Entspricht die Ist- der Solleistung, dann kann die Kostenkontrolle und -analyse unmittelbar einsetzen. Die Istkosten sollten der Planvorgabe entsprechen.
Die Kontrolle bezieht sich auf der Kostenseite sowohl auf Mengen- als auch auf Wertgrößen. Da letztere aber intern nicht beeinflußbar sind, kann hier lediglich die statistische Vorhersage geprüft werden. Zur Steuerung der internen Vorgänge sollten die Kontrollgrößen um ungeplante Preisänderungen bereinigt werden, so daß Mengeneinflüsse isoliert werden (Die Ursachenzurechnung einer veränderten Produktgröße stößt bei gleichzeitigem Vorliegen von Mengen- und Preisabwei-

chungen auf theoretische Schwierigkeiten. Vgl. PETSCH 1985, S. 161). Aufgrund der detaillierten Planung ist es möglich, den Entstehungsort der Kostenabweichung bei gleich strukturierten Kontrolldaten unmittelbar abzulesen.

Schwieriger ist die **Beurteilung der ADV-Kosten** bei einer planabweichenden Leistungsentwicklung, denn bei einer Anpassung der Kapazitäten ändert sich aufgrund der nicht gegebenen Linearität die Kostenstruktur (Die Struktur bliebe nur gleich, sofern alle Kapazitäten um den gleichen Betrag erhöht würden). Die Plankosten sind nicht länger gültig. Ein Vergleich von ADV-Sollkosten und -Istkosten zeigt dann, ob bereits Anpassungsmaßnahmen erfolgt sind, und der Vergleich ADV-Istleistung und -Istkosten erweist, inwiefern man sich dem Ideal eines ausgeglichenen Budgets wieder angenähert hat. Eine Analyse der Auswirkungen geänderter ADV-Leistung ist mittels der geschaffenen PK-Struktur und der mit der laufenden Verrechnung erfolgenden Datenerfassung möglich (Hier wird eine weitere Forderung des Budgetierungssystems an das Verrechnungspreissystem deutlich: Die Verrechnung soll entsprechend der Inanspruchnahme der Kapazitäten bzw. Verantwortungsbereiche erfolgen). Abweichungen der einzelnen Kapazitäten von den Planbeschäftigungen werden deutlich.

Nach der Ermittlung der Ist-Werte sind auf der Grundlage der bisherigen Entwicklung **Prognosewerte** für die verbleibende Budgetperiode zu ermitteln. Die Vorgehensweise entspricht derjenigen bei der erstmaligen Aufstellung der Budgets. Dient der retrospektive Soll-Ist-Vergleich der Realisationskontrolle und Feststellung des Zielerreichungsgrades, dann ist für die Zukunftsorientierung der Soll-Prognose-Vergleich wichtiger. Er dient der Vorkoppelung einer bisher nicht enthaltenen Störgröße und verdeutlicht weitere potentielle Abweichungen (vgl. PETSCH 1985, S. 152 ff). Aus dem Vergleich mit den Budgetplanwerten ergeben sich Impulse für eine Revision der getroffenen Entscheidungen. Entweder können aufgrund zu treffender Maßnahmen die Prognosewerte den Planwerten angenähert werden, oder die Vorgaben werden der Prognose angepaßt (vgl. FREILING 1980, S. 137f; STAMM 1982, S. 314).

Träger der Kontrollen sind nach Controllinggesichtspunkten die Betroffenen, also Benutzer und ADV. Bei Entscheidungsrevisionen und Anpassung von Planwerten sind aufgrund der bereichsüberschreitenden Konsequenzen weitere Organe zu beteiligen, z.B. die für die Konsolidierung und Sanktion der Budgets zuständigen Autoritäten.

1.4 Die Beurteilung des ADV-Budgetierungssystems

Das vorgestellte Budgetierungssystem schafft für die Erfüllung der definierten Controllingaufgaben eine erste Struktur.

Allerdings kann nur die **Steuerung der ADV-Wirtschaftlichkeit** unterstützt werden. Die übrigen, als Nebenbedingungen formulierten ADV-Ziele entziehen sich einer Erfassung aufgrund der nicht möglichen Quantifizierbarkeit in Geldeinheiten. Bei der Planung und Kontrolle der Wirtschaftlichkeit verbleiben aber auch Lücken. Die wichtigste erforderliche Ergänzung betrifft die zusätzliche Implementierung eines Verrechnungspreissystems für die ADV-Leistungen. Erst die Verrechnung ermöglicht die Planbarkeit der ADV-Unterstützung im Rahmen der Budgeterstellung im Benutzerbereich und schafft eine Basis für die Budgetkontrolle im Laufe des Budgetjahres. Weiterhin wird dem in Gemeinkostenbereichen bei traditioneller Budgetierung oft vorzufindenden Etatdenken, verbunden mit einem Fortschreibungscharakter des Budgets, entgegengewirkt (vgl. KOCH 1976, S. 230f).

Die Beziehung zur Unternehmungsführung wird mit deren Einbindung in den Budgetierungsprozeß gestaltet. Beziehungen zur strategischen und taktischen ADV-Planung und -Kontrolle werden nicht explizit erfaßt, da die Ausprägung dieser Systeme hier nicht Untersuchungsgegenstand ist, mithin bis auf wenige Datenlieferungen durch diese Systeme keine Definition der Schnittstelle erfolgt.

Der breiten Einsatzmöglichkeit der Budgetierung steht eine bestimmte **Grobheit in der Struktur** gegenüber. Besonders im Planungsbereich sind methodische Ergänzungen erforderlich, die hier nicht thematisiert werden können. So ist bei einem praktischen Einsatz des Systems die Ermittlung der Budgetdaten zu unterstützen, z.B. sind abhängig von der verfügbaren Datengrundlage und gewünschter Plangenauigkeit unternehmungsindividuell Prognoseinstrumente zur Verfügung zu stellen.

Neben der unmittelbaren funktionsermöglichenden Unterstützung der Budgetierung durch die im folgenden beschriebene Verrechnung ist das Controllingsystem durch ein Kennzahlensystem zur Abdeckung der Controllingaufgaben bezüglich der übrigen ADV-Ziele, aber auch zur Erfüllung z.B. aufbereitender Aufgaben bezüglich Budgetierung und Verrechnung, zu ergänzen.

2. Verrechnungspreise

Verrechnungspreise sind das logisch an zweiter Stelle nach der Budgetierung zu gestaltende Instrument des operativen ADV-Controlling. Sie bilden die Verbindung zwischen den bislang noch getrennt nebeneinander stehenden Benutzerbudgets und dem ADV-Budget.

Entgegen der überwiegenden Zahl von Beiträgen zur Thematik der Verrechnung von ADV-Leistungen steht hier nicht die detaillierte Technik der Abrechnung im Vordergrund, sondern die der Technik zugrundeliegende Sachlogik, die die eigentliche Voraussetzung und den Ausgangspunkt einer Verrechnungspreisgestaltung bildet (vgl. BRAUN 1981, S. 308). Dies soll die Konsistenz und logische Geschlossenheit des Gesamtsystems sichern.

2.1 Konzeptionelle Kennzeichen der Verrechnungspreisbildung

Als Verrechnungspreis oder auch interner Preis wird das Ergebnis der Bewertung von Ressourcen und/oder innerbetrieblichen Leistungen bezeichnet (vgl. FRESE, GLASER 1980, Sp. 2311; GAITANIDES 1986, S. 219ff). Dies sind Leistungen, die zwischen organisatorischen Einheiten ausgetauscht werden, für die eine eigene Rechnungslegung erfolgt (vgl. JAENSCH 1972, S. 1301). Damit ist die **Dezentralisierung der Unternehmung** Voraussetzung für die Verwendung von Verrechnungspreisen.

Historisch waren Dezentralisierungstendenzen allerdings der wesentliche Anlaß (und nicht die Folge) einer verstärkten Auseinandersetzung mit Leistungsfähigkeit und Problematik der Verrechnungspreisbildung:

Die Zerlegung der Unternehmung in eine steigende Zahl von selbständigen, entscheidungsbefugten Organisationseinheiten ist bei wachsender Größe nicht zu umgehen (vgl. DRUMM 1972, S. 253).

Das Wahlproblem ist dann nicht mehr eine Optimierung der Zielerreichung durch zentrale oder dezentrale Steuerung, sondern die Frage nach den Instrumenten zur bestmöglichen Steuerung der zwischen den autonomen Bereichen einer divisionalisierten Unternehmung durch Konkurrenz um knappe Ressourcen und Leistungstransfer zwischen den Einheiten bestehenden Beziehungen. Grundsätzliche Alternativen sind hier die Vorgabe impliziter oder expliziter Verhaltensnormen. Letztere sind wegen ihres fundamentalen Widerspruches zum Prinzip der Delegation und der Dezentralisierung abzulehnen.

In Theorie und Praxis werden Verrechnungspreise als wichtigstes Instrument zur Lösung der **Koordinationsprobleme** mit Hilfe impliziter Verhaltensnormen angesehen. Sie sind dann so zu bestimmen, daß die dezentral getroffenen Entscheidungen über die Verwendung der Ressourcen und das Ausmaß des Leistungstransfers entsprechend dem Modell der Marktwirtschaft für die Gesamtunternehmung optimal sind.

Werden die einzelnen Organisationseinheiten wie Unternehmungen in der Unternehmung geführt, dann beeinflussen interne Preise auch den ausgewiesenen **Erfolg der Teilbereiche**, so daß Verrechnungspreise zur ebenfalls die Unternehmungsführung besonders interessierenden, möglichst entstehungsgerechten Erfolgsspaltung dienen können.

Zusammenfassend werden in der Literatur folgende **Aufgaben** genannt, die mit Verrechnungspreisen lösbar sind (vgl. KLEIN 1983, S. 88; SCHMIDT 1986, S. 225; BRUCKSCHEN 1981, S. 85ff; DRUMM 1973, S. 93f; MAYERHOFER 1985, S. 49ff; SERTL, STIEGLER 1984, Sp. 4196; FRESE, GLASER 1980, Sp. 2312):
- Optimale Allokation der Ressourcen und Steuerung des Leistungsaustausches,
- Gewinnallokation,
- Vereinfachung und Beschleunigung der Betriebsabrechnung und Kalkulation,
- Bewertung von Beständen und Gewinnbeeinflussung, z.B. zur Gewinnverlagerung zwischen Konzernunternehmungen,
- Motivation zur Leistungssteigerung,
- Aufteilung von Kosten zwischen Teilbereichen,
- Wirtschaftlichkeitskontrolle von Kostenstellen,
- Vorbereitung unternehmerischer Entscheidungen, z.B. der Wahl zwischen Selbsterzeugung oder Fremdbezug oder der Wahl zwischen verschiedenen Fertigungsverfahren.

Neben den abrechnungs- und kontrollbezogenen Aufgaben sind die genannten Möglichkeiten der Unternehmungssteuerung mit Hilfe der Verrechnungspreistechnik allerdings von besonderem Interesse (vgl. RIEBEL 1973, S. 11ff; SOLARO 1973, S. 45; DRUMM 1973, S. 93; PETSCH 1985, S. 112).

Wenn es gelingen könnte, eine allgemeine Regel zur Ermittlung von Verrechnungspreisen aufzustellen, die sowohl die **Lenkungsfunktion** als auch die **Erfolgsermittlungsfunktion** widerspruchsfrei miteinander verbindet, wäre ein hervorragendes Instrument der dezentralen Steuerung gefunden. Der ausgewiesene maximale Teilbereichserfolg wäre der bestmöglichen Realisierung des Gesamtziels äquivalent.

Die betriebswirtschaftliche Forschung konzentrierte sich demzufolge auf die Möglichkeiten der Formulierung praktikabler Regeln zur Bestimmung von diese Anforderungen erfüllenden Verrechnungspreisen.

Hier ist an erster Stelle SCHMALENBACHS **Lenkpreistheorie** zu nennen. Eine optimale Allokation der Ressourcen wird gemäß dieser Theorie mit einer Preissetzung entsprechend der "optimalen Geltungszahl" erreicht. Sie entspricht den Grenzkosten, bei Kapazitätsbeschränkung dem Grenznutzen der zu bewertenden Ressourcen bzw. Leistungen (vgl. SCHMALENBACH 1947 und 1948; ALBACH 1974, S. 216ff; JAENSCH 1972, S. 1301f). Eine exakte Berechnung für mehrere knappe Ressourcen verlangt allerdings die Aufstellung und vollständige zentrale Lösung eines gegebenenfalls sehr umfassenden Programmierungsmodells. Neben dem Problem der Ermittelbarkeit von Nutzenwerten gehen die Vorteile der Dezentralisierung verloren. Eine Konsistenz mit dem Modell der dezentralen Unternehmungsführung ist nicht mehr gegeben, da die Preisermittlung nicht dezentral erfolgen kann (vgl. COENENBERG 1973, S. 380f). Aufgrund des Widerspruches spricht man auch von einem "theoretischen Dilemma" (vgl. SCHMIDT 1986, S. 226; GROCHLA 1973, S. 569) dieses Ansatzes. Auch später entwickelte Ansätze zur Dekomposition und zumindest teilweise dezentralen Lösung von Programmierungsmodellen vermochten keine überzeugende Abhilfe zu schaffen (vgl. BRUCKSCHEN 1981, S. 100ff). Neben diesen Problemen bei der Steuerung von Ressourcen- und Leistungsbeziehungen bestehen auch Probleme bei der Erfolgsermittlung; so wird dem zu Grenzkosten Güter abgebenden Teilbereich kein Erfolg zugewiesen (vgl. COENENBERG 1973, S. 375f).

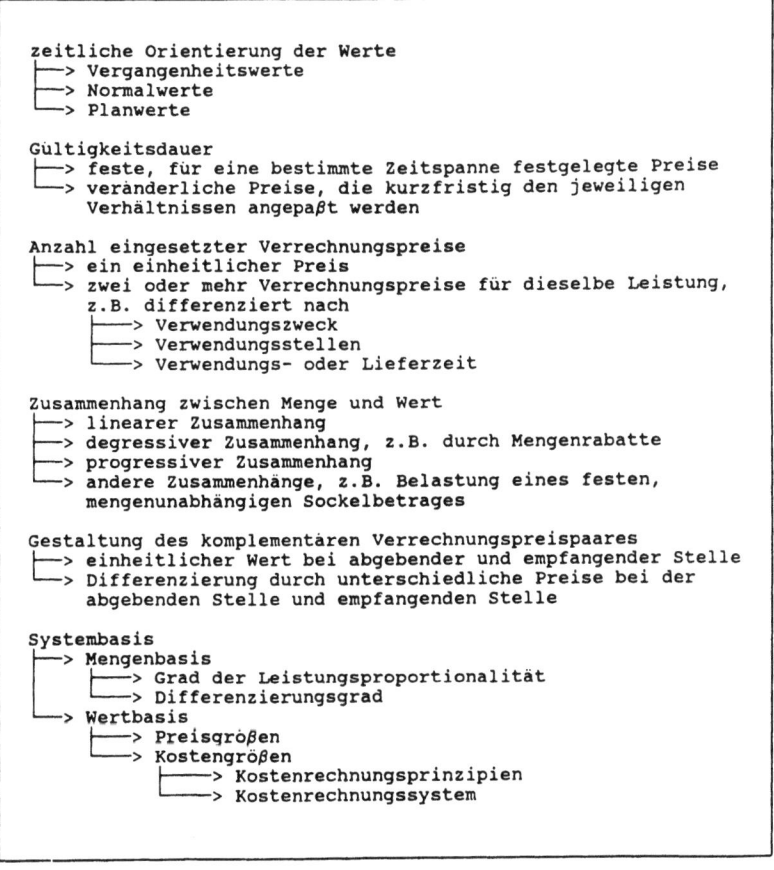

Abbildung 15: Dimensionen der Verrechnungspreisgestaltung

Andere Ansätze schlagen als Verrechnungspreis den Marktpreis eines Gutes vor. Dies ermöglicht zwar gute Steuerungsergebnisse und den Ausweis des Teilbereichserfolges, ist aber mit erheblichen praktischen Einschränkungen verbunden: so muß ein stabiler Marktpreis für das betreffende Gut bestehen, dieser muß gegebenenfalls korrigiert werden, z.B. um ersparte Vertriebskosten, der externe Markt muß für die internen Bereich offenstehen etc.

Festzuhalten bleibt, daß bislang keine generelle Anweisung für die Ermittlung von Verrechnungspreisen gegeben werden konnte und deren Existenz bezweifelt werden muß. Entsprechend ist die Suche nach effizienten Verrechnungspreisen gekennzeichnet von spezifischer werdenden Falluntersuchungen und "geradezu kasuistischer Analyse verschiedener Verbundeffekte" (vgl. ALBACH 1974, S. 227; GROB 1986, S. 555f). Es kann aber - bei entsprechender Differenzierung - gezeigt werden, daß unter bestimmten Bedingungen Verrechnungspreise existieren, die zumindest einen der beiden Hauptzwecke erfüllen. Die breite Anwendung von Verrechnungspreisen in der Praxis zeigt auch, daß trotz der Unzulänglichkeiten mangels besserer Instrumente ein Teil der Steuerungsaufgaben im Rahmen der dezentralisierten Unternehmung mittels solcher Preise gelöst wird (vgl. RIEBEL, PAUDTKE, ZSCHERLICH 1973, S. 25).

Evident ist, daß dann Unvollkommenheiten durch Einsatz weiterer Instrumente zu beheben sind (vgl. JAENSCH 1972, S. 1307; ALBACH 1974, S. 241).

Unabhängig von der Steuerungs- und Allokationsaufgabe haben Verrechnungspreise einen festen Platz in der Betriebsabrechnung und Kalkulation. Ein vollständiges, den realen Leistungsströmen nahekommendes Mengen- und Wertgerüst dient z.B. der Ermittlung von Stückselbstkosten und so der Bestimmung von Preisuntergrenzen (vgl. HUCH 1984a, S. 100ff; MERTENS 1974, S. 31).

Neben dem vielleicht wichtigsten Merkmal der sachlichen Berechnungsbasis zeigt Abbildung 15 weitere wesentliche Dimensionen der Verrechnungspreisgestaltung und zum Teil beispielhaft wichtige Ausprägungen dieser Parameter. Sie können in vielfacher Weise miteinander kombiniert werden und bilden das Spektrum, in dem sich die Gestaltung eines Verrechnunspreissystems bewegen kann.

Für die erforderlichen Entscheidungen bezüglich der Wahl von Gestaltungsalternativen sind bislang keine Regeln formuliert worden. Die Problemlösung kann daher nur heuristisch erfolgen; das Gestaltungsproblem ist in Teilprobleme zu zerlegen, durch systematischen Vergleich von Gestaltungsziel und Alternativen sind dann Entscheidungen zu treffen.

2.2 Verrechnungspreise und ADV

Vor der eigentlichen Gestaltung des ADV-Verrechnungspreissystems ist wie schon bei der Budgetierung der bei erforderlichen Wahlakten maßgebende Bezugsrahmen dieser Gestaltung zu beschreiben.

Neben der Zwecksetzung, die sich aus dem Leistungsvermögen von Verrechnungspreisen, ADV-Zielen und wahrzunehmenden ADV-Controllingaufgaben ableitet, sind mit dem Kontext der Verrechnung und den Anforderungen an die Verrechnung seitens der verschiedenen Personengruppen die Gestaltungsbedingungen zu identifizieren.

Aus Zielen und Kontext des Verrechnungspreissystems leiten sich Bedingungen ab, die grundlegend für die Funktionsfähigkeit des Systems sind, wogegen die Erfüllung von Forderungen der Personengruppen die Effizienz des Systems erhöht.

2.2.1 Umfang und Ziel einer Bewertung von ADV-Leistungsbeziehungen

ADV-Verrechnungspreise in dem hier gegebenen Verständnis unterscheiden sich von anderen Ansätzen einer Bestimmung von Verrechnungspreisen insofern, als hier nur ein Teil der Leistungsbeziehungen eines Unternehmungsteilbereiches betrachtet werden soll.
So beansprucht der ADV-Bereich wie alle Unternehmungsbereiche Ressourcen, produziert und gibt Leistungen intern an andere Bereiche ab.

Gegenstand ist hier die **Bewertung der Leistungsabgabe** an die Benutzer. Die Steuerung der Ressourcenallokation über die Gesamtunternehmung ist nicht die Aufgabe eines ADV-Controllingsystems.
Im Rahmen der Verrechnung von ADV-Leistungen soll versucht werden, die herausragenden potentiellen Funktionen von Verrechnungspreisen zu nutzen: Es soll eine Steuerung und Abbildung des Leistungsstromes zwischen ADV und Benutzer erfolgen und ein Hilfsmittel zur Beurteilung des ADV-Erfolges zur Verfügung gestellt werden:

- Mit einer von der bezogenen Leistung abhängenden Verrechnung werden bei dem Benutzer mit dem Bezug der ADV-Leistung entsprechende Kosten verursacht. Gemäß den gegebenen Budgetierungszwängen bezieht der Benutzer bei wirtschaftlicher Handlungsweise nur so lange weitere ADV-Leistungen, wie die entstehenden zusätzichen Kosten unter dem zusätzlichen Nutzen liegen (vgl. SCHREINER 1978, S. 177). Die Ziele der Gesamtunternehmung werden optimal gefördert, wenn in dem Ausmaß ADV-Leistung produziert wird, daß die primären Grenzkosten des ADV-Bereiches dem bei den Benutzern entstehenden ADV-Grenznutzen entsprechen (vgl. dazu die Überlegungen in der Produktions- und Kostentheorie bei BLOECH, LÜCKE 1982, S. 183ff).

Zwar ist der Nutzen der ADV-Leistung nicht in Geldeinheiten quantifizierbar und damit eine mathematische Ableitung der optimalen ADV-Leistungsbezugsmenge nicht möglich (vgl. TROST 1977, S. 2; REHBERG 1973, S. 99; WIEMANN 1973, S. 193ff), aber zumindest wird mit der Bestimmung der einen Seite der Gleichung eine wesentliche Datengrundlage für die Benutzerentscheidung verfügbar. Man erzeugt ein Kostenbewußtsein und bewirkt so zwangsläufig eine Auseinandersetzung mit dem Leistungsnutzen (vgl. BISCHOFF 1985, S. 22; PIROTH 1984, S. 37; KOREIMANN 1978, S. 116).
Die wichtigste theoretische Maßgabe für die Formulierung der Regeln zur Verrechnungspreisermittlung ist damit die **Lenkung des Benutzerverhaltens** nach wirtschaftlichen Grundsätzen (vgl. SEIBT 1983, S. 218; SCHÄFER 1978, S. 19; KARGL 1977, S. 272; CANNING 1974, S. 13; GRIESE 1987, S. 543). Aufgrund der Streuung der Leistungsverwendung über die gesamte

Unternehmung sind Verrechnungspreise hierzu besonders geeignet (vgl. HORVATH, SCHÄFER 1982, S. 98).

- Zur **Erfolgsermittlung des ADV-Bereiches** sollen die ADV-Verrechnungspreise bzw. das Verrechnungsergebnis ebenfalls herangezogen werden können (vgl. AUERBACH 1980, S. 29). Allerdings soll hier keine Erfolgsspaltung durchgeführt werden, der ADV-Erfolg wird anders gemessen. So soll die ADV aufgrund ihres nur mittelbaren Beitrages zur Produkterstellung und ihrer Servicefunktion keinen Gewinn erwirtschaften, sondern mit ausgeglichenem Budget arbeiten.
Andernfalls bestünde ein Widerspruch zur Theorie des Lenkungszieles, denn dort wird im Rahmen der ADV-Nutzenoptimierung gefordert, daß der insgesamt verrechnete Betrag den primären ADV-Kosten entspricht.

Zusätzlich zu dieser Erfolgsermittlung über den gesamten ADV-Bereich soll eine Erfolgsermittlung auf Teilbereichsebene bis hin zur einzelnen Kostenstelle möglich sein (vgl. KANNGIESSER 1980, S. 1ff).

- Die beiden formulierten Hauptziele für den Verrechnungspreiseinsatz sind komplementär; so kann eine zielwirksame Lenkung nur erfolgen, wenn das definierte Erfolgsziel erreicht wird.

Werden diese Ziele verwirklicht, dann erfolgt damit zwangsläufig auch die abrechnungstechnische, kalkulatorische Operationalisierung des Fixkostenblocks der primären ADV-Kosten; die Vorkostenstelle ADV kann auf die Hauptkostenstellen der Unternehmung verrechnet werden.

Mit der Verarbeitung monetärer Größen unterstützt das zu gestaltende Verrechnungspreissystem im Rahmen des formulierten ADV-Zielsystems das **Wirtschaftlichkeitsziel**, und zwar mit dem Verrechnungsziel der Erfolgsermittlung die ADV-Kostenwirtschaftlichkeit (vgl. SCHÄFER 1978, S. 19), mit dem Lenkungsziel die ADV-Leistungswirtschaftlichkeit (vgl. SELIG 1986, S. 169).
Damit soll die noch offene Lücke in der Wirtschaftlichkeitssteuerung durch das beschriebene Budgetsystem geschlossen, bzw. dieses durch die mittels der Verrechnungspreise entstehende Verbindung zwischen ADV- und Benutzerbudget ergänzt werden.
Eine Erfassung der übrigen ADV-Formalziele ist nicht möglich, sondern muß mittels des ADV-Kennzahlensystems erfolgen.

Hinsichtlich der **ADV-Controllingaufgaben** bezüglich des Wirtschaftlichkeitsziels kann das Verrechnungspreissystem - sofern eine den Zwecken gerechte Gestaltung gefunden werden kann - folgende Aufgaben übernehmen:
- Über den Verrechnungspreis werden alle im operativen Bereich zwischen ADV und Benutzer auszutauschenden Informationen in Zahlen gefaßt. Damit sind diese Preise ein hervorragendes Instrument der horizontalen Koordination von ADV- und Benutzer-PK-System (vgl. LÜSSOW 1980, S. 5).
- Verrechnungspreise verbessern die Datengrundlage für die operative Planung und Kontrolle in beiden Bereichen (vgl. NOLAN 1976, S. 127).

- Im Rahmen der vertikalen PK-Beziehungen liefern die Verrechnungspreise Informationen, z.B. werden neben den Entwicklungskosten für ein geplantes Projekt auch Informationen über die "Betriebskosten" der neuen Anwendung nach deren Einführung verfügbar (vgl. NOLAN 1976, S. 127).
- In der Strukturierung und Koordination der Beziehung zur Unternehmungsführung und der dynamischen Gestaltung von ADV-Planung und -Kontrolle liefern die Verrechnungspreise einen mittelbaren Beitrag, indem die kumulierten Werte in den Budgets ausgewiesen werden und in den Prozeß der Budgetplanung und -kontrolle einfließen.

2.2.2 Kontextfaktoren der Verrechnung von ADV-Leistungen

Der Kontext einer Verrechnung von ADV-Leistungen wird bestimmt von dem Budgetierungssystem, in das sich die Verrechnung einfügen muß, von Merkmalen der betriebenen Anlage und der Entscheidungssituation, in der die Benutzer die ADV-Leistung beziehen.

Die **Integration in das PK- bzw. Budgetierungssystem** hat folgende Konsequenzen für ADV-Verrechnungspreise:
- Sie sollen sowohl als Planungs- wie auch als Kontrolldatenlieferant für Benutzer und ADV dienen können. Dies stellt Anforderungen an die Datenqualität, z.B. muß das Zustandekommen des Preises in seinen einzelnen Komponenten erkennbar sein.
- Die Budgetierung des ADV-Bereiches als Cost-Center macht in Verbindung mit dem Lenkungsziel eine budgetausgleichenden Verrechnung erforderlich.
- Verrechnungspreise sind in ihrer Höhe nicht nur Ausgangspunkt der ADV-Planung und -Budgetierung, sondern auch Resultat dieses Prozesses. Bei der Festlegung der Kapazitäten standen Wirtschaftlichkeitsüberlegungen im Vordergrund: mit dem Leistungsprofil der Anlage soll das Aufgabenprofil der Benutzer optimal bewältigt werden. Probleme bestehen bei der Prognose der zukünftigen Benutzeranforderungen und der kontinuierlichen Abstimmung der Kapazitäten auf diese Anforderungen. Der Erfolg in der Lösung dieser Aufgaben spiegelt sich auch in dem verrechneten Preis wider; er wird mitbestimmt vom Leistungsvermögen der Anlage, z.B. durch Kostendegression bei zunehmender Anlagengröße, Ausgewogenheit der Kapazitäten und Kompatibilität der Komponenten.

Wesentliche weitere Kontextfaktoren der Bildung von Verrechnungspreisen ergeben sich auch aus den Besonderheiten der **ADV-Anlage als Produktionseinrichtung**. Da die Verarbeitung der Anwendungsprogramme eine wichtige Abrechnungsgrundlage bilden muß, kommt der internen Abwicklung des Programmablaufs in der ADV-Anlage zentrale Bedeutung zu.

Unproblematisch sind hier im Einprogrammbetrieb arbeitende Anlagen. Entsprechend der Verweilzeit beansprucht das Programm alle zur Verfügung stehenden Ressourcen. Derartige Anlagen befinden sich allerdings kaum noch im Einsatz.

Erheblich problematischer für die Bildung von Preisen ist der gewöhnlich anzutreffende Mehrprogrammbetrieb (vgl. KANNGIESSER 1980, S. 11ff) der ADV-Anlage. Folgende Punkte sind dann bei einer Preisbildung wichtig:
- Produktionstheoretisch handelt es sich um eine Kuppelproduktion der "gleichzeitig" ablaufenden Programme (vgl. MEYHAK 1981, S. 162; TRAMPEDACH 1978, S. 109). Sowohl bei den Input- als auch bei den Outputmengen bestehen variable Mengenverhältnisse in Abhängigkeit von der jeweiligen Zusammenstellung des "Job-Mix".
- Die zusammen ablaufenden Programme konkurrieren um die Teilkapazitäten der Anlage. Belegt ein Programm nun Ressourcen, so kann die Restkapazität möglicherweise für andere Aufgaben nicht mehr ausreichen, verfällt also.
- Die Verweilzeit eines Programms schwankt sehr stark in Abhängigkeit von dem ablaufenden Programmbündel, so daß sie kein brauchbares Maß für die Ressourcenbeanspruchung bildet.

Die **Entscheidungssituation**, in der sich der **Benutzer** befindet, ist mitbestimmend für den möglichen Gestaltungsspielraum. Sofern dem Benutzer zugestanden wird, ADV-Leistung auch unternehmungsextern zu beziehen oder selbst zu produzieren, befindet sich der interne ADV-Bereich damit im Wettbewerb mit anderen Anbietern von Rechnerleistung. Die Möglichkeit würde entfallen, z.B. aus politischen Gründen eine bestimmte Leistung über die Produktionskosten bzw. den Marktpreis zu verteuern.

Aufgrund der sonst eingeschränkten Lenkungsfunktion von Verrechnungspreisen sollen die Benutzer nur von dem internen Bereich ADV-Leistung beziehen. Mit der Vorgabe eines ausgeglichenen ADV-Budgets ist dann weitgehend sichergestellt, daß die Benutzer gegenüber dem externen Bezug nicht generell schlechter gestellt sind. Inwiefern die Unternehmungsteilbereiche selbst ADV-Leistung produzieren können, ist nicht Gegenstand einer Steuerung durch Verrechnungspreise, sondern mit anderen Instrumenten zu standardisieren, z.B. im Rahmen einer Investitionsvergleichsrechnung.

2.2.3 Anforderungen an die Verrechnung von ADV-Leistungen

In der hier beschriebenen Umgebung sind die Interessen folgender Personengruppen von der Ausgestaltung eines ADV-Verrechnungspreissystems berührt:
- Benutzer,
- ADV-Bereich,
- Unternehmungsführung,
- Controlling.

Diese Gruppen stellen also Anforderungen an die Systemgestaltung, die sich allgemein aus den jeweiligen Sach- und Formalzielen des Bereiches, im vorliegenden Fall auch aus dem Budgetierungssystem, das ein wichtiges Sachziel im PK-Bereich für ADV und Benutzer darstellt, ableiten.

Die **Unternehmungsführung** ist an dem detaillierten Verrechnungspreissystem zur Wahrnehmung ihrer formalzielorientierten operativen Steuerungsaufgaben bezüglich des ADV- und Benutzerbereiches nicht unmittelbar interessiert. Vielmehr wird sie diese Bereiche über das in den Budgets ausgewiesene geplante bzw. realisierte Verrechnungsergebnis beeinflussen. Dabei wird angenommen, daß die Lenkung der ADV-Produktion mit Hilfe der eingesetzten Instrumente entsprechend den ADV-Zielen erfolgt, z.B. so Angebot und Nachfrage nach Rechnerleistung ins Gleichgewicht gebracht werden, Benutzer und ADV kostenbewußt handeln.

Die bezüglich des Systems wahrzunehmende Gestaltungsaufgabe ist an den Controllingbereich delegiert, so daß insgesamt Anforderungen seitens der Unternehmungsführung nicht spezifischer sind als die beschriebene Verrechnungspreiszielsetzung (vgl. KRETZBERG, WEBB 1972, S. 116; POENSGEN 1973, S. 402).

Aufgrund der Verwendung der Verrechnungspreise als Planungs- und Kontrolldaten stellen die **Benutzer** folgende Sammlung von Anforderungen an diese Preise (vgl. KANNGIESSER 1980, S. 49ff; BRAUN 1981, S. 319; OTTO 1985, S. 20; GÖDDE 1973, S. 37; SOLARO 1973, S. 49; WINDFUHR 1976, S. 60; WIORKOWSKI 1973, S. 60; MAYERHOFER 1985, S. 61ff; MEYHAK 1981, S. 168; SEIBT 1983, S. 219. Vgl. den abweichenden Anforderungskatalog an ein unter Kapazitätsbeschränkungen arbeitendes System bei LUTTERMANN 1978, S. 119f):

- Die Verrechnung soll leistungsproportional, entsprechend der bezogenen Leistungsmenge, erfolgen. Es sind verständliche Mengeneinheiten zu definieren, denen entsprechend dem Verbrauch der Ressourcen Werte zuordnenbar sein müssen. Eine Zurechnung von Kosten ist aufgrund des beschriebenen Charakters bei Mehrprogrammbetrieb problematisch, sie setzt eine sehr differenzierte Leistungserfassung der von einem einzelnen Programm belegten ADV-Komponenten voraus.
- Das angewandte Verfahren muß transparent sein, Verrechnungssystematik und Abrechnungsalgorithmus sollen auf der einen Seite einfach und verständlich, auf der anderen Seite aber auch präzise und vollständig sein.
- Schließlich sollen die Kosten reproduzierbar sein, derselben Leistungsmenge soll bei Wiederholungen derselbe Wert zugeordnet werden. Damit zusammenhängend wird eine zeitliche Stabilität - zumindest über den Planungszeitraum - und eine Konsistenz, z.B. durch Unabhängigkeit von Konfigurationsänderungen, gefordert.

Ein Maximum an Benutzernähe, Transparenz und Verwendbarkeit für Planungs- und Kontrollzwecke würde mit einem Verfahren erreicht, bei dem als Verrechnungseinheiten umgebungsunabhängige, output- und stückzahlorientierte Preise verwendet würden. Neben dem dann entstehenden Problem einer nur schwer möglichen, auf Betriebsmittelbeanspruchung basierenden Wertzurechnung werden **Interessen des ADV-Bereiches** berührt. Dieser stellt folgende Forderungen an das Verfahren (vgl. RÖHRS 1981, S. 117ff; KOREIMANN 1978, S. 117f; BÖHM 1975, S. 133; LANDAU 1973, S. 48):

- Zur Planung der Konfiguration soll das Mengengerüst auf Leistungskennzahlen der einzelnen Betriebsmittel aufbauen, d.h. produktionsorientiert sein.
- Zur Steuerung der Betriebsmittelbelegung und Beeinflussung des Benutzerverhaltens im Sinne einer effizienten ADV-Nutzung soll eine flexible Preissetzung seitens des ADV-Bereiches

möglich sein, z.B. sollen die Benutzer an Präferenz und Überlastung bestimmter Komponenten gehindert werden.
- Das Verfahren soll möglichst wenig zusätzlichen Aufwand verursachen, problemlose Integration weiterer ADV-Komponenten ermöglichen, einfachen Wechsel der Anlage und von Anlagenbestandteilen gestatten.
- Entsprechend ihrem Charakter als Serviceeinheit will die ADV von ihren gesamten Kosten entlastet werden (vgl. MITSCHKE 1978, S. 147).

Zwischen den Forderungen von ADV- und Benutzerbereich, aber auch innerhalb der beiden Forderungskataloge bestehen Widersprüche, für die das **Controlling** einen Kompromiß finden muß. Bei der Gestaltung sind folgende Grundsätze einzuhalten:
- Unabdingbar ist die Integration des Verrechnungspreissystems in das PK- bzw. Budgetierungssystem.
- Entsprechend den Formalzielen des Controlling darf die Wirtschaftlichkeit des Verfahrens nicht vernachlässigt werden.
- Zu berücksichtigende formale Anforderungen sind die Genauigkeit, Richtigkeit, Einfachheit, Flexibilität, zeitliche und sprachliche Adäquatheit des Verfahrens (vgl. MEYHAK 1981, S. 167; MEFFERT 1988, S. 575f; RÖHRS 1981, S. 27. Vgl. auch die Zusammenstellung der Anforderungen an ein Kostenrechnungssystem bei ZILAHI-SZABO 1983, S. 147ff; HANSEN, RÖHRS 1978, S. 31ff).
- Weitestmöglich sollen die Forderungen der Interessengruppen berücksichtigt werden.

2.3 Die Gestaltung eines ADV-Verrechnungspreissystems

Auch bei der Gestaltung des ADV-Verrechnungspreissystems sollen Aufbau- und Ablaufaspekte zur Reduktion der Komplexität getrennt dargestellt werden. Der Systemaufbau ist allerdings von herausragender Bedeutung.

2.3.1 Die Aufbaugestaltung des ADV-Verrechnungsypreissystems

Die Benutzer der verschiedenen Anwendungsbereiche geben an den ADV-Bereich Aufträge, die unter Einhaltung bestimmter Restriktionen anforderungsgerecht durchzuführen sind. Entsprechend dem programmspezifischen Nutzungsprofil werden die einzelnen ADV-Komponenten einer Anlage in Anspruch genommen. Die erbrachten Leistungen müssen erfaßt und bewertet werden. Entstandene Kosten werden an die Benutzer weiterbelastet, indem für die Leistung ein Preis verrechnet wird. Die maschinelle Ausführung der Benutzeraufträge dient dabei als zu bewertende Dienstleistungseinheit. Bei der überwiegenden Zahl der Anwendungen ist das bezüglich Zeit- und/oder

Mengenbeanspruchung der Ressourcen spezifische Anforderungsprofil der Programme die Bewertungsgrundlage. Die Preisermittlung erfolgt durch Multiplikation dieses Zeit- und Mengengerüstes mit dem entsprechenden Wertgerüst (vgl. SEIBT 1983, S. 216; KANNGIESSER 1980, S. 10). Vor der differenzierten Gestaltung dieser Systembestandteile sind Grundsatzentscheidungen bezüglich der sich in den Systemdimensionen Leistungsbezug auf der Mengenseite und Berechnungsbasis und Gültigkeitsdauer auf der Wertseite grundsätzlich unterscheidenden Gestaltungsalternativen zu treffen. Diese Alternativenwahl ist konstituierend für die folgende Detailgestaltung der Systembasen Mengen und Werte (vgl. BRINK 1984, S. 383) und muß sich danach richten, inwiefern Gestaltungsspielraum für die Erfüllung von Verrechnungszielen und -anforderungen sowie für die Einfügung in den Verrechnungskontext erhalten bleibt.

2.3.1.1 Beurteilung grundsätzlicher Verrechnungsalternativen

Betrachtet man zunächst die **Mengenseite** der Abrechnungsverfahren, dann muß gefragt werden, welchen Grad an Leistungsproportionalität das Verfahren aufweisen muß. Mit zunehmender Differenzierung der Mengengrößen wird der Leistungsbezug, aber auch der Aufwand, den das Verfahren verursacht, steigen, zudem wird das Verfahren komplexer und schwerer handhabbar, so daß möglicherweise ein einfaches Verfahren günstiger wäre.

Eine extreme Stellung nehmen hier **Umlageverfahren** ein. Auf der Grundlage von Schlüsseln, bei denen ein Zusammenhang mit dem durch den jeweiligen Benutzerbereich angeforderten Leistungsumfang vermutet wird, z.B. mit den dort vorhandenen Terminal-Arbeitsplätzen, werden die gesamten Kosten des ADV-Bereiches verteilt. Diese Vorgehensweise ist unkompliziert, aber nicht funktionsfähig im hier geforderten Sinne. So läßt sich die Benutzerleistungsanforderung nicht lenken, es wird kein Kostenbewußtsein erzeugt (vgl. KANNGIESSER 1980, S. 77ff), da man zusätzlichen Leistungen keine Grenzkosten zuordnet. Auch ist mit der Verteilung aller Kosten die Planungsqualität des ADV-Bereichs nicht erfaßbar; Planung und Kontrolle werden nicht unterstützt (vgl. MERTENS 1974, S. 35; SELIG 1986, S. 172; BÖHM 1975, S. 134; MERTENS, GRIESE 1982, S. 134f).

Das wesentliche kybernetische Moment des Systems wird in dem Maße ermöglicht, in dem die Nutzung der einzelnen Komponenten der ADV-Anlage und anderer Leistungen des ADV-Bereiches zu quantifizierbar und schließlich zu bewertbar wird (vgl. KARGL 1977a, S. 271).

Zu fordern ist die weitgehende **Differenzierung** des Mengengerüstes.

Da das subjektive Empfinden der Beteiligten über Transparenz und Komplexität des Verfahrens durch eintretenden Lernerfolg eine dynamische Instanz ist, kann der erforderliche Differenzierungsgrad sukzessiv aufgebaut werden, so daß diese Nachteile zu relativieren sind. Der zunehmende Aufwand muß in Kauf genommen werden (vgl. BRAUN 1981, S. 316).

Auf der **Wertseite** sind mit der Kosten- oder Marktpreisorientierung der verrechneten Werte zwei gegensätzliche Alternativen zu unterscheiden (vgl. PETSCH 1985, S. 72; MAYERHOFER 1985, S. 2ff).

Marktpreise werden gewöhnlich als Grundlage für gewinn- und investitonsverantwortliche ADV-Bereiche gewählt (vgl. STRASSMANN 1976, S. 133ff). Neben dem Problem der Vergleichbarkeit von internen und Marktleistungen (vgl. SOLARO 1973, S. 47) steuern solche Wertansätze die Leistungsströme nicht gemäß den Zielsetzungen, denn beim Benutzer entstehende Grenzkosten übersteigen den auf Kostenbasis gebildeten Wertansatz. Grenzkosten und Grenznutzen entsprechen sich bei einer geringeren ADV-Leistungsmenge, so daß die theoretischen Voraussetzungen für eine über die Gesamtunternehmung die ADV-Leistungswirtschaftlichkeit maximierende Verrechnung nicht gegeben sind (vgl. BRAUN 1981, S. 321). Weiterhin würde die Allokation von Gewinn beim ADV-Bereich dort mit dem Streben nach Gewinnerhöhung die Entstehung eines Suboptimums fördern (Aufgrund der stark einschränkenden Bedingungen hat nach MAYERHOFER schon SCHMALENBACH die Verwendung von Marktpreisen für die innerbetriebliche Anwendung als unlogisch bezeichnet. Vgl. MAYERHOFER 1984, S. 88).

Die Verrechnung eines auf **Kostenbasis** ermittelten mengenabhängigen Preises scheint dagegen Gestaltungsspielraum zur Erfüllung von Zielen, Bedingungen und Anforderungen an das System zu gewähren. So können dem Benutzer zur Entscheidung über Art und Umfang des Leistungsbezuges theorieentsprechende Werte genannt werden; mit der Betrachtung von verrechneten und entstandenen Kosten ist die Beurteilung der ADV-Kostenwirtschaftlichkeit grundsätzlich möglich.

Zudem ist die Schaffung der Werteinterdependenz zwischen primären Kosten des ADV-Bereichs und sekundären ADV-Kosten des Benutzerbereiches die logische Gestaltungskonsequenz des ADV-Budgetierungskontextes.

Inwiefern die weitere die Systemeffizienz mitbestimmende Erfüllung von Anforderungen der Personengruppen zu erreichen ist, kann nur die Detailgestaltung zeigen.

Als weitere hier zu diskutierende Bedingung, die das Verrechnungspreissystem erfüllen muß, war die zeitliche Integration in das PK-System gefordert worden.

Dies spricht die **Gültigkeitsdauer der Verrechnungssätze** an. So werden in der Literatur, meist für in der Kapazität beschränkte öffentliche Forschungsrechenzentren flexible Systeme vorgeschlagen, bei denen die Preise auslastungsabhängig, also nachfrageorientiert zum Teil stündlich geändert werden (vgl. WEIDNER 1978, S. 386; MAYERHOFER beschreibt eine weitere Variante: die Benutzer bieten Preise, die sie zu zahlen bereit sind, vgl. MAYERHOFER 1984, S. 88; ähnlich POENSGEN 1973, S. 402ff). Derartige marktsimulierende Systeme werden hier von der weiteren Betrachtung ausgeschlossen, neben anderen hier nicht erwähnten Nachteilen führt dazu die aus der Verwendung der Verrechnungsdaten als Planungs- und Kontrollinput abgeleitete Forderung nach einem über den Budgetierungszeitraum gleichbleibenden Preis.

Zusammenfassend soll also Ausgangspunkt der weiteren Gestaltung die Alternative eines leistungsabhängigen, kostenorientierten und zeitstabilen Verrechnungspreissystems sein.

2.3.1.2 Elemente einer ADV-Verrechungspreisbildung auf Kostenbasis

Sofern die Verrechnungspreise aus Marktpreisen abgeleitet würden, wäre die Suche nach den zu internen Leistungen homogenen, auf dem Markt angebotenen Leistungen und dem Erfassen derer Preise wesentlicher Bestandteil des Systems. Bei Umlageverfahren wäre die Bestimmung der ADV-Gesamtkosten und der zugrundeliegenden Bezugsgrößen wesentlich.

Im Gegensatz zu diesen einfachen Strukturen verlangt eine verursachungsgerechte Verrechnung auf Kostenbasis eine **differenzierte und detaillierte interne Kosten- und Leistungsrechnung** (vgl. AUERBACH 1980, S. 31).

TIEDEMANN stellt in einer empirischen Untersuchung bei Service-Rechenzentren extreme Mängel in den Standard-Rechenwerken der Kostenrechnung fest (vgl. TIEDEMANN 1983, S. 41ff). So sind im Rahmen der Kostenartenrechnung die Kostenartenpläne unvollständig und lassen wichtige Einteilungskriterien außer acht. In der Kostenstellenrechnung ist die Abgrenzung der Stellen wenig detailliert und unbefriedigend.

Dies verwundert um so mehr, da die allgemeinen Gestaltungsgrundsätze für diese beiden Rechenwerke weitgehend auf den ADV-Bereich übertragbar sind. Die Kostenträgerrechnung und besonders die Kostenträgerstückrechnung ist dagegen vom Aufbau der Produkte, Fertigungsverfahren und anderen Produktionsmerkmalen so stark bestimmt, daß sich allgemeingültige Gestaltungsgrundsätze nicht angeben lassen (vgl. BESSAI 1985, S. 62).

Folgerichtig zeigten sich auch die größten Probleme bei den Service-Rechenzentren im Rahmen der Kostenträgerstückrechnung.

Die Definition und Abgrenzung der Kostenträger scheint schwierig, oft erfolgt daher eine nur überschlagsmäßige Vorkalkulation, Nachkalkulationen werden nicht durchgeführt.

Insgesamt stellt TIEDEMANN eine aus den methodischen Unsicherheiten resultierende extreme Gestaltungsbreite bei strukturgleichen Rechenzentren fest, so schwankte die Zahl der definierten Kostenträger zum Beispiel zwischen 5 und 600 (vgl. TIEDEMANN 1983, S. 45ff).

Daß diese Erkenntnisse für selbständige Rechenzentren auf die ADV-Funktion der Unternehmung übertragbar sind, zeigt eine weitere empirische Untersuchung von GRIESE u.a.; so gibt die überwiegende Zahl der befragten Unternehmungen als Hindernis für die eigene Verrechnung von ADV-Leistungen das Fehlen einer ausgeprägten Kostenrechnung an (vgl. GRIESE 1987, S. 543).

Aus diesen Ausführungen ist der Schluß zu ziehen, daß zu der Gestaltung eines Verrechnungspreissystems für ADV-Leistungen die Gestaltung der ADV-Kosten- und -Leistungsrechnung gehören muß.

Die Beschreibung der ADV-Kostenartenrechnung erfolgte ausreichend im Rahmen der ADV-Budgetierung. Hier muß sich die Gestaltung der ADV-Kostenstellenrechnung anschließen, neben der Gliederung in Vor- und Hauptkostenstellen ist die Verrechnung der ADV-Vor- auf die ADV-Hauptkostenstellen festzulegen.

Im Rahmen der **ADV-Kostenträgerstückrechnung** ist die Definition von ADV-Kostenträgern und die Bestimmung der zugehörigen Mengenbezugsgrößen ein wichtiges zu lösendes Problem. Bei dem dem Mengengerüst zuzuordnenden Wertgerüst müssen z.B. das zugrunde zu legende Kostenrechnungsprinzip und -system festgelegt werden.

Die Gestaltung von ADV-Kostenstellen, der internen ADV-Leistungsverrechnung und schließlich ADV-Kostenträgerrechnung ist kein sukzessiver Vorgang, vielmehr bestehen Beziehungen zwischen:
• Zahl und Abgrenzung der ADV-Kostenstellen,
• Differenzierung in Vor- und Hauptkostenstellen,
• Zahl der ADV-Kostenträger,
• Komplexität der Verrechnungsformeln bzw. des Wertgerüstes und
• Aufbau des Mengengerüstes.

Die Reihenfolge in der Darstellung der Gestaltung der einzelnen Komponenten des Systems ist aufgrund der wechselseitigen Beziehungen weitgehend willkürlich zu bestimmen; hier soll zunächst die Gliederung der ADV in Kostenstellen, anschließend die Festlegung eines Mengengerüstes für interne Leistungsverrechnung und die ADV-Kostenträger, schließlich das zugehörige Wertgerüst betrachtet werden.

2.3.1.3 Die Differenzierung des ADV-Bereiches in Kostenstellen

Im Gegensatz zu den Kostenträgereinzelkosten können Gemeinkosten den Kostenträgern nicht unmittelbar direkt, sondern nur indirekt über Kostenstellen zugerechnet werden. Dies resultiert daraus, daß sie nicht von den einzelnen Leistungen allein verursacht werden, sondern maßgeblich von Führungsentscheidungen abhängen. Die relevanten **Bezugspunkte für die Verrechnung der Gemeinkosten** sind die unternehmungsspezifischen Kostenstellen als Orte der Kostenentstehung.

Der Differenzierung des ADV-Bereiches in Kostenstellen kommt aufgrund des hohen Gemeinkostenanteils an den ADV-Gesamtkosten daher besondere Relevanz zu; die Qualität des Abrechnungsverfahrens wird maßgeblich mitbestimmt von der Gestaltung der ADV-Kostenstellenrechnung (vgl. ZILAHI-SZABO 1983a, S. 147).

Kostenstellen werden definiert als die abgegrenzten Teilbereiche, in denen die Gemeinkosten geplant, erfaßt und kontrolliert werden (vgl. HANS 1984, S. 182ff).

Die übliche Gliederung eines Bereiches in Haupt- und Hilfskostenstellen bzw. -plätze ist auch für den ADV-Bereich der Unternehmung zweckmäßig (vgl. ZILAHI-SZABO 1988, S. 98ff; TIEDEMANN 1983, S. 55).

In den Hauptkostenstellen erfolgt dann der Prozeß der Leistungserstellung der zum "Absatz" an die Benutzer bestimmten, zum "eigentlichen" Leistungsprogramm gehörenden ADV-Produkte. Die ADV-Hilfskostenstellen erzeugen lediglich ADV-interne Leistungen und geben diese vollständig an andere ADV-Kostenstellen ab (vgl. HARTMANN-WENDELS 1980, S. 198).

Die **Einteilung der Kostenstellen** muß die Möglichkeiten der Kostenerfassung, definierte Verantwortungsbereiche und die Verrechnung auf die Kostenträger berücksichtigen.

Anzustreben ist die Erfaßbarkeit aller Gemeinkosten als Kostenstelleneinzelkosten. Dies erleichtert die zweifelsfreie Identifikation der Kostenentstehung und verhindert die nie frei von Willkür erfolgende Schlüsselung der Kosten bereits auf dieser Stufe der Kostenrechnung (vgl. RETTUS, SMITH 1972, S. 81ff). Zudem wird mit einer solchen Einteilung die Einheit in Verantwortung und Zuständigkeit für Planung und Kontrolle der Kostenpositionen erreicht. Im Rahmen der sich anschließenden Verrechnung ist wesentlich, daß die Ausbringung der Kostenstellen durch Meßgrößen quantifizierbar ist. Zwischen bearbeiteten Erzeugniseinheiten bzw. der Ressourcenbeanspruchung und Meßgröße muß ein funktionaler Zusammenhang bestehen.

Das Auffinden solcher Bezugsgrößen ist um so einfacher, je feiner die Gliederung der Kostenstellen ist, allerdings wird dann die Aufteilung der Kosten auf die Kostenstellen schwieriger, es liegen seltener Kostenstelleneinzelkosten vor.

Hilfreich ist hier eine Hierarchiebildung der Kostenstellen; sie sichert die Erfaßbarkeit der Kosten und nach einer ADV-internen Leistungsverrechnung auf die entsprechend gegliederten Hauptkostenstellen die Identifikation von Bezugsgrößen für die Verrechnung auf Kostenträger.

Mit der Budgetierung wurde bereits eine Klassifizierung der ADV in die Kostenbereiche:

- Systembetrieb,
- Systementwicklung,
- Systemwartung,
- Beratung,
- Schulung

vorgenommen. Erweitert um allgemeine Hilfskostenstellen, z.B. für die Leitung des ADV-Bereichs, Aus- und Fortbildung u.a., liegt damit schon die wesentliche Gliederung vor. Sie orientiert sich an der in der Praxis bei ADV-Bereichen auf der ersten Ebene gewöhnlich vorzufindenden Funktionengliederung.

Innerhalb der Kostenbereiche ist bei Wahrung der **Erfaßbarkeit der Kosten als Einzelkosten** so weit wie möglich zu differenzieren. Für die Funktionen, die nicht unmittelbar der Leistungserstellung dienen, z.B. für die jeweilige Teilbereichsleitung, sind eigene Hilfskostenstellen zu bilden.

In den Bereichen **Wartung, Beratung und Schulung** muß individuell entschieden werden, inwiefern eine weitere Differenzierung der Leistungserstellung möglich und sinnvoll ist. Sofern z.B. im Beratungsbereich verschieden qualifizierte Mitarbeiter eingesetzt sind, könnte eine weitere Zerlegung angebracht sein. Wesentliche Teile der jeweiligen Bereichsleistung sind zur Abgabe an die Benutzer bestimmt, insofern sind entsprechende Hauptkostenstellen in den Kostenstellenplan aufzunehmen.

Im Bereich der **Softwareentwicklung** ist eine Erfassung von Einzelkosten bis hin zu den einzelnen Projekten sinnvoll. Dem Softwareprodukt als Ergebnis der Leistungserstellung wird ein über die Entwicklungszeit kumulierter Betrag, bestehend aus Personal-, Material-, Testkosten und ggf. Kosten für projektspezifische Hilfsmittel, zugeordnet. Er bildet die Basis für die Bestimmung der den Benutzern für die Nutzung der Software zu belastenden Kosten und stellt jeweils eine Hauptkostenstelle dar.

Waren die bislang beschriebenen Kostenstellen sehr personalintensiv, so tritt die Bedeutung dieser Kostenart im Bereich **Systembetrieb** in den Hintergrund, die Kosten für die Vorhaltung der Maschinenkapazitäten haben weitaus überwiegenden Anteil.

Zur Gewährleistung einer leistungsproportionalen Verrechnung der Kapazitätskosten muß eine Aufgliederung der ADV-Anlage in einzelne Abrechnungskomponenten erfolgen, da die Teilkapazitäten unterschiedliche Meßgrößen aufweisen, von den Kostenträgern unterschiedlich beansprucht werden, und denen folglich verschiedene Kosten zugerechnet werden müssen (vgl. KANNGIESSER 1980, S. 91ff).

Hinsichtlich der Tiefe der Strukturierung gilt, daß Komponenten gleicher Leistungsqualitäten zu einem Pool zusammengefaßt werden können, die Erstellung einer Leistung aber aus dem Zusammenwirken der leistungsverschiedenen Komponenten abbildbar sein muß (vgl. GAITANIDES 1980, S. 681f).

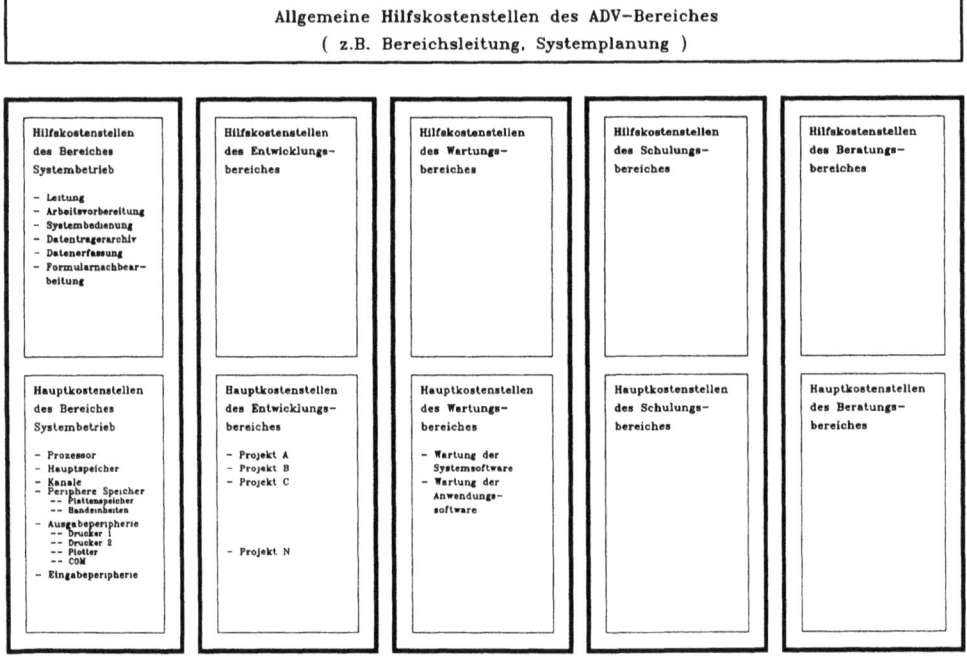

Abbildung 16: Die Kostenstellenstruktur des ADV-Bereiches

Wird für den Personaleinsatz im Bereich Systembetrieb eine Hilfskostenstelle definiert und bildet man für die verschiedenen Komponenten der Anlage mit Hilfe einer Platzkostenrechnung Hauptkostenstellen, so bleibt auch hier die Erfaßbarkeit aller Kosten als Einzelkosten gewährleistet.

Abbildung 16 zeigt die hier zugrunde gelegte Gliederung des ADV-Bereiches in Haupt- und Hilfskostenstellen (vgl. KILGER 1985, S. 321; RETTUS, SMITH 1972, S. 79).

Aufgrund individueller Ausprägung eines konkreten ADV-Bereiches hinsichtlich Größe, Dienstleistungsspektrum, Struktur und Aufwand, der für die Kostenrechnung vertreten wird, wird die praktische Gestaltung einer ADV-Kostenstellenrechnung von der vorgeschlagenen abweichen. Die für die ADV-Leistungsverrechnung wesentlichen Erkenntnisse können aber aus der vorgestellten Struktur abgeleitet werden.

2.3.1.4 Die Struktur des Mengengerüstes

2.3.1.4.1 Das Mengengerüst für die ADV-interne Leistungsverrechnung

Gegenüber anderen Hilfskostenstellen der Unternehmung, die überwiegend Personalkosten enthalten und für die keinen Output meßbaren Bezugsgrößen direkt definierbar sind, bestehen bei der **Verrechnung der ADV-Hilfskostenstellen** keine Besonderheiten. Es wird eine pauschale prozentuale, nicht verursachungsgerechte Verteilung dieser Kosten vorgeschlagen (vgl. LANGE, LINDNER, MASSAT 1973, S. 22ff; WIORKOWSKI, WIORKOWSKI 1973, S. 61).

Dies ist zu rechtfertigen mit dem geringen Anteil der Kosten an den Gesamtkosten und dem Fehlen einer in der Praxis realisierbaren qualitativ besseren Verrechnungsmöglichkeit; sie wäre nur ex post anhand von Tätigkeitsberichten möglich.

Anhand solcher in größeren Zeitabständen vorgenommenen Erhebungen können allerdings Anhaltspunkte für die Festsetzung der Prozentsätze gewonnen werden; so ist anzunehmen, daß sich die ADV-Bereichsleitung stärker mit ADV-Systembetrieb und -Softwareentwicklung, weniger mit Wartung, Beratung und Schulung beschäftigt. Die Systemplanung wird sich ausschließlich mit Hard- und Software beschäftigen. Im Bereich Systembetrieb wird das Datenträgerarchiv dem Bereich der peripheren Speicher, die Formularnachbearbeitung dem Druckbereich zuzuordnen sein. Die Leitung des Systembetriebs erstreckt sich wie die Systembedienung auf die gesamte Hardware, aber auch hier sind Gewichtungen möglich, z.B. können periphere Speicher mit häufigen Bandmontagen die Arbeitszeit der Systembedienung mehr beanspruchen als eine nur aus Terminals bestehende Eingabeperipherie (vgl. HORVATH, SCHÄFER 1982, S. 70ff; LANGE, LINDNER, MASSAT 1973, S. 28).

Sofern Kostenstellen des ADV-Bereiches selbst Rechnerleistung beziehen, sind sie wie Benutzer zu stellen, erhalten also den leistungsproportionalen Gegenwert belastet.

2.3.1.4.2 Das Mengengerüst für den ADV-Systembetrieb

Für die Leistung des Bereiches Systembetrieb ist es kaum möglich, **ergebnisorientierte Kostenträger** zu bestimmen, denn die erstellte Leistung ist eine umgewandelte Information (vgl. RÖHRS 1981, S. 41) und damit so vielfältig, daß Stückzahlen im traditionellen Verständnis nicht abgrenzbar sind. Eine Spezifikation des immateriellen Produkts "Information" ist nicht unmittelbar bzw. nicht praktikabel im Sinne einer quantitativen Erfassung möglich (vgl. TIEDEMANN 1983, S. 65).

Als **bewertbare Dienstleistungseinheit** ist die maschinelle Ausführung eines Jobs anzusehen (vgl. HABERKAMM u.a. 1976, S. 183).
Anzustreben ist die Preisberechnung auf dieser Basis.
Das benutzerorientierte Fertigprodukt, z.B. eine entscheidungsunterstützende Auswertung mit einem entsprechenden Programmpaket, wird aus einem je nach Fertigungstiefe gestaffelten Spektrum an Ressourcenleistungen, z.B. cpu-Sekunden, und Halbfertigprodukten, z.B. der Anzahl ausgeführter Befehle oder der Anzahl an Datenbankzugriffen, erbracht (vgl. LIEBE 1980, S. 33).
Neben dem Problem der sehr vielfältigen Fertigprodukte besteht nun das Problem, daß zwischen Fertigprodukt und Einzelleistungen der Ressourcen, aus denen sich das Endprodukt zusammensetzt, kein eindeutiger Zusammenhang existiert; zudem ist dem ADV-Bereich gewöhnlich nicht bekannt, welches Fertigprodukt gerade im Dialogbetrieb erstellt wird.

Die **Kosten des ADV-Systembetriebes** hängen von der bereitgestellten Ressourcenkapazität ab, so daß die Beanspruchung dieser Kapazitäten im Rahmen des Datenverarbeitungsprozesses Grundlage für die Verrechnung auf Kostenbasis sein muß (vgl. BESSAI 1985, S. 63).
Dies bedeutet, daß für alle ADV-Kapazitäten des Systembetriebes "**Zwischenkostenträger**" zu bestimmen sind. Diese werden in erster Linie mengen- und zeitbezogene Größen sein (vgl. BRAUN 1981, S. 324; SCHMITT 1977, S. 52; WIEDMAYER 1980, S. 106). Die Inanspruchnahme durch einzelne Jobs ist auf dieser Basis zu messen und zu bewerten.
Dies schließt nicht aus, daß bei hinsichtlich der Ressourcenbelastung "relativ" homogenen Jobs eine fertigproduktorientierte Stückberechnung, z.B. je ausgeführter Buchung, erfolgt. Sie realisiert mit in der Vorstellungswelt der Benutzer bekannten Mengengrößen eher deren Forderung nach Transparenz des Verfahrens, dürfte aber auf den Bereich der administrativen, zum Teil dispositiven Anwendungen beschränkt und bei entscheidungsunterstützenden Anwendungen nicht möglich bzw. sinnvoll sein (vgl. LIEBE 1980, S. 32f).

HABERKAMM beschreibt ein System, das auf "Zwischenkostenträger" verzichtet, statt dessen die ADV-Endprodukte stark differenziert, um eine weitgehend verursachungsgerechte Kostenzuordnung zu erreichen. Das Ergebnis können dann aber mehrere hundert verschiedener Kostenträger sein (vgl. HABERKAMM 1976, S. 186).
Hier wird zunächst die Auffassung vertreten, daß mit der Definition der ressourcenorientierten Zwischenkostenträger eher die aufgestellten Anforderungen an ein Verrechnungssystem erfüllbar sind (vgl. Abbildung 17). Sie sind für die Benutzer in der Anfangsphase zwar schwerer verständlich, dafür aber in ihrer Zahl beschränkt und stärker leistungsproportional. Zudem kann aufgrund der

Ergebnisorientierte Endkostenträger	Produktionsorientierte Zwischenkostenträger
- Für den Benutzer besser zu planen	- Für Benutzer schlechter zu planen
- ADV muß in Kapazitätsanforderungen übersetzen	- Kapazitätsanforderungen sind unmittelbar zu ersehen
- Entfernung von verursachungsgerechtem Preis	- Annäherung (je nach Aufwand) an Belastung entsprechend der Kostenverursachung
- Setzt voraus, daß das produzierte Ergebnis "Information" etwa gleiche Ressourcen beansprucht	- Merkmale des Produktionsergebnisses sind irrelevant
- geeignete Endkostenträger sind die verschiedenen ADV-Anwendungssysteme (L+G, Finanzplanung,...)	- geeignete Zwischenkostenträger ergeben sich aus den eingesetzten Ressourcen
- hohe Anzahl erforderlich	- Anzahl gemäß Zahl der Ressourcen

Abbildung 17: Merkmale ergebnisorientierter "Endkostenträger" und produktionsorientierter "Zwischenkostenträger"

Planungs- und Kontrollerfordernisse auf eine Umrechnung von "Endkostenträgern" in Ressourcengrößen nicht verzichtet werden.

Die Abrechnung auf Grundlage von Endproduktmengen bleibt auf häufig wiederkehrende, in ihrem Profil gleichartige Anwendungen beschränkt (vgl. KANNGIESSER 1980, S. 65).

Zum **Aufbau des Mengengerüstes** für die einzelnen Hauptkostenstellen sind abstrahierend von einer bestimmten ADV-Anlage folgende Aussagen möglich:
- Grundsätzlich soll die Kostenverrechnung auf Ausgangswerte gestellt werden, die nur von den Anforderungen des jeweiligen Programmlaufs beeinflußt werden.
- Im Einprogrammbetrieb kann als Maß für die Inanspruchnahme der gesamten Anlage - sie bildet dann eine einzige Kostenstelle - die Programmverweilzeit verwendet werden, im Mehrprogrammbetrieb ist dies jedoch keine reproduzierbare, die Ressourcenleistung kennzeichnende Zeitbasis aufgrund der gegenseitigen Beeinflussung der gleichzeitig ablaufenden Programme. Hier muß eine Aufteilung der ADV-Anlage erfolgen (vgl. AUERBACH 1980, S. 33; HARTMANN-WENDELS 1980, S. 200).
- Die Zentraleinheit wird in die Bestandteile des Zentralprozessors und Hauptspeichers zerlegt. Zur Messung der Prozessorleistung kann dann die effektive Programm-Bearbeitungszeit (cpu-Zeit) zugrunde gelegt werden. Die Hauptspeicherbelegung kann über die Belegungszeit, gewichtet mit dem Belegungsvolumen, z.B. in der Einheit "Kilobyte-Minuten", bestimmt werden. Mit dieser Aufteilung werden auch die Leistungen einer mit virtueller Speichertechnik arbeitenden Anlage erfaßbar (vgl. HARTMANN-WENDELS 1980, S. 200; SCHMITT 1977, S. 52; LANGE, LINDNER,

MASSAT 1973, S. 24; KANNGIESSER 1980, S. 93; BÖHM 1975, S. 134; CANNING 1974, S. 8; KREITZ-BERG, WEBB 1972, S. 115ff).
- Periphere Speicher stellen ebenfalls eine bestimmte Speicherkapazität über einen bestimmten Zeitraum zur Verfügung. Der Belegte Speicherplatz ist hier aber nur zum Teil einem bestimmten Programm, Programmlauf oder Benutzer zurechenbar. Daher sind die dann in der Literatur für die Plattenbelegung vorgeschlagene Größen wie Zahl der belegten Zylinder je Zeiteinheit (vgl. KOREIMANN 1978, S. 121; KANNGIESSER 1980, S. 96) als Kostenträger nur teilweise verwendbar, nämlich für die ausschließlich von einem bestimmten Benutzer oder von einer bestimmten Software belegten Kapazität. Entsprechend wären diese Kosten nicht auftragsgebunden, sondern zeitraumabhängig bzw. über die Nutzung der Software an den Benutzer zu verrechnen (vgl. POENSGEN 1978, S. 9ff; KANNGIESSER 1981, S. 471). Nicht möglich wäre dieses Verfahren bei der Verrechnung von durch allgemeine Daten belegtem Platz. So ist bei der Speicherung solcher Daten nicht ex ante ersichtlich, für welche zukünftige Anwendung die Speicherung erfolgt, wie verfahren werden soll, wenn die gleichen Daten von mehreren Anwendungen als Input verwendet werden, oder was geschieht, wenn sich herausstellt, daß Daten über den Abrechnungszeitraum nicht wieder abgerufen werden.
Praktikabel scheinen Verfahren, die die gesamten für die peripheren Speicher angefallenen Kosten, meist aufgeteilt in die Gruppen Platten- und Bandspeicher, nach der Zahl der Zugriffe eines Jobs auf diese Speichermedien abrechnen (vgl. WIORKOWSKI, WIORKOWSKI 1973, S. 61f; SCHMITT 1977, S. 54). Es liegt der Gedanke zugrunde, daß der Speicherplatz schließlich zu diesem Zweck zur Verfügung steht.
- Die Nutzung des Kanalwerks kann über die Zahl der Input/Output-Zugriffe abgerechnet werden; sofern entsprechende Daten ermittelbar sind, auch über die Gesamtzeit, mit der der Job die Kanäle belastet hat (vgl. CANNING 1974, S. 9f).
- Zur Kennzeichnung der Belastung von Ein- und Ausgabeperipherie sind Mengengrößen für einzelne Gerätetypen meist unproblematisch bestimmbar, so kann z.B. bei Terminals über deren Einschaltzeit, bei Druckausgaben über die Zahl der Druckzeilen abgerechnet werden.
Die Struktur des Mengengerüstes sollte nicht so tief wie möglich gliedern, z.B. nicht bis hin zu einem einzelnen Gerät. Vielmehr ist eine Differenzierung nur bis zu den Leistungsarten des Bereichs Systembetrieb zweckmäßiger. Für die Benutzer ist das Leistungsergebnis wesentlich, die Zusammenfassung mehrerer Geräte zu einem Abrechnungspool (vgl. MAYERHOFER 1984, S. 87; KANNGIESSER 1980, S. 102ff) ermöglicht dann die Zurechnung gleicher Kosten zum gleichen Leistungsergebnis. Ansonsten könnte z.B. die Druckausgabe auf einem älteren Gerät verglichen mit der auf einem neueren, leistungsfähigeren Gerät bei gleichem Ergebnis unterschiedliche Kosten verursachen.
Bei Abstraktion von Merkmalen des Produktionsprozesses sollten also Produktionseinrichtungen mit homogenem, austauschbarem Ergebnis zusammengefaßt werden (Insofern ist hier LANGE, P. u.a. zu widersprechen, die nur die Zusammenfassung völlig gleicher Geräte zulassen. Vgl. LANGE, LINDNER, MASSAT 1973, S. 24).

Dieses einfache Verfahren erfüllt bereits einen Großteil der formulierten Anforderungen an das Abrechnungsverfahren. Es ist leistungsproportional, aufgrund der wenigen Parameter transparent, die Mengengrößen sind weitgehend reproduzierbar, und es baut auf Leistungskennzahlen der Betriebsmittel auf.

Mit der **Berücksichtigung weiterer Bezugsgrößen** können Leistungsproportionalität verbessert und Schritte in Richtung einer Beeinflussung des Benutzerverhaltens getan werden:
- Kennzeichnend für den Mehrprogrammbetrieb ist, daß die geschachtelt ablaufenden Programme um die Teilkapazitäten der Anlage konkurrieren. Zu einem Zeitpunkt werden die Komponenten gewöhnlich nicht alle von dem gleichen Programm beansprucht, die freien Kapazitäten stehen dann für die Verarbeitung der anderen Programme zur Verfügung, es sei denn, das Kapazitätsbedarfsprofil ist derart ungünstig, "daß die anderen Programme an der gleichzeitigen parallelen Verarbeitung gehindert werden" (vgl. MEYHAK 1981, S. 166). Mittels verschiedener Techniken finden sich in der Literatur Vorschläge, Jobs abhängig von Zentralspeicher- und Peripheriebedarf und damit von der Eignung für den Mehrprogrammbetrieb unterschiedlich zu belasten (vgl. STETTER 1976, S. 150ff; LANDAU 1973, S. 47ff; WIORKOWSKI, WIORKOWSKI 1973, S. 61; HOOTMAN 1969, S. 62; LANGE, LINDNER, MASSAT 1973, S. 24).
- Eine weitere Bezugsgröße des Verrechnungspreissystems kann die Einteilung der Jobs in batch- und online-Anwendungen sein. Aufgrund der besseren Planbarkeit und der Möglichkeit der Verarbeitung in Zeiten geringer Belastung könnte es sinnvoll sein, batch-Anwendungen gegenüber den online-Anwendungen zu verbilligen.
- Im Bereich der batch-Anwendungen kann noch stärker differenziert werden. So verbessert sich die Planbarkeit weiter bei zu bestimmten Zeitpunkten immer wieder ablaufenden Jobs (vgl. TIEDEMANN 1983, S. 90). Im online-Bereich kann nach der Tageszeit der Kapazitätsanforderung differenziert werden, denn die Kapazitätsbelastung der Anlage weist gewöhnlich starke rhytmische Schwankungen auf, sie muß aber auf die Zeiten der höchsten Belastung ausgelegt sein. Entsprechend können in dieser Zeit verarbeitete Anwendungen verteuert werden.
- Schließlich ist bei bestimmten Anlagen die interne Ablaufsteuerung durch das Betriebssystem mittels der Vergabe von Prioritäten beeinflußbar. Sofern der Benutzer diese Prioritäten mitbestimmen kann, können Jobs mit hoher Priorität verteuert werden; schließlich resultiert daraus eine geringere Programmverweilzeit und damit "höhere Qualität" der ADV-Leistung (vgl. GHANEM 1975, S. 272).

Zu beachten ist, daß mit der Ausschöpfung dieser beschriebenen Möglichkeiten ein komplexes **mehrdimensionales Bezugsgrößensystem** aufgebaut wird. So werden die für einen Job berechneten Kosten neben der quantitativen Ressourcenbelastung abhängig von folgenden qualitativen Merkmalen des Jobs:
- der Eignung des Programms für den Mehrprogrammbetrieb,
- der Identifikation als batch-Anwendung, die unter Umständen zu bestimmten Terminen abläuft oder als online-Anwendung zu einer bestimmten Tageszeit,
- der Priorität des Jobs.

Es soll so ein stärkerer Zusammenhang zwischen den primären ADV-Kosten und den Merkmalen eines Jobs hergestellt und, sofern diese durch den Benutzer beeinflußbar sind, auch eine weitere Steuerung des Benutzerverhaltens erzielt werden. Zwangsläufig steigen die Komplexität und der Aufwand des Verfahrens; es wird präziser, jedoch geht Transparenz verloren.

Daneben sind hier nicht angesprochene Detailprobleme zu klären. So ist fraglich, inwiefern dem Benutzer höhere Kosten aufgrund schlechter Eignung des Jobs für Mehrprogrammbetrieb belastet werden können, schließlich hat der ADV-Bereich mit der Verantwortung für den Programmentwurf und dessen Realisierung starken Anteil an der Ausprägung dieses Merkmals. Weiterhin ist festzulegen, ob sich Zu- und Abschläge auf die gesamten Jobkosten oder nur auf die Beanspruchung bestimmter Ressourcen beziehen sollen.

2.3.1.4.3 Das Mengengerüst für die übrigen ADV-Kostenstellen und erforderliche Vorrechnungen

Im Bereich der **Softwareentwicklung** waren als Hauptkostenstellen die einzelnen Projekte genannt worden.

Zum Projektende stehen mit der Kostenstellensumme die gesamten Entwicklungskosten fest. Sie sind als Vorleistungskosten anzusehen, denn das entwickelte Softwareprodukt ist eine Leistung zur Sachzielerreichung späterer Planperioden.

Allgemein gehen Vorleistungen als materielle oder immaterielle Potentialfaktoren in den Kombinationsprozeß späterer Perioden ein. Entsprechend dem Identitätsprinzip sollen die Entwicklungskosten daher nicht auf die gegenwärtig erstellte ADV-Produktion verrechnet werden, sondern sind auf die in späteren Perioden zu erbringende Leistung weiterzuverrechnen. Schließlich wird durch das Ziel, diese Leistungserstellung zu ermöglichen, die Inkaufnahme der Vorleistungskosten bedingt (vgl. PIROTH 1984, S. 254).

Die gegebenenfalls über mehrere Abrechnungsperioden bis zum Projektende gesammelten Kosten bilden den Potentialkostenausgangsbetrag zur Verrechnung der Kosten auf die Kostenträger. Dieser Betrag ist zu "aktivieren" und gemäß der anhand von Erfahrungswerten geschätzten Nutzungsdauer zu periodisieren (vgl. KALTENHÄUSER 1976, S. 136; CORTADA 1980, S. 152f).

Es liegen damit die für die zur Nutzung bereitstehenden Softwareprodukte in der Planperiode anzusetzenden Kosten vor.

In gleicher Weise wird bei gekaufter Software verfahren; bei gemieteter Software kann der Jahresmietbetrag Ausgangspunkt für die Verrechnungspreisermittlung sein.

Die tatsächliche Leistungserstellung kann nur aus der Einheit von Hard- und Software erfolgen. Aus Gründen der besseren Erfaßbarkeit von Hardware-Leistungsgrößen ist es dann sinnvoll, zur Messung der Softwarenutzung Hardwarekenngrößen heranzuziehen. Dies können Kenngössen der Leistung einzelner Ressourcen sein, z.B. die cpu-Zeit, Mengengrößen von Zwischenprodukten, z.B. die ausgeführte Befehlszahl, aber auch Endproduktstückzahlen, z.B. die Zahl der Lohn- und Gehaltsabrechnungen (vgl. SCHMITT 1977, S. 52).

Da Software keine Kapazitätsbeschränkungen aufweist, sind erwähnte Zu- und Abschläge, z.B. aufgrund der Tageszeit der Hard- und damit auch Softwarenutzung, nicht sinnvoll.

Die **Wartung** der Software dient in erster Linie der Erhaltung der geplanten Leistungsfähigkeit. Sie ist zu Anfang des Software-Lebenszyklus aufgrund noch erforderlicher Fehlerbehebung hoch, sinkt dann, um zum Ende der Lebensdauer aufgrund erforderlicher Anpassungsmaßnahmen der Software an die sich zunehmend verändernde Softwareumgebung wieder anzusteigen.

Das vom Benutzer bezogene Ergebnis ändert sich durch diese Softwarewartung nicht. Insofern ist es gerechtfertigt, den über die Softwarelebensdauer zu erwartenden Wartungsgesamtaufwand zu planen und zusammen mit den Entwicklungskosten auf die Jahre der Nutzung zu verteilen und zu verrechnen.

Sofern mit der Wartungstätigkeit der Leistungsumfang der Software gesteigert wird, kann der Investitionsbetrag wie zusätzliche Entwicklungskosten behandelt und auf die Restnutzungsdauer verteilt werden. Entsprechend dem gestiegenen Leistungsumfang erhöht sich der ansonsten konstante, je Planperiode zu verrechnende Entwicklungskostenanteil.

Im Bereich der **Schulung und Beratung** werden zu überwiegendem Anteil aus Personalleistungen bestehende Serviceleistungen produziert. Diese Leistungen sind auch hier so heterogen, daß mit der Personalstunde ein Zwischenkostenträger zu definieren ist (vgl. TIEDEMANN 1983, S. 65ff).

Wenn ein starker Zusammenhang zu einer bestimmten Endleistung besteht, z.B. zu einem bestimmten Schulungsprogramm der nötige Zeitaufwand bekannt ist oder für nur wenige Minuten benötigende Kurzberatungen die genaue Zeiterfassung kaum durchführbar ist, kann auch eine Berechnung solcher Endprodukte auf Stückgrundlage erfolgen.

2.3.1.4.4 Die Ermittlung der Mengendaten

Die zur Abrechnung von Personalleistung erforderliche Mengendaten können nur durch manuelles Aufschreiben bzw. Tätigkeitsberichte ermittelt werden (vgl. STREICHER, SANDSCHEPER 1985, S. 30ff).

Zur Bestimmung der für die Abrechnung von Systembetrieb, Software und Wartung nötigen Maschinendaten können die **Job-Accounting-Routinen** der Betriebssysteme verwendet werden (Diese Routinen sammeln repräsentative, signifikante Daten während des Anlagebetriebes. Neben der Schaffung einer Datengrundlage für die Leistungsverrechnung dienen sie der Auslastungskontrolle, der Konfigurationsoptimierung, der Fehleranalyse. Vgl. KANNGIESSER 1980, S. 109ff; KIRSCHNER 1973, S. 848ff; HAST 1975, S. 129; zum Teil bestehen Probleme in der Wiederholbarkeit der Daten bei Multiprogramming-Betrieb trotz vergleichbarem Job-Stream, vgl. ELMENHORST 1978, S. 53ff). Dem Vorteil der maschinellen Datenermittlung steht der Nachteil der Hersteller- bzw. Betriebssystemabhängigkeit der Meßdaten gegenüber (vgl. SEIBT 1983, S. 216). Zwar bestehen keine grundsätzlichen Schwierigkeiten "bei den üblicherweise zur Verfügung stehenden Daten bei der

Verwendung für die Zwecke eines Kostenrechnungsverfahrens ..." (TIEDEMANN 1983, S. 88), die Accountingdaten unterscheiden sich aber quantitativ und qualitativ derart, daß sie nicht vergleichbar sind (vgl. RÖHRS 1981, S. 67ff).

Um aber das Mengengerüst des Abrechnungsverfahrens zur Schaffung einer generellen Gültigkeit und Unabhängigkeit von der momentanen Anlagenkonfiguration standardisieren zu können, ist die Definition einer **Verteilungsmatrix** erforderlich, die den Zusammenhang zwischen den in die Abrechnungsformel eingehenden Werten und den Accountingdaten herstellt, deren Relevanz festlegt (vgl. KOREIMANN 1978, S. 119f). Diese Vorgehensweise erlaubt bei geringem Änderungsaufwand die Einbeziehung weiterer Komponenten bei Erweiterung oder Änderung der Konfiguration, ermöglicht die benutzernahe Bestimmung der Mengengrößen und auch den Wechsel der Accounting-Routinen.

Für derartige Zwecke wird bereits Standard-Software angeboten, die als Input die Accounting-Daten verschiedenster Betriebssysteme akzeptiert und deren individuelle Verdichtung erlaubt (vgl. FEITELSON, GRABEDUNKEL 1979, S. 28ff).

2.3.1.5 Die Struktur des Wertgerüstes

2.3.1.5.1 Das Kostenrechnungssystem

Auf Interdependenzen zwischen den verschiedenen Gestaltungsaufgaben im Verrechnungspreissystem, aber auch zwischen Verrechnung und Budgetierung, wurde hingewiesen. Dementsprechend zeigt eine Betrachtung der bisherigen Ausführungen bereits deutliche Hinweise, daß die Verrechnung der ADV-Leistungen hier zu **Vollkosten** erfolgen soll.

Dieses Kostenrechnungssystem wird heftig angegriffen, so daß neben einer Darstellung auch eine Auseinandersetzung mit der Kritik und eine Prüfung "neuerer" Systeme auf deren Verwendbarkeit für eine ADV-Leistungsverrechnung erfolgen muß.

Bei der angestrebten Kostendeckung für die ADV-Abteilung ist eine Leistungsverrechnung auf Vollkostenbasis unvermeidlich (vgl. KOREIMANN 1978, S. 117; BESSAI 1985, S. 68; DRUMM 1973, S. 101; SOLARO 1973, S. 45ff; KANNGIESSER 1980, S. 71; HANS 1984, S. 98f; RÖHRS 1981, S. 154). Aufgrund des hohen ADV-Gemeinkostenanteils ist sie auch unvermeidlich, wenn die gesamten ADV-Kosten im Benutzerbereich entscheidungsrelevant sein sollen.

In dem hier vorgeschlagenen System werden Stückeinzelkosten den Leistungen direkt zugeordnet, Gemeinkosten zunächst als Stelleneinzelkosten erfaßt und dann entsprechend der Stelleninanspruchnahme durch die Leistungen auf diese verteilt.

2. Verrechnungspreise

Zur Kennzeichnung der Stelleninanspruchnahme wurden im Rahmen der Strukturierung des Mengengerüstes entsprechende Meßgrößen definiert. Ihnen ordnet man mit der Kalkulation Werte zu.

Dieser Vorgehensweise werden **systemimmanente Mängel** vorgeworfen (vgl. HUCH 1984a, S. 145ff):

- Grundsätzlich erfolgt die Zurechnung von Kosten zu Leistungen nach Prinzipien, auf deren Grundlage eine Regel für diese Zurechnung aus dem Zusammenhang von Leistungserstellung und Kostenentstehung abgeleitet wird.
  HARTMANN-WENDELS bezeichnet die oben geschilderte Vorgehensweise als Verrechnung nach dem "Leistungsentsprechungsprinzip" (vgl. HARTMANN-WENDELS 1980, S. 203).
  Heftige Kritik wird allerdings an der damit vorgenommenen **Proportionalisierung von leistungsunabhängigen Kosten** geübt. Es besteht allenfalls ein nur schwacher kausaler oder finaler Zusammenhang zwischen solchen Kosten und den Leistungen, so daß eine derartige Verrechnung nicht dem Verursachungsprinzip genügt (vgl. RIEBEL 1982, S. 210f; MEFFERT 1988, S. 586; RIEBEL, PAUDTKE, ZSCHERLICH 1973, S. 66; HARTMANN-WENDELS 1980, S. 203).
  In dem hier vorgeschlagenen System wurde allerdings ein Zusammenhang von Kosten und Leistungen geschaffen, der die Proportionalisierung der Gemeinkosten rechtfertigen soll. So bestimmen die Benutzer im Rahmen der Budgetplanung die im Laufe des Planjahres angeforderte Leistungsmenge, aus der entsprechend der Detaillierung des Mengengerüstes die nötigen Kapazitäten der einzelnen Leistungsarten bestimmt werden. Der ADV-Bereich gleicht nötige und zur Verfügung stehende Kapazitäten ab und ermittelt die Planbereitschaftskosten der einzelnen Kapazitäten. Sofern nun die auf die Normalbeschäftigung entfallenden Kosten auf die Planleistung zugerechnet werden, besteht zumindest mittelfristig direkter Zusammenhang zwischen verrechneter Leistungskapazität und zugeordneten Kapazitätskosten.
- Ein zweiter wesentlicher Kritikpunkt am System der Vollkostenrechnung steht mit der **Auslastungsabhängigkeit** der Höhe **der ermittelten Werte** in Verbindung. So führt eine sinkende Bezugsgrößenmenge (z.B. Absatzmenge) bei Verteilung aller Kosten zu einer Steigerung der zugeordneten Werte (Angebotspreis), was zu weiter sinkenden Mengen führen kann. Dies würde auch für die von den Benutzern angeforderten Leistungsmengen gelten. Gleichzeitig werden nicht ausgelastete Kapazitäten verdeckt.
  Dieser Kreislauf wird hier unterbrochen, indem nur die zur Erbringung der Planbeschäftigung nötigen Kapazitätskosten auf diese verrechnet werden. Auch bleiben so freie Kapazitäten erkennbar.

Trotz der Modifikationen des traditionellen Vollkostenrechnungssystems wird das Prinzip von Ursache und Wirkung nicht streng erfüllt, so daß die Vorgehensweise angreifbar bleibt (vgl. WIEDMAYER 1980, S. 80ff).

Aus diesem Grund muß geprüft werden, ob andere Kostenrechnungssysteme theoretisch befriedigendere Lösungsansätze liefern können.

Hier ist an erster Stelle die **Teilkostenrechnung** zu nennen. Sie verrechnet nur die direkt zurechenbaren Einzelkosten auf die Kostenträger. Gemeinkosten werden von allen Kostenträgern mit einem die Stückeinzelkosten übersteigenden Deckungsbeitrag gedeckt. Seine kostenträgerindividuelle Höhe wird gewöhnlich nach dem Tragfähigkeitsprinzip aus der Differenz zwischen Teilkosten und erzielbarem Marktpreis abgeleitet, ist jedenfalls nach der Philosophie der Teilkostenrechnung nicht aus Daten der Kostenrechnung ableitbar.

Durch Ansatz der entscheidungsrelevanten Kosten erlaubt die Teilkostenrechnung eine flexiblere Reaktion auf Markteinflüsse.

TIEDEMANN schlägt die Teilkostenrechnung für selbständige Service-Rechenzentren vor (vgl. TIEDMANN 1983, S. 74ff; BRINK 1984, S. 384). Die Anwendung bei unternehmungseigenen ADV-Bereichen stößt allerdings auf folgende Schwierigkeiten:

- Die Teilkosten betragen im ADV-Bereich im allgemeinen nicht mehr als 20% der Gesamtkosten. Je niedriger aber der Anteil der Teil- an den Vollkosten ist, desto mehr verliert allgemein die Teilkostenkalkulation an kostenträgerbezogener Aussagekraft. Wenn nun nur die direkt leistungsabhängigen Kosten berücksichtigt werden, ergeben sich für die ADV-Leistungen grotesk niedrige Stückkosten, die kaum zu Steuerungszwecken verwendet werden können (vgl. MAYERHOFER 1984, S. 87).
- Zudem ist die Bestimmung von Marktpreisen zum Zweck einer Festlegung von Soll-Deckungsbeiträgen mit erheblichen Schwierigkeiten verbunden, so daß hierzu kein im Sinne der Teilkostenrechnung befriedigendes Datenmaterial zur Verfügung steht.

Die Teilkostenrechnung bildet in dem hier gegebenen Kontext also keine nennenswerte Alternative.

Ein weiteres wichtiges Kostenrechnungssystem ist die von RIEBEL entwickelte **Einzelkostenrechnung**. MEYHAK führt aus, wie sie für den ADV-Bereich der Unternehmung gestaltet werden müßte (vgl. MEYHAK 1981, S. 161ff). Danach werden die den größten Teil der ADV-Gemeinkosten ausmachenden Potentialkosten ihrer Bindungsdauer als Einzelkosten zugerechnet. Die Jahresrechnung wird um eine von der festen Bindung an die Kalenderzeit losgelöste Zeitablaufrechnung ergänzt. Für die hier enthaltenen Periodengemeinkosten sind Deckungsbudgets aufzustellen, die dann von den Nutzern mit einem Soll-Deckungsbeitrag je Leistungseinheit zu tragen sind.

Faktisch erfolgt damit eine der Vollkostenrechnung identische Vorgehensweise, so daß auch die Anwendung der Einzelkostenrechnung grundsätzliche Mängel der Vollkostenrechnung im ADV-Bereich nicht beheben kann.

Hier wird das Wertgerüst auf Grundlage einer mit der Verarbeitung von Plankapazitäten modifizierten Vollkostenrechnung gestaltet.

2.3.1.5.2 Die Bestimmung von Werten für die Kostenträger

Bisher wurden Verrechnungselemente bestimmt (z.B. Zentraleinheit), zugehörige Leistungseinheiten bzw. Bezugsgrößen festgelegt (z.B. cpu-Sekunden); über die Budgetierung der ADV und die ADV-interne Leistungsverrechnung ist der Planaufwand der Elemente, über die Budgetierung der Benutzer und Kapazitätsplanung der ADV die Planleistung der Elemente bekannt. Der letzte noch übrige Schritt ist nun die Feststellung des je Leistungseinheit zu verrechnenden Betrages (Im Gegensatz zu einer kontinuierlichen Funktion sind die Ausprägungen der Bezugsgrößen damit nur diskret veränderbar).

Jede Rechnung, die das Zuteilen von Kosten auf Leistungen zum Gegenstand hat, kann man als **Divisionskalkulation** im weiteren Sinne bezeichnen (vgl. KORTZFLEISCH 1970, Sp. 418; LANGE, LINDNER, MASSAT 1973, S. 24; PIROTH 1984, S. 68). Nach dem Durchschnittsprinzip werden hier die der Planleistung entsprechenden Kosten auf die Leistungseinheiten bzw. Bezugsgrößen verteilt (vgl. AUERBACH 1980, S. 35; GRUBER 1976, S. 208).

Im Bereich des **ADV-Systembetriebes** kann bei den Verrechnungselementen, bei denen die Verrechnung ausschließlich über eindimensionale kapazitätsgebundene Bezugsgrößen erfolgt, unmittelbar mittels der Division von geplanten Kosten der Normalbeschäftigung und dieser Beschäftigung der Verrechnungssatz bestimmt werden. In diesem Fall können Kapazitätsplanung im Rahmen der Budgetierung und Verrechnung mit derselben Bezugsgröße arbeiten. In einer ersten Ausbaustufe des Mengengerüsts wurden für alle Betriebsmittel kapazitätsorientierte Größen bestimmt bis auf Teile der peripheren Speicher, die über Zugriffe abgerechnet werden sollen. Die Kapazitätsplanung im Rahmen der Budgetierung kann hier nicht unmittelbar verwendbare Daten zur Bestimmung der Verrechnungssätze liefern, so daß in einer zusätzlichen Planung die für die Bestimmung von Werten nötige Planbeschäftigungsmenge der Bezugsgröße bestimmt werden muß.

Zusätzlicher Aufwand entsteht auch, sofern das verwendete Bezugsgrößensystem ausgebaut wird:
Als mögliche weitere Bezugsgrößen waren genannt worden:
- Die Eignung des Programms für Mehrprogrammbetrieb.
- Art der Leistungsanforderung, d.h. online, gegebenenfalls weiter differenziert nach der Tageszeit, zu der die Leistung erbracht wird, oder batch-Betrieb, gegebenenfalls weiter differenziert nach einmaligen oder öfter, zu bestimmten Zeitpunkten wiederholten Programmläufen.
- Priorität des Jobs.

Diese **zusätzlichen Bezugsgrößen** verbilligen oder verteuern die von den Benutzern bezogenen kapazitätsorientiert gemessenen Mengeneinheiten, sind also keine "eigenständigen" Bezugsgrößen. Im einzelnen ist bei ihrer Verwendung festzulegen:
- auf welche "primären", kapazitätsorientierten Größen (PM_n) sich ihre Wirkung erstrecken soll,
- das Ausmaß der Verbilligung/Verteuerung, die eine bestimmte Ausprägung einer qualitätsorientierten Bezugsgröße bewirken soll. Um den Budgetausgleich zu gewährleisten, müssen sich die Effekte gerade ausgleichen; zu ihrer Bestimmung muß dann auch die Verteilung der geplanten

"primären" Leistungsmenge über das Spektrum der zusätzlichen Bezugsgrößen (SM_m) bekannt sein.

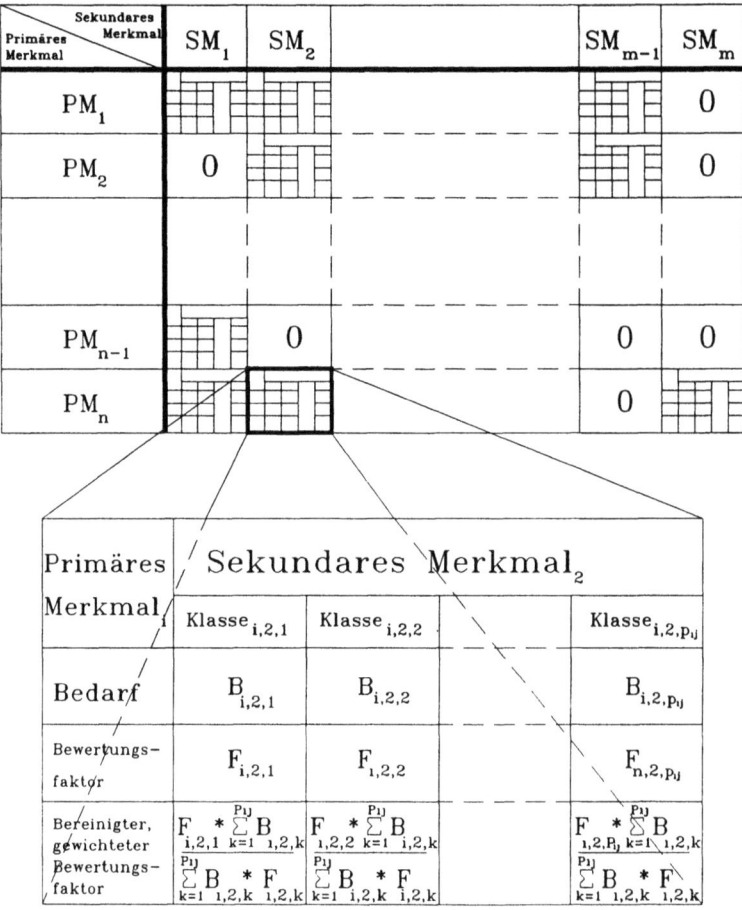

Abbildung 18: Berechnungsstruktur eines auf primären und sekundären Faktoren aufbauenden Verrechnungspreissystems

Wenn davon ausgegangen wird, daß die möglichen Ausprägungen der zusätzlichen "sekundären" Bezugsgrößen (SM_m) in einer Klassenbildung ($Klassen_k$) (vgl. MERTENS 1974, S. 31; TIEDEMANN 1983, S. 86) mündet, dann könnte zur Ermittlung von Verbilligung und Verteuerung das in Abbildung 18 dargestellte allgemeine Modell verwendet werden. Die frei wählbaren, dimensionslosen Bewertungsfaktoren ($F_{n,m,k}$) zeigen die Relation, in der die Kosten der Kapazitätseinheiten in den einzelnen Klassen k zueinander stehen sollen. Unter Berücksichtigung der in den Klassen zu

2. Verrechnungspreise

erwartenden Leistungsmengen ($B_{n,m,k}$) ergibt der bereinigte Bewertungsfaktor, multipliziert mit dem aus der Divisionskalkulation ermittelten Standardpreis, die Kosten einer Kapazitätseinheit der betreffenden Klasse.

Sofern sich mehrere "sekundäre" Merkmale auf ein "primäres" Merkmal beziehen, die Leistung also durch mehrere Qualitätsmerkmale beschrieben wird, zeigt Abbildung 19 eine Formel zur Berechnung des Preises einer spezifischen Leistung.

Preis einer bezogenen Kapazitätseinheit des primären Merkmals i mit den sekundären Merkmalen $j \in M_i \subset (1,..,m)$ und den Klassen k^*_j innerhalb der sekundären Merkmale:

$$= \frac{\sum_{j \in M_i} \times \left(\frac{F_{i,j,k^*_j} \times \sum_{k=1}^{p_{ij}} B_{i,j,k}}{\sum_{k=1}^{p_{ij}} B_{i,j,k} \times F_{i,j,k}} \right)}{|M_i|} \times SP_i$$

Mit: SP_i Standardpreis des primären Merkmals i
M_i Menge der bei dem primären Merkmal i zu berücksichtigenden sekundären Merkmale

Abbildung 19: Bestimmung des Preises einer spezifischen Kapazitätseinheit

Bei der Verrechnung der **Softwareentwicklungs- und Wartungskosten** sollten als Bezugsgrößen ebenfalls Hardwarekenngrößen verwendet werden. Anders als bei der Verrechnung des ADV-Systembetriebes besteht im Softwarebereich aber das Problem, daß der auf die Periode entfallende Entwicklungs- und Wartungskostenanteil nicht wie im Bereich Systembetrieb an die angeforderte Leistungsmenge anpaßbar ist. Dem Softwareleistungspotential sind nur über die eingesetzte Hardware quantitative Grenzen gesetzt; aufgrund einer geringen angeforderten Leistungsmenge können keine Kapazitäten, mithin keine Kosten abgebaut werden.

Daher kann die von den Benutzern in der Planperiode geplante Leistungsmenge einer Software keine ausreichende Grundlage für die Divisionskalkulation sein; hier würde die Kritik an der Vollkostenrechnung zutreffen, daß sinkende Mengen zu steigenden Preisen und weiter sinkenden Mengen führen können.

Einen Ausweg könnten hier im Rahmen des taktischen ADV-Projektcontrolling ermittelte Daten bieten. So muß im Rahmen der Wirtschaftlichkeitsbeurteilung eines Projektes die Nutzung der Software prognostiziert werden, bevor über die Realisierung entschieden wird. Ein auf dieser Grundlage ermittelter Preis könnte als Obergrenze dienen - mit der Möglichkeit einer Reduzierung bei zu erwartender höherer Nutzung (vgl. RIEBEL 1973, S. 33f; SCHMITT 1977, S. 53; KALTENHÄUSER 1976, S. 84).

In den Bereichen **Beratung und Schulung** werden im wesentlichen Personalkapazitäten auf Zeitbasis abgerechnet. Die Ermittlung von Stundensätzen ist unproblematisch. Sofern Stückpreise verrechnet werden, dient der voraussichtlich erforderliche Zeitaufwand als Grundlage der Preisbestimmung (vgl. SCHRADER 1978, S. 68).

Im Gegensatz zu den Softwareentwicklungskosten, die zu Nutzungsbeginn bereits feststehen, fallen die Wartungskosten erst während der Programmnutzung an. Um neben der Kostenplanung auch eine Kostenkontrolle zu ermöglichen, kann die tatsächliche Wartungstätigkeit, ebenfalls mit Stundensätzen bewertet, über eine mehrperiodige Kontrollrechnung den kumulierten, gemäß Planung zu verrechnenden Anteilen gegenübergestellt werden.

2.3.1.5.3 Abweichungen zwischen Plan- und Istkosten

Zwischen Plan und Ist der in den Benutzerbudgets enthaltenen ADV-Kosten (Summe der verrechneten Kosten) und Plan und Ist der entstandenen Kosten des ADV-Bereiches können sechs Arten von Abweichungen bestehen, die Abbildung 20 zusammenfaßt.

Die Untersuchung der mit "B" gekennzeichneten Abweichungen wird bereits mit dem Budgetierungssystem abgedeckt; unter anderem auch zur Ursachenanalyse - Abweichungen von entstandenen ADV-Ist- und -Plankosten können z.B. auf von der Plansumme abweichenden Verrechnungssumme beruhen - ist eine Betrachtung der übrigen Abweichungsarten interessant.

	Plan-verrechnete-ADV-Kosten	Ist-verrechnete-ADV-Kosten	Ist-entstandene-ADV-Kosten
Plan-entstandene-ADV-Kosten	I	II	B
Ist-entstandene-ADV-Kosten	IV	III	
Ist-verrechnete-ADV-Kosten	B		

Abbildung 20: Abweichungen von Plan- und Istkosten in ADV- und Benutzerbereich

Die gemäß Planung zu verrechnende Summe kann von den erwarteten entstandenen ADV-Plankosten (**Abweichung I**) aus folgenden Gründen abweichen:

- Aufgrund der nur diskret veränderbaren Kapazitäten im Personal-, besonders aber im Bereich der Anlagekapazitäten, können sich geplante Leerkosten ergeben (vgl. AUERBACH 1980, S. 3; SOLARO 1973, S. 47).
- Im Bereich Software können aus niedrigeren als im Rahmen der Projektentscheidung erwarteten Leistungsmengen nicht zu verrechnende Entwicklungskostenanteile resultieren.
- Im Wartungsbereich können sich aufgrund der über die erwartete Softwarelebensdauer verteilten erwarteten gesamten Wartungssumme Abweichungen von der in der laufenden Periode erwarteten tatsächlichen Wartung ergeben.

Abgesehen von den geplanten Abweichungen I und Planungsfehlern können Plan-entstandene- und Plan-verrechnete-ADV-Kosten nicht voneinander abweichen, denn zu Beginn der Periode werden die Verrechnungssätze so geplant, daß sich ein ausgeglichenes ADV-Budget ergibt.

Sofern sich die Leistungsanforderung der Benutzer nicht gemäß Plan verhält, zeigt **Abweichungsart II** unter Umständen die Notwendigkeit einer Planrevision im ADV-Bereich. Aufgrund der hohen Kapazitätskostenanteile sind derartige Anpassungen aber nur unter Zeitverzögerung möglich. Zunächst erfolgt eine Über- oder Unterdeckung des ADV-Budgets. Da die Ursache in mangelhafter Planung der Benutzerleistungsanforderung liegen muß, ist zu fragen, ob die Folgen des Planungsfehlers den Benutzern angelastet werden sollen. Sofern die Leistungsanforderung unter dem Plan liegt, hat der Benutzer die Vorhaltung zu hoher Kapazitäten im ADV-Bereich verursacht. Zum Teil wird in der Literatur gefordert, daß dem Benutzer unabhängig von der Ausschöpfung die geplante Leistungsmenge (gleich angeforderter Kapazität) belastet wird (vgl. SOLARO 1973, S. 49). Dies mindert allerdings die Leistungsproportionalität der Abrechnung und entlastet die ADV von der Notwendigkeit der Kapazitätsanpassung.

Vertretbar könnte nur die Vorgehensweise sein, den Benutzer entsprechend dem von der ADV-benötigten Anpassungszeitraum "zu bestrafen".

Liegt die angeforderte Leistungsmenge über dem Plan, werden zum Teil ebenfalls "Strafzuschläge" vorgeschlagen (vgl. MEYHAK 1981, S. 175), da mit einer über die seitens der ADV geplanten quantitativen Flexibilität hinausgehenden Kapazitätsbelastung die ADV-Leistungsqualität, z.B. mit steigenden Antwortzeiten, beeinträchtigt wird (vgl. SOLARO 1973, S. 49).

Derartige Abweichungen von den "Standard-Verrechnungspreisen" bringen eine Vielzahl von Problemen mit sich (vgl. RÖHRS 1981, S. 107). So wird das Verrechnungspreissystem insgesamt komplexer und schwerer durchschaubar, kumulierte Verrechnungsdaten sind für Kontrollzwecke, z.B. für die Bestimmung der Kapazitätsbelastung, kaum noch ohne Nebenrechnungen verwendbar. Zudem wird das ADV-Budget um so stärker überdeckt, je höher die Abweichungen der einzelnen Benutzerleistungen vom Planwert sind, auch wenn insgesamt über alle Benutzer ein Ausgleich erfolgt.

In dem hier gestalteten System erfolgt außerdem eine Kontrolle des Benutzerverhaltens im Budgetierungsprozeß.

Differenzen in der realen Kostenentwicklung (**Abweichung III**) zeigen, daß die Benutzerleistungsanforderung vom Plan abweicht und der ADV-Bereich noch keine Anpassungsmaßnahmen vorgenommen hat bzw. diese noch nicht wirksam sind (Die weitere mögliche Ursache einer

Preisabweichung bei den Ist-entstandenen Kosten soll hier und bei der Abweichungsart IV nicht betrachtet werden). Der Grund kann in einer Einschätzung der Abweichung als vorübergehende Erscheinung oder in der Anpassungsträgheit der Kapazitäten bestehen. Sofern zum Ende der Abrechnungsperiode eine Differenz vorhanden ist, wird zum Teil vorgeschlagen, im Zuge einer Nachkalkulation den Benutzern entsprechende Beträge zu vergüten oder nachzubelasten (vgl. BRAUN 1981, S. 325; KALTENHÄUSER 1976, S. 74f). Damit würde der ADV-Budgetausgleich gewährleistet. Dieses Vorgehen ist für die Wirtschaftlichkeitssteuerung der ADV-Funktion der Unternehmung kaum von Bedeutung, da diese Ausgleichsrechnung erst ex post, nachdem alle relevanten Entscheidungen seitens Benutzer und ADV getroffen sind, erfolgt.

Werden Anpassungsmaßnahmen wirksam, dann entwickeln sich die ADV-Ist-entstandenen-Kosten abweichend von den Plan-verrechneten-Kosten (**Abweichung IV**).

2.3.1.5.4 Beurteilung einer ADV-Preispolitik

Hier soll gefragt werden, inwiefern es sinnvoll sein kann, von dem aus dem bisher gestalteten System resultierenden, weitgehend auf Beanspruchung von Kapazitäten beruhenden Preis, abzuweichen.

Es würde das Wirtschaftlichkeitskalkül der Benutzer beeinflußt und bei gleicher Nutzenschätzung eine Änderung des Nachfrageverhaltens bewirkt (vgl. KALTENHÄUSER 1976, S. 51).

Zunächst ist zu unterscheiden, ob nur bestimmte oder alle ADV-Leistungen von den preispolitischen Maßnahmen betroffen sein sollen.
- Eine **Beeinflussung des ADV-Preisniveaus** führt bewußt zu einem nicht ausgeglichenen ADV-Budget. Steuerungsgegenstand ist die gesamte ADV-Beanspruchung.
Bei "richtiger" Nutzenschätzung des ADV-Einsatzes können Gründe für diese Vorgehensweise nur außerhalb des ADV-Subsystems liegen, z.B. darin, daß finanzielle Mittel der Unternehmung beschränkt sind oder aus strategischen Gründen die ADV-Nutzung ausgeweitet werden soll.
Wird davon ausgegangen, daß die Beurteilung des ADV-Nutzens "falsch" ist aufgrund zu pessimistischer oder optimistischer Einschätzung, kann mit der Korrektur der verrechneten Kosten eine Anpassung versucht werden. Fraglich ist hier allerdings, wie das Nutzenurteil fundiert werden soll, denn schließlich ist die Bewertung von Nutzen weder objektiv noch intersubjektiv nachvollziehbar möglich.
- Eine **Beeinflussung der relativen Preise** kann bei ausgeglichenem ADV-Budget erfolgen - relative Verteuerung einer Anwendung kann durch Verbilligung der übrigen ADV-Leistungen ausgeglichen werden und umgekehrt. Der Grund ist auch hier eine Korrektur des Wirtschaftlichkeitsurteils der Anwender. So ist z.B. bei neuen Systemen aufgrund fehlender Vertrautheit mit dem Leistungspotential eine zu niedrige Nutzeneinschätzung die Folge, Verbilligung könnte gerechtfertigt werden (vgl. SELIG 1986, S. 171; GRIESE 1987, S. 543; LIEBE 1980, S. 27ff). Schwer

2. Verrechnungspreise 113

fällt allerdings, daraus neben dem formalen Erfordernis des ausgeglichenen Budgets weitere Gründe für die Verteuerung anderer Anwendungen zu finden, schließlich steht deren Nutzung hier in keinem logischen Zusammenhang mit den verbilligten Anwendungen.

Dem Nutzen zusätzlicher Steuerungsimpulse stehen die bereits oben erwähnten erheblichen Nachteile aus der Abweichung von den kapazitätsorientierten Standardpreisen gegenüber, neben Komplexitätszunahme, Tranparenzverlust und zusätzlichem Aufwand wird die Verwendung der Daten für Planung und Kontrolle eingeschränkt (vgl. GÖRTLER 1978, S. 79f).

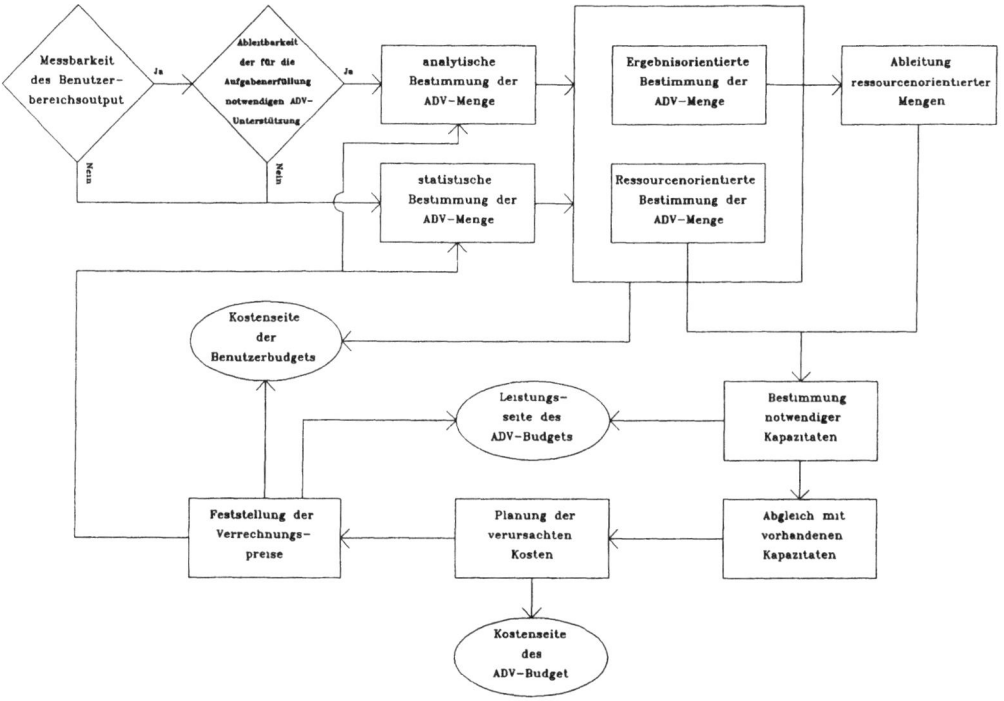

Abbildung 21: Zusammenhang von Budgetplanung und Bestimmung der Verrechnungspreise

2.3.2 Die Ablaufgestaltung des ADV-Verrechnungspreiseinsatzes

Mit dem Systemaufbau ist die Regel zur Bestimmung der Verrechnungspreise vorgegeben. Ablaufgesichtspunkte betreffen nun die Anwendung der Regel im Zeitablauf.

Da der einmal bestimmte Preis über die Abrechnungsperiode (ein Jahr) konstant bleiben soll, ist die Bestimmung des Preises zu Beginn der Periode das wesentliche Moment.

Zeitlich fällt die Preisbestimmung dann mit der Budgetplanung zusammen, zu der wichtige Beziehungen bestehen. Abbildung 21 zeigt die Interdependenzen zwischen Benutzerbudget, ADV-

Budget und Verrechnungspreisen. Danach bildet der Verrechnungspreis im Benutzerbereich die Voraussetzung der Mengenplanung, diese ist aber maßgeblich für die im ADV-Bereich nötigen Kapazitäten und verursacht Kosten. Die verursachten Kosten wirken wiederum preisbeeinflussend.

Allerdings sind in dem geschaffenen System anders als bei der traditionellen Vollkostenrechnung erheblich geringere Preisausschläge aus in der Höhe unterschiedlichen, kumulierten, von den Benutzern angeforderten Leistungsmengen zu erwarten, da nur die den zur Leistungserstellung notwendigen Kapazitäten entsprechenden Kosten relevant sind für die Preisbestimmung. Die Preise ändern sich nur bei Änderung der Anlagenkonfiguration, sofern z.B. Größendegressionseffekte auftreten.

Der Ablauf der Verrechnungspreisbestimmung besteht damit aus Iterationen von vorläufigen Benutzermengenplanungen und vorläufigen ADV-Preisermittlungen, bis aus der letzten Mengenänderung keine Preisänderung mehr resultiert.

2.4 Die Beurteilung des ADV-Verrechnungspreissystems

Das beschriebene Verrechnungspreissystem unterstützt und ergänzt die ADV- und Benutzerbudgetierung von ADV-Leistungen.

Das auf einem differenzierten Mengengerüst und der Verwendung einer modifizierten Vollkostenrechnung beruhende System ist mit der Schaffung einer gemeinsamen Kommunikationsbasis hervorragend für die horizontale Koordination zwischen ADV- und Benutzerbereich geeignet.

In diesen beiden Bereichen wird die Verbesserung der ADV-Wirtschaftlichkeit gefördert.

Die **ADV-Kostenwirtschaftlichkeit** kann gesteigert werden, indem z.B. mit nach Tageszeit verschiedenen Preisen eine verbesserte Auslastung der Anlage erzielt wird und so die gleiche Leistungsmenge mit geringeren Kosten oder bei gleichen Kosten eine höhere Leistungsmenge produziert wird.

Die Beurteilung der ADV-Unterstützung verbessert sich, wenn zumindest die Kosten dieser Leistung beim Beurteilenden bekannt sind. Zur sicheren Beurteilung der **ADV-Leistungswirtschaftlichkeit** fehlt die Fassung des Leistungswertes in Zahlen, in Geldeinheiten. Dies konnte weder im Rahmen der Budgetierung noch mit diesem Subsystem erfolgen, und auch mit Kennzahlen wird dies schwerfallen. Gründe hierfür liegen nicht in einer falschen Auswahl und/oder Gestaltung des Instrumentariums, sondern vielmehr in der Unmöglichkeit der praktischen Messung des Informationsnutzens, mit welchen Instrumenten dies auch versucht wird. Wie bereits für die Budgetierung, so gilt auch hier, daß aufgrund der erforderlichen Quantifizierung in Geldeinheiten eine Unterstützung des Controlling der übrigen ADV-Formalziele mittels Verrechnungspreisen nicht möglich ist.

Mit der Verrechnung werden im Laufe der Abrechnungsperiode eine Vielzahl von Daten ermittelt, die zudem alle maschinell verfügbar sind. Damit steht ein umfangreiches Basisdatenmaterial zur Verfügung, das mittels Kennzahlen aufbereitet werden kann.

Zuvor wurden Budgets aufgrund ihrer "globalen" Sichtweise als erstes Instrument dargestellt; für die zeitliche Einführung der Instrumente dürfte allerdings gelten, daß ADV-Leistungen zunächst symbolisch verrechnet werden, um die Benutzer mit dieser Technik vertraut zu machen, bevor sie die in der kommenden Periode zu beziehende Leistung planen und in ihr Budget aufnehmen.

3. Kennzahlen

Die Beschreibung und Gestaltung von Kennzahlen erfolgt hier nach der Konzeption von Budgetierung und Verrechnungspreisen, da sie grundsätzlich unabhängig von diesen Instrumenten eingesetzt werden, sich aber auf diese beziehen können (Vgl. zu den folgenden allgemeinen Ausführungen auch HAUFS 1984, S. 26ff).

3.1 Konzeptionelle Kennzeichen des Kennzahleneinsatzes

Kennzahlen sind solche Zahlen, die in konzentrierter Form über quantifizierbare, betriebswirtschaftlich interessierende Sachverhalte rückwirkend informieren oder vorausschauend eben diese festlegen (Ähnlich wie im bezug auf den Controllingbegriff besteht in der Literatur Uneinigkeit über **Terminus und Inhalt des Begriffs** Kennzahl. Begriffe wie Kennziffer, Richtziffer, Schlüsselzahl, Kontrollzahl und -ziffer werden häufig synonym, aber auch unter Hinweis auf Besonderheiten nebeneinander mit unterschiedlichen Begriffsinhalten verwendet. Vgl.. AHORNER 1979, S. 49. Zum Teil werden absolute Zahlen nicht zu den Kennzahlen gerechnet. Vgl. UNGER 1972, S. 15; KERN 1971, S. 702).

Eine Systematisierung von Kennzahlen kann nach verschiedenen Kriterien erfolgen, z.B. nach Funktionsbereichen, in denen sie eingesetzt werden, nach zeitlichen und inhaltlichen Strukturmerkmalen und nach statistisch-methodischen Gesichtspunkten. Nach dem letzten Merkmal unterscheidet man absolute und Verhältniszahlen.

Absolute Zahlen (vgl. NOWAK 1966, Sp. 704f; STAEHLE 1969, S. 50) können Einzelzahlen, Summen, Differenzen oder Mittelwerte sein. Sie kennzeichnen die hinter ihnen stehenden Sachverhalte unmittelbar, bilden die Datengrundlage für Verhältniszahlen und sind als Bezugsgröße bei deren Interpretation unentbehrlich (vgl. BENTZ 1974, S. 12).

Verhältniszahlen werden als Bruch gebildet, indem zwei absolute Zahlen zueinander in Beziehung gesetzt werden.

Der Zähler enthält dabei die zu messende, der Nenner die als Maßstab dienende Größe. Durch diese Verknüpfung kann ein Erkenntniswert gewonnen werden, der höher ist, als er sich aus der Addition der Einzelaussagen ergibt (vgl. WISSENBACH 1967, S. 31).

Verhältniszahlen werden unterteilt in Gliederungs-, Beziehungs- und Indexzahlen.

- Bei Gliederungszahlen werden Teilgrößen zu einer Gesamtgröße oder zwei alternative Teile einer Gesamtheit zueinander in Relation gesetzt. So werden die Zusammensetzung einer Gesamtmasse und das Gewicht einzelner Teilmassen verdeutlicht. Gliederungszahlen eignen sich damit besonders zur Darstellung und Analyse von Strukturen.
- Beziehungszahlen setzen inhaltlich wesensverschiedene statistische Daten ins Verhältnis. Wesentlich bei Beziehungszahlen ist der sachlogische Zusammenhang zwischen den absoluten Zahlen in Zähler und Nenner des Bruchs. Er drückt sich bei Verursachungszahlen in einem vermuteten und erwiesenen Ursache-Wirkungs-Zusammenhang aus oder beruht bei Entsprechungszahlen auf einem Bindungsgedanken, der die Entsprechung zweier Größen fordert. Damit zeigen die Beziehungszahlen Zusammenhänge, die aus absoluten Zahlen allein nicht erkennbar sind; nach MELLEROWICZ sind sie allein "echte Kennzahlen" (MELLEROWICZ 1968, S. 131).
- Indexzahlen stellen die Beziehung gleichartiger Massen zu verschiedenen Zeitpunkten zu einer Grundmasse als Basis, die i.d.R. gleich 100 gesetzt wird, her. Mit dieser Darstellung einer Größe im Zeitablauf, die auch bei allen bisher erläuterten Kennzahlen möglich ist, werden Entwicklungstendenzen und Trends transparent (vgl. ANTOINE 1956, S. 31ff).

Die Darstellung betrieblicher Sachverhalte in einer einzigen Zahl oder in mehreren isoliert nebeneinander stehenden Zahlen kann immer nur beschränkte Aussagen zulassen (vgl. SCHEUING 1967, S. 31). Eine ausgewogenere Information geben **Kennzahlensysteme**. Sie sind geordnete Gesamtheiten von Kennzahlen, die in sachlich sinnvoller Beziehung zueinander stehen, sich gegenseitig ergänzen und dem Zweck dienen, den Betrachtungsgegenstand in seiner inneren Verbundenheit und Einbettung in den umfassenden Gesamtzusammenhang darzustellen (vgl. LACHNIT 1976, S. 216; REICHMANN 1985, S. 891).

Die Kombination der Kennzahlen kann durch rechentechnische Verknüpfung oder einen sachlichen Systematisierungszusammenhang erfolgen (vgl. MERKLE 1982, S. 327; BUCHNER 1985, S. 36ff).

Rechentechnisch verknüpfte Systeme liegen vor, wenn jeweils eine Kennzahl des Systems mittels arithmetischer Methoden aus zwei oder mehr anderen Kennzahlen entwickelt werden kann. Der rechnerische Zusammenhang kann die Aussagekraft erhöhen, kann aber auch durch Vortäuschen von monokausalen oder funktionalen Beziehungen zwischen den Größen die Zusammenhänge verfälschen und zu Fehlschlüssen führen (vgl. MEYER 1976, S. 15).

Bei vielen betrieblichen Tatbeständen scheint die arithmetische Verknüpfung weder möglich noch sinnvoll, eher ist die Ausrichtung an sachlichen und organisatorischen Gesichtspunkten erforderlich. Trotzdem kann die Aufspaltung solcher Betrachtungsgegenstände in einzelne Elemente auch ohne Quantifizierung der Beziehungen zu einer erheblichen Steigerung der Transparenz und hoher Aussagekraft führen (vgl. MERKLE 1982, S. 327).

Historisch bemühte man sich zunächst, **Kennzahlensysteme für die Gesamtunternehmung** aufzustellen (vgl. die Darstellung des DuPont-, des ZVEI- und des Rentabilitäts-Liquiditäts-Kennzahlensystems z.B. bei SCHMIDT 1986, S. 182ff. Weitere Beispiele bisher erarbeiteter Kennzahlensysteme geben KÜTING 1983b, S. 291ff; DELLMANN 1987, S. 367ff; BOTTA 1985, S. 8ff). Die dazu in der Literatur vorgeschlagenen Systeme weisen als Spitzenkennzahl die Kapitalrentabilität zur Abbildung des Gewinnziels aus. Diese Größe wird in weitere untergeordnete, rechnerisch verknüpfte Kennzahlen aufgespalten, so daß sich formal eine Pyramidenstruktur dieser Systeme ergibt.

Kritisiert wird an solchen Systemen, daß neben der Gewinnmaximierung von jeder Unternehmung weitere gleichrangige Ziele verfolgt werden und demzufolge nur ein Ausschnitt des Zielsystems abgebildet wird. Auch werden nur die Gesamtunternehmung betreffende Daten zur Verfügung gestellt, was lediglich eine Globalsteuerung ermöglicht (vgl. HEINEN 1976, S. 173).

Demzufolge bleibt die Verwendung solcher Kennzahlensysteme in der Praxis begrenzt.

Aufgrund der theoretischen Qualitäten von Kennzahlen und Kennzahlensystemen wurden in der Folge **spezifische Kennzahlensysteme** für Teilbereiche der Unternehmung entwickelt, die nicht nur auf finanzielle Größen abstellen, sondern versuchen, alle den Teilbereich betreffenden Formalziele abzubilden (Diese Weiterentwicklung verläuft allerdings nur sehr zögernd. Noch 1976 spricht LACHNIT von einer Fehlentwicklung der Kennzahlensystemerforschung aufgrund der Fixierung auf Rentabilitätskennzahlensysteme. Vgl. LACHNIT 1976, S. 218; KÜTING 1983a, S. 237).

Solche Kennzahlensysteme sind ein sehr vielseitiges Instrument. In der Literatur werden dementsprechend viele **Verwendungsmöglichkeiten** beschrieben (vgl. LACHNIT 1969, S. 44f).

Die Eignung als Informationsinstrument ist allerdings von grundlegender Bedeutung (vgl. CADUFF 1981, S. 45ff; HUMMEL, KURRAS, NIEMEYER 1980, S. 94ff; RICHTER, HESSE 1987, S. 116ff; SCHMIDT 1986, S. 159), da auf ihr letztlich jede weitere Verwendung von Kennzahlensystemen beruht GALLER 1969, S. 62ff).

Erster Schritt in der Arbeit von Informationssystemen ist die Beschaffung der Eingabedaten: Kennzahlensysteme steuern dabei die Datenauswahl; in Gestalt der Kennzahlen liegt fest, welche Daten benötigt werden.

In der darauffolgenden Weiterverarbeitung produzieren Kennzahlensysteme neue Informationen, die anders nicht oder nur mühevoller und unpräziser zu erhalten gewesen wären. Der Aussagewert des Systems beruht auf drei Transformationseigenschaften:
- Durch Verdichtung werden mehrere Informationen zu einer konzentrierten Gesamtinformation zusammengefaßt.
- Durch Verknüpfung vorhandener Informationen und Präzisierung der Beziehungen entstehen neue Informationen.
- Spezifizierung produziert durch Zerlegung einer Information in ihre Komponenten mehrere neue.

Da Informationen im allgemeinen nicht dort anfallen, wo sie benötigt werden, ist eine Übermittlung an den verwendenden Bereich erforderlich. Kennzahlen reduzieren die Gefahr von Kommunikationsstörungen durch ihre Kürze, Klarheit und Prägnanz.

Die Informationsspeicherung unterstützen Kennzahlensysteme als Speicherplan, da sie eine systematische, auf die jeweilige Fragestellung zugeschnittene Ordnung der Daten bilden (vgl. LACHNIT 1969, S. 46ff; REICHMANN, LACHNIT 1976, S. 705ff).

Jede Information über wirtschaftliche Sachverhalte dient letztlich der Unterstützung von Entscheidungsbildung und/oder -verwirklichung (vgl. STAEHLE 1973, S. 222ff). Mit der Darstellung der Verwendungsmöglichkeiten kennzahlspezifischer Information in den Controllingphasen sollen daher die vorangegangenen Ausführungen präzisiert werden (vgl. GRITZMANN 1987, S. 9ff).

Die **Planungsphase** beginnt durch Anregungsinformationen, die die Erkenntnis liefern, daß die Wirklichkeit nicht mit dem gewünschten Sollzustand übereinstimmt. Bei der Analyse der Ausgangssituation sind Kennzahlensysteme durch die Darstellung des Problemfeldes in seinem inneren und äußeren Zusammenhang hilfreich. Durch systematische Aufspaltung und Bildung zusätzlicher Kennzahlen können Anhaltspunkte zu Problemursachen identifiziert werden. Mit der Abbildung des Problems können Kennzahlensysteme als Suchschema beim Auffinden von Handlungsalternativen dienen und den anschließenden Prozeß der Alternativenbewertung als Simulationsmodelle objektivieren (vgl. JOOST 1974, S. 16ff).

An die Entscheidungsbildung schließt sich mit Realisation und **Kontrolle** die Entscheidungsverwirklichung an. Da Unternehmungen arbeitsteilige Systeme sind, in denen Zielsetzung und Zielrealisierung von unterschiedlichen organisatorischen Einheiten wahrgenommen werden, benötigen die Ausführungsträger als Orientierungshilfe zu ihrer Aufgabenerfüllung operationale Zielvorgaben. Operational bedeutet, daß die Zielerfüllung meßbar sein muß und ausschließlich im Verantwortungsbereich der betreffenden Organisationseinheit beeinflußt wird (vgl. LACHNIT 1976, S. 228ff). Die Oberziele sind auf Führungsebene noch kontrollierbar, auf niedrigerer Hierarchieebene aber zu abstrakt, um praktisches Handeln anzuleiten. Als Instrument der Subzielableitung sind Kennzahlensysteme ein Hilfsmittel, quantifizierbare Oberziele systematisch in Subziele der betrieblichen Teilbereiche zu zerlegen. Ziele untergeordneter Stufen sind dann Zweck zur Erreichung von Zielen höherer Stufen (vgl. HEINEN 1971, S. 219).

Diese **Vorgabefunktion** führt zu der Forderung nach einem Kennzahlensystem, das der Organisationsstruktur adäquat ist und damit die einzelnen Bereiche koordiniert. Bisher konnten derartige Kennzahlensysteme nur bedingt entwickelt werden, da bei mehreren Oberzielen das Zielsystem neben der einfacheren vertikalen auch eine horizontale Dimension aufweist und damit komplex wird. Für jede Organisationseinheit wäre ein eigenes Subzielsystem abzuleiten; Zielkonflikte zwischen den Zielen gleicher Stufen (horizontale Dimension) wären zu bereinigen. Hinzu kommt das Problem der Individualität der Zielsysteme verschiedener Unternehmungen (vgl. LACHNIT 1976, S. 228ff; ZVEI 1976, S. 100ff).

Planungen erfüllen sich kaum störungsfrei, ihre Verwirklichung muß kontrolliert werden. Kennzahlengestützte Kontrolle beruht auf der Gegenüberstellung von Ist-Kennzahlen und Vergleichsgrößen. Dies können Zielvorgaben (vgl. ERNE 1971, S. 42ff), aber auch Werte aus der Vergangenheit bzw. Werte anderer Unternehmungen sein. Abweichungen führen zu Korrekturimpulsen, die wiederum Entscheidungsbildung anregen. Das Auslösen dieser Impulse kann mit der Vorgabe von Toleranzwerten für noch akzeptierbare Abweichungen von den Vergleichswerten gesteuert werden (vgl. KERN 1971, S. 717).

Schwerpunkte der praktischen Arbeit mit Kennzahlensystemen liegen in dem frühzeitigen Anzeigen von Unwirtschaftlichkeiten sowie allgemein Fehlentwicklungen und in dem Liefern von Ansatzpunkten für Betriebsdispositionen und Neuplanungen (vgl. MÜLLER-MERBACH 1976, S. 160). Damit sind Kennzahlensysteme in erster Linie Indikatoren, die ein Abbild der betrieblichen Situation geben; die Beeinflussung dieser Situation bleibt unternehmerischem Handeln überlassen. Allerdings können die dann ablaufenden Prozesse der Entscheidungsbildung und -durchsetzung von Kennzahlensystemen unterstützt werden (vgl. RITTER, LENZ 1979, S. 10).

3.2 Kennzahlen und ADV

Der Bezugsrahmen der Gestaltung eines ADV-Kennzahlensystems wird im folgenden mit der Definition von Gestaltungszielen und -bedingungen beschrieben.

3.2.1 Ziel und Leistungsvermögen einer Bildung von Kennzahlen für die ADV-Funktion

Die Ausführungen haben gezeigt, daß Kennzahlen mit ihrem breiten Leistungsspektrum alle Controllingaufgaben unterstützen können (vgl. HORVATH 1983, S. 349ff; REICHMANN 1988, S. 81f).

Bei der Festlegung der konkreten Einsatzziele in dem vorliegenden Instrumenten-System soll diese Breite nicht für alle ADV-Formalziele genutzt werden:
- Im **Bereich der ADV-Wirtschaftlichkeit** wird mit Budgets und Verrechnungspreisen der überwiegende Teil der ADV-Controllingaufgaben abgedeckt.
Aus dem Einsatz von Budgets und Verrechnungspreisen resultierende Daten können in knapper Form wiedergegeben werden, durch Herstellung von Beziehungen zu anderen Daten können Analysen und Interpretationen erfolgen. Insbesondere kann so die Beziehung des ADV-Subsystems zur Unternehmungsführung koordiniert, aber auch Benutzern und ADV kann eine verbesserte Übersicht und Einordnung von deren ADV-Leistungsanforderung bzw. -produktion gegeben werden. Darüber hinaus kann eine Unterstützung von auf statistischen Methoden beruhender Planungstätigkeit erfolgen.

- Das **Controlling der übrigen ADV-Formalziele** konnte mittels der bisher eingesetzten Instrumente nicht unterstützt werden, so daß diese Aufgabe vollständig mit Kennzahlen abgedeckt werden soll.

3.2.2 Ermittlung und Auswertung von ADV-Kennzahlen

Allgemein stellt zur Ermittlung der nötigen KennzahlenBasisdaten neben dem allgemeinen Kartei- und Formularwesen das Rechnungswesen mit Finanzbuchhaltung und Kostenrechnung eine Vielzahl von Daten zur Struktur von Vermögen, Aufwand, Ertrag, Kosten und Leistung zur Verfügung (vgl. GROCHLA 1983, S. 86f).

Im ADV-Bereich erfolgt mit dem Job-accounting der Betriebssysteme eine Protokollierung der Produktionsabläufe, Verrechnungspreise bewerten die Leistungsströme zwischen Benutzer und ADV, die Budgetierung stellt weitere Daten zur Verfügung.
Liegen erforderliche Daten nicht vor und ist auch keine Errechnung möglich, so sind manuelle oder maschinelle kennzahlenspezifische Primärerhebungen erforderlich. Sie sind im Gegensatz zu kennzahlenfremden Unterlagen, bei denen Zweckeignung, Aktualität und Genauigkeit zu prüfen sind, qualitativ besser, verursachen aber höhere Kosten.

Zur Ermittlung der in die Kennzahl **eingehenden Teilwerte** und zur Bildung der Kennzahl selbst können mathematische Verfahren aller Art, graphische Methoden und Schätzverfahren angewandt werden. Wie die Datenherkunft wirkt auch die Ermittlungs- bzw. Aufbereitungstechnik auf Qualität und Kosten der Kennzahl, z.B. sind Schätzverfahren billig, aber auch wenig genau und objektiv, die Reliabilität der Methode ist niedrig.
Wenn die geforderten Daten von der ADV zur Verfügung gestellt werden können, besteht nur noch ein kleiner Schritt zur ebenfalls maschinellen Aufbereitung der Kennzahl. Besonders im Bereich der ADV-Wirtschaftlichkeit wird mit der Leistungsverrechnung umfangreiches Datenmaterial maschinell ermittelt. Sofern auch die Budgetierung mittels ADV unterstützt wird, bestehen gute Voraussetzungen für den ADV-gestützten Kennzahleneinsatz - zumindest zur Abbildung der ADV-Wirtschaftlichkeit.

Liegt die Kennzahl vor, so hat sie in der Regel keinen eigenen Erkenntniswert; dieser ist nur bei Kennzahlen gegeben, die unbeeinflußbare Entscheidungsbedingungen wiedergeben, z.B. bei technischen Produktionskoeffizienten. Andere Kennzahlen werden erst durch **Vergleiche** aussagefähig (vgl. ENDRES 1975, Sp. 2155). Möglich ist der Zeitvergleich, Soll-Ist-Vergleich und der zwischenbetriebliche Vergleich.

Beim **Zeitvergleich** werden ex post Ist-Kennzahlen auf Basis effektiv ermittelter Werte gebildet und für mehrere Rechnungsperioden miteinander verglichen, um so die Veränderung der Zahlenwerte aufzuzeigen und die augenblickliche Situation an den Ergebnissen vergangener Rechnungszeiträume zu messen. Die Kennzahlen können dabei kein Maß für die absolut erreichte Position sein, sondern nur Positionsveränderungen beschreiben. Auf gleichbleibend "schlechte" Werte erfolgt daher bei Zeitvergleichen mangels Maßstab keine Reaktion (vgl. OEHLER 1981, S. 5).

Bei **Soll-Ist-Vergleichen** werden zunächst ex ante Kennzahlen für die Zukunft gebildet. Sie haben den Charakter von Standards bzw. Planzahlen und werden willkürlich-intuitiv, kalkulativ durch Vorrechnungen oder aus Durchschnitts-, Normal- oder Trendwerten des Zeit- oder Betriebsvergleichs abgeleitet. Gemeinsam ist den Anspruchsniveaus ihre mehr oder minder stark ausgeprägte Subjektivität. Nach Ende der Planperiode werden den Soll-Kennzahlen die entsprechenden Ist-Kennzahlen gegenübergestellt und als Differenz der Zielerreichungsgrad bestimmt (vgl. RKW 1979, S. 3).

Bei **zwischenbetrieblichen Vergleichen** werden den Ist-Kennzahlen einer Unternehmung die einer anderen Unternehmung oder Durchschnittswerte der Branche gegenübergestellt (vgl. LACHNIT 1975, S. 41). So kann die Unternehmung ihre Position im Wettbewerb bestimmen. Trotz des Nutzens dieser Vergleichsart zeigen Unternehmungen eine nur geringe Bereitschaft zu der vergleichsermöglichenden Kooperation mit Spitzenverbänden der Branchen oder anderen Unternehmungen (vgl. LACHNIT 1974, S. 59).

Sofern Kennzahlen zur ADV-Wirtschaftlichkeit auf Budget- und Verrechnungspreisdaten aufbauen, gelten dort aufgestellte Forderungen, z.B. die des ausgeglichenen ADV-Budgets, so daß Soll-Werte für Kennzahlen aus dem Einsatz dieser Instrumente abgeleitet werden können.

Im Bereich der Satisfaktionsziele werden zu erreichende Grade der Zielerfüllung von den Entscheidungsträgern vorgegeben.

Damit bestehen gute Voraussetzungen zum Einsatz der Kennzahlen im Soll-Ist-Vergleich. Zeitvergleiche sind bei allen Kennzahlen möglich, kaum werden ADV-Kennzahlen dagegen zwischenbetrieblich aufgrund der starken unternehmungsindividuellen Prägung der ADV-Unterstützungsleistung und mangelnder Datenverfügbarkeit vergleichbar sein.

Bei allen Vergleichsarten müssen die verglichenen Größen den gleichen Formalaufbau besitzen und nach den gleichen Grundsätzen ermittelt worden sein. Trotzdem können **Störfaktoren** wie z.B. Änderungen des ADV-Leistungsumfanges oder der Konfiguration die Vergleichbarkeit der Kennzahlen beeinträchtigen. Solche Störfaktoren müssen erkannt und ihr Einfluß auf die Kennzahlen korrigiert werden, um neben der formalen auch die materielle Vergleichbarkeit der Daten zu sichern (vgl. WOLF 1977, S. 24ff).

3.2.3 Anforderungen an die ADV-Kennzahlen

ADV-Kennzahlen besitzen wie alle Informationen qualitative Merkmale. Ihre Ausprägung bestimmt die Verwendbarkeit zur Lösung betrieblicher Aufgaben (vgl. MEYER 1976, S. 28; KÜTING 1983a, S. 237ff). Folgende Charakteristika sind in diesem Zusammenhang wesentlich:

- **Zweckeignung**:
Sie ergibt sich aus dem Grad der Übereinstimmung des aus der exakten Problemdefinition abgeleiteten Informationsbedarfs mit dem durch die Kennzahl zur Verfügung gestellten Informationsangebot (vgl. LIEBIG 1977, S. 78f).

- **Genauigkeit**:
Kennzahlen bilden als Modell die Realität ab. Die Abbildungsgenauigkeit von Meßinstrumenten wird durch ihre Reliabilität und Validität bestimmt.
Reliabilität bezieht sich auf die Qualität des Meßverfahrens und bezeichnet Stabilität und Präzision der Messung und Konstanz der Meßbedingungen. Bei vollkommener Reliabilität sind die Meßergebnisse wiederholbar und unabhängig von Verhaltensänderungen der Prüfer oder anderen nicht kalkulierbaren Änderungen im Umfeld des Meßvorgangs.
Validität bezieht sich auf die Qualität des Meßergebnisses und beschreibt, inwiefern Kongruenz zwischen gemessenem und operationalisiertem Begriff vorliegt, ob also tatsächlich das gemessen wurde, was gemessen werden sollte (vgl. ITZFELD 1983, S. 55ff.; HUJER, KREMER 1977, S. 13ff).
Im Idealfall wird eine Strukturgleichheit zwischen dem Realitätsausschnitt und der Kennzahl als Modell der Wirklichkeit erreicht (vgl. GROCHLA 1969, S. 382ff).

- **Aktualität**:
Verwendbarkeit und Nutzen von Informationen werden wesentlich von ihrer Zeitnähe bestimmt. Es liegt in ihrem Wesen, daß der Informationswert mit fortschreitender Zeit gewöhnlich stark sinkt. Vergangenheitsorientierte Kennzahlen sind um so aktueller, je geringer die Zeitspanne zwischen dem in der Vergangenheit liegenden Stichtag bzw. Ende des Beobachtungszeitraumes und der Gewinnung ist. Bei zukunftsorientierten Kennzahlen steigt die Aktualität mit zunehmender Distanz zwischen Gewinnung und dem in der Zukunft liegenden Planungszeitpunkt bzw. -raum (vgl. MEYER 1976, S. 31).

- **Kosten-Nutzen-Relation**:
Die Kennzahlenarbeit soll keine höheren Kosten verursachen, als an Erkenntniswert für die Unternehmung gewonnen wird. Die Kosten sind mit bewährten Instrumenten der Kostenrechnung leicht festzustellen, der Nutzen ergibt sich aus den zuvor beschriebenen Qualitätsmerkmalen. Praxisrelevante Verfahren einer objektiven Bewertung dieses Nutzens existieren allerdings nicht, so daß über den Einsatz von Kennzahlen die subjektive Einschätzung der Entscheidungsträger bestimmt (vgl. UNGER 1972, S. 23).

Die Qualität des **ADV-Kennzahlensystems** wird im wesentlichen durch die Qualität der in ihm enthaltenen Kennzahlen und den zwischen ihnen bestehenden Beziehungen bestimmt. Wichtig ist aber auch eine Abstimmung des vorliegenden Systems auf unternehmungsindividuelle Gegebenheiten durch Hinzufügungen und Streichungen (vgl. BÜRGI 1980, S. 14), um das Wesentliche konzentriert abzubilden (vgl. KÜTING 1983a, S. 240).

Mit dem Bestreben einer vollständigen Erfassung der Realität darf aber keine unverhältnismäßige Vervielfachung der betrachteten Kennzahlen erfolgen, sonst geht das für Kennzahlen charakteristische Merkmal der konzentrierten und knappen Berichterstattung verloren (vgl. zu den Möglichkeiten der Kennzahlbildung RADKE 1982).

3.2.4 Problematik des Einsatzes von ADV-Kennzahlen

Grundvoraussetzung jeder Arbeit mit Kennzahlen ist die **Quantifizierbarkeit** der betrachteten Sachverhalte. Als Tendenz ist festzustellen, daß sich die ehemals scheinbar klaren Grenzen zwischen quantitativen und qualitativen, also nicht meßbaren Objektmerkmalen, durch neue Techniken der Meßtheorie immer mehr zugunsten der quantifizierbaren Merkmale verschieben (vgl. LACHNIT 1969, S. 19f). So werden beispielsweise bisher nicht quantifizierbare Begriffe in Dimensionen aufgespalten, Indikatoren für diese bestimmt und deren Ausprägungen über Gewichtung zu einem Gesamtindex, der den Ausgangsbegriff beschreibt, zusammengefaßt (vgl. GZUK 1975, S. 12ff).

Neben der bloßen Definition des ADV-Kennzahlensystems müssen Ermittlung, Aufbereitung, Weitergabe und Auswertung der Kennzahlen mit Hilfe **organisatorischer Maßnahmen** klar und eindeutig geregelt und fest in der Unternehmung verankert werden, um die Funktion als Führungsinstrument zu sichern (vgl. SCHMIDT 1980, S. 544ff). Derartige Maßnahmen sind etwa:
- Sinnvolle Verteilung der Aufgaben auf die entsprechenden organisatorischen Einheiten für wiederholte Arbeiten bei Ermittlung, Aufbereitung und Auswertung. Zwischen Ermittler und für den Tatbestand verantwortlichen Personen sollte getrennt werden.
- Sicherung der Informationswege für schnelle, reibungslose Datenanlieferung und Weitergabe der ermittelten Werte.
- Standardisierung des Berichtswesens und Festlegung der Erhebungsabstände zur Sicherung der zeitlichen und formalen Kontinuität.
- Einsatz organisatorischer Hilfsmittel zur schriftlichen Fixierung der Aufgaben- und Kompetenzverteilung. Insbesondere kommen Stellenbeschreibung, Organisationsschaubilder, Arbeitsanweisungen und -richtlinien in Frage (vgl. GROCHLA 1983, S. 101ff; MEYER 1976, S. 24f).

Ferner sind vor der Anwendung **personalwirtschaftliche Maßnahmen** zu treffen: Bei ADV, Benutzern und Unternehmungsführung, besonders bei den für Interpretation und Auswertung verantwortlichen Mitarbeitern ist ggf. mit Weiterbildungsmaßnahmen das nötige Fachwissen zu schaffen; neben dieser Sicherung der Leistungsfähigkeit ist durch Aufklärung über Funktion und Zweck der ADV-Kennzahlen und andere Maßnahmen der Mitarbeiterführung die Leistungsbereitschaft der Beteiligten zu sichern (vgl. KOHLER 1972, S. 5).

Fehlerquellen ergeben sich bei der Arbeit mit ADV-Kennzahlen besonders aus (vgl. JOOST 1974, S. 53ff):
- Konstruktionsmängeln. Diese Fehlerquelle ist besonders bei Beziehungszahlen gegeben, indem Werte zueinander in Beziehung gesetzt werden, zwischen denen kein Zusammenhang besteht, so aber Abhängigkeiten vorgetäuscht werden.
- Ermittlungsfehlern bei falschem zugrundeliegendem Datenmaterial, falscher bzw. falscher Anwendung der Aufbereitungsmethode oder ungenügender Aktualität der Daten.
- Auswertungsfehlern durch falsche Interpretation. Reduktion komplexer Zusammenhänge auf wenige Quotienten verallgemeinert und kann zu Globalurteilen führen. Kennzahlen sind oft Durchschnittswerte, die für den Einzelfall nicht unbedingt aussagekräftig sind. Korrekte Interpretation ist oft nur bei zusätzlicher Analyse des gesamten Kennzahlenumfeldes möglich.

3.3 Die Gestaltung eines ADV-Kennzahlensystems

Da Kennzahlen - unabhängig davon, ob sie selbst Zielvorgabe sein können - den Grad einer Zielerreichung messen sollten, sind die Formalzielkategorien des ADV-Bereiches das **Ordnungskriterium** des vorgeschlagenen Kennzahlensystems. Es werden also Teilsysteme für das Wirtschaftlichkeits-, Sicherheits-, Flexibilitätsziel und Ziel der Benutzerzufriedenheit gebildet. In diesen einzelnen Zielkategorien werden solche Kennzahlen angegeben, die den ADV-Bereich in seiner Gesamtheit messen, und solche, die sich auf die gemäß der Aufspaltung des ADV-Sachziels entstehenden Teilbereiche beziehen.

Das **ADV-Kennzahlensystem** kann nur in geringen Teilen rechentechnisch verknüpft sein (vgl. im Gegensatz dazu das rechentechnisch verknüpfte DIEBOLD-Kennzahlensystem. Seine Starrheit bei unternehmungsindividueller Auswahl und Ergänzung schränken die Verwendbarkeit ein. DIEBOLD 1980, S. 5ff; LIPPOLD 1985, S. 16ff). Solche Systeme sind aufgrund des hohen Freiheitsgrades sehr flexibel. Allerdings besteht die Gefahr, daß ihr Aufbau unsystematisch wird; die Auswahl der Kennzahlen ist nur schwer zu objektivieren (vgl. REICHMANN, LACHNIT 1976, S. 710). Hier werden die Kennzahlen nach den Gesichtspunkten Vollständigkeit der Zielabbildung und Praktikabilität zusammengestellt. Ergebnis soll ein auf die wichtigen Größen beschränktes, modifizierbares und hierarchisch strukturiertes System sein. Adressaten der Kennzahlen sind Unternehmungsführung, Benutzer und ADV-Bereich.

Die **Diskussion der vorgestellten Kennzahlen** erfolgt anhand eines Merkmalskataloges, der die wichtigsten anwendungsrelevanten Faktoren des Kennzahleneinsatzes enthält (Abbildung 22).

Das Feld der zu prüfenden Punkte ist jedoch zu umfangreich, um bei jeder einzelnen Kennzahl vollständig abgehandelt zu werden. Daher werden bei der Vorstellung der Zahlen Problemschwerpunkte aufgegriffen und die zur Abbildung eines Formalziels vorgeschlagenen Kennzahlenteilsysteme zusammenfassend beurteilt.

- Aussageabsicht
- Leistung im ADV-Controllingsystem
- Erhebung
  - permanent und zielbezogen
  - fallweise und problembezogen
  - Größe des erfaßten Zeitraumes
- Datenherkunft
  - kennzahlenfremde Unterlagen
  - kennzahlenspezifische Unterlagen
- Eignung für die Vergleichsarten
  - Zeitvergleich
  - Soll/Ist - Vergleich
  - Zwischen-/überbetrieblicher Vergleich
- Bestimmung von Soll-Werten
- Kennzahlenqualität
  - Zweckeignung
  - Genauigkeit
  - Aktualität
  - Kosten-Nutzen-Relation
- Störfaktoren der matriellen Vergleichbarkeit
- Addressaten

Abbildung 22: Anwendungsrelevante Faktoren des Kennzahleneinsatzes

3.3.1 Kennzahlen zur ADV-Wirtschaftlichkeit

Der weiteren Gliederung der ADV-Wirtschaftlichkeit entsprechend sind hier zwei Kennzahlenteilsysteme - für die ADV-Kosten- und ADV-Leistungswirtschaftlichkeit - zu bilden.

Im Rahmen der Kostenwirtschaftlichkeit sind alle die Produktion der ADV-Leistungen im weiteren Sinne betreffenden Vorgänge Gegenstand, wogegen im Bereich der ADV-Leistungswirtschaftlichkeit die Beziehung zwischen ADV-Bereich und Benutzer und die "Verwendung" der bezogenen ADV-Leistung im Benutzerbereich im Vordergrund steht.

3.3.1.1. Kennzahlen zur ADV-Kostenwirtschaftlichkeit

Bei der Definition der Kennzahlen werden folgende Abkürzungen verwendet:

- K_{ij}^{P} Plankosten der Kostenart i der Kostenstelle j
- K_{ij}^{I} Istkosten der Kostenart i der Kostenstelle j
- $K_{ij}^{I\,Vj}$ Istkosten des Vorjahres der Kostenart i der Kostenstelle j
- K_{ij}^{Pv} Plan-verrechnete Kosten der Kostenart i der Kostenstelle j
- K_{ij}^{Iv} Ist-verrechnete Kosten der Kostenart i der Kostenstelle j
- L_{kl}^{P} Planleistung der Leistungsart k an Benutzer l
- L_{kl}^{I} Istleistung der Leistungsart k an Benutzer l
- $L_{kl}^{I\,Vj}$ Istleistung des Vorjahres der Leistungsart k an Benutzer l

3.3.1.1.1. Budgetierungs- und abrechnungsorientierte Kennzahlen

Einen ersten Überblick über die Kostenwirtschaftlichkeit des ADV-Bereiches geben folgende, auf den ADV-Budgetdaten aufbauende Kennzahlen. Zur Konzentration der Betrachtung auf die von Unternehmungsentscheidungen abhängenden Tatbestände wird davon ausgegangen, daß alle nachfolgend aufgeführten Kennzahlen um Preisabweichungen bereinigt sind:

- **Verteilung der Plankosten** (vgl. AUERBACH 1980, S. 43; HABERKAMM 1976, S. 189):

- kostenartenspezifisch:

$$= \frac{K_{ij}^{P}}{\sum_{j=1}^{m} K_{ij}^{P}} \qquad \text{bzw.} \qquad = \frac{\sum_{j=1}^{m} K_{ij}^{P}}{\sum_{i=1}^{n}\sum_{j=1}^{m} K_{ij}^{P}}$$

(für i = 1..n; j = 1..m)   (für i = 1..n)

- kostenstellenspezifisch:

$$= \frac{K_{ij}^{P}}{\sum_{i=1}^{n} K_{ij}^{P}} \qquad \text{bzw.} \qquad = \frac{\sum_{i=1}^{n} K_{ij}^{P}}{\sum_{i=1}^{n}\sum_{j=1}^{m} K_{ij}^{P}}$$

(für i = 1..n; j = 1..m)   (für j = 1..m)

- **Veränderung der Kosten gegenüber dem Vorjahr:**

$$= \frac{K_{ij}^I}{K_{ij}^{IVj}} \quad \text{bzw.} = \frac{\sum_{i=1}^{n} K_{ij}^I}{\sum_{i=1}^{n} K_{ij}^{IVj}}$$

(für i=1..n; j=1..m)   (für j=1..m)

$$\text{bzw.} = \frac{\sum_{j=1}^{m} K_{ij}^I}{\sum_{j=1}^{m} K_{ij}^{IVj}} \quad \text{bzw.} = \frac{\sum_{i=1}^{n}\sum_{j=1}^{m} K_{ij}^I}{\sum_{i=1}^{n}\sum_{j=1}^{m} K_{ij}^{IVj}}$$

(für i=1..n)

- **Kostenabweichung:**

$$= \frac{K_{ij}^I}{K_{ij}^P} \quad \text{bzw.} = \frac{\sum_{i=1}^{n} K_{ij}^I}{\sum_{i=1}^{n} K_{ij}^P}$$

(für i=1..n; j=1..m)   (für j=1..m)

$$\text{bzw.} = \frac{\sum_{j=1}^{m} K_{ij}^I}{\sum_{j=1}^{m} K_{ij}^P} \quad \text{bzw.} = \frac{\sum_{i=1}^{n}\sum_{j=1}^{m} K_{ij}^I}{\sum_{i=1}^{n}\sum_{j=1}^{m} K_{ij}^P}$$

(für i=1..n)

- **Kostenabweichungsanteile:**

- kostenartenspezifisch:

$$= \frac{K_{ij}^I - K_{ij}^P}{\sum_{j=1}^{m} K_{ij}^I - K_{ij}^P} \quad \text{bzw.} = \frac{\sum_{j=1}^{m} K_{ij}^I - K_{ij}^P}{\sum_{i=1}^{n}\sum_{j=1}^{m} K_{ij}^I - K_{ij}^P}$$

(für i=1..n; j=1..m)   (für i=1..n)

- kostenstellenspezifisch:

$$= \frac{K_{ij}^I - K_{ij}^P}{\sum_{i=1}^{n} K_{ij}^I - K_{ij}^P} \quad \text{bzw.} = \frac{\sum_{i=1}^{n} K_{ij}^I - K_{ij}^P}{\sum_{i=1}^{n}\sum_{j=1}^{m} K_{ij}^I - K_{ij}^P}$$

(für i=1..n; j=1..m)   (für j=1..m)

Diese Kennzahlen beziehen sich zunächst nur auf die **Kostenentwicklung im ADV-Bereich**. Eine übersichtliche Darstellung einschließlich unten erläuterter weiterer budgetierungs- und abrechnungsorientierter Kennzahlen zeigt Abbildung 23. Kleinstes **Element der Auswertung** ist hier die Kostenart i einer Kostenstelle j. Neben der absoluten Höhe der Kosten werden die Planabweichung

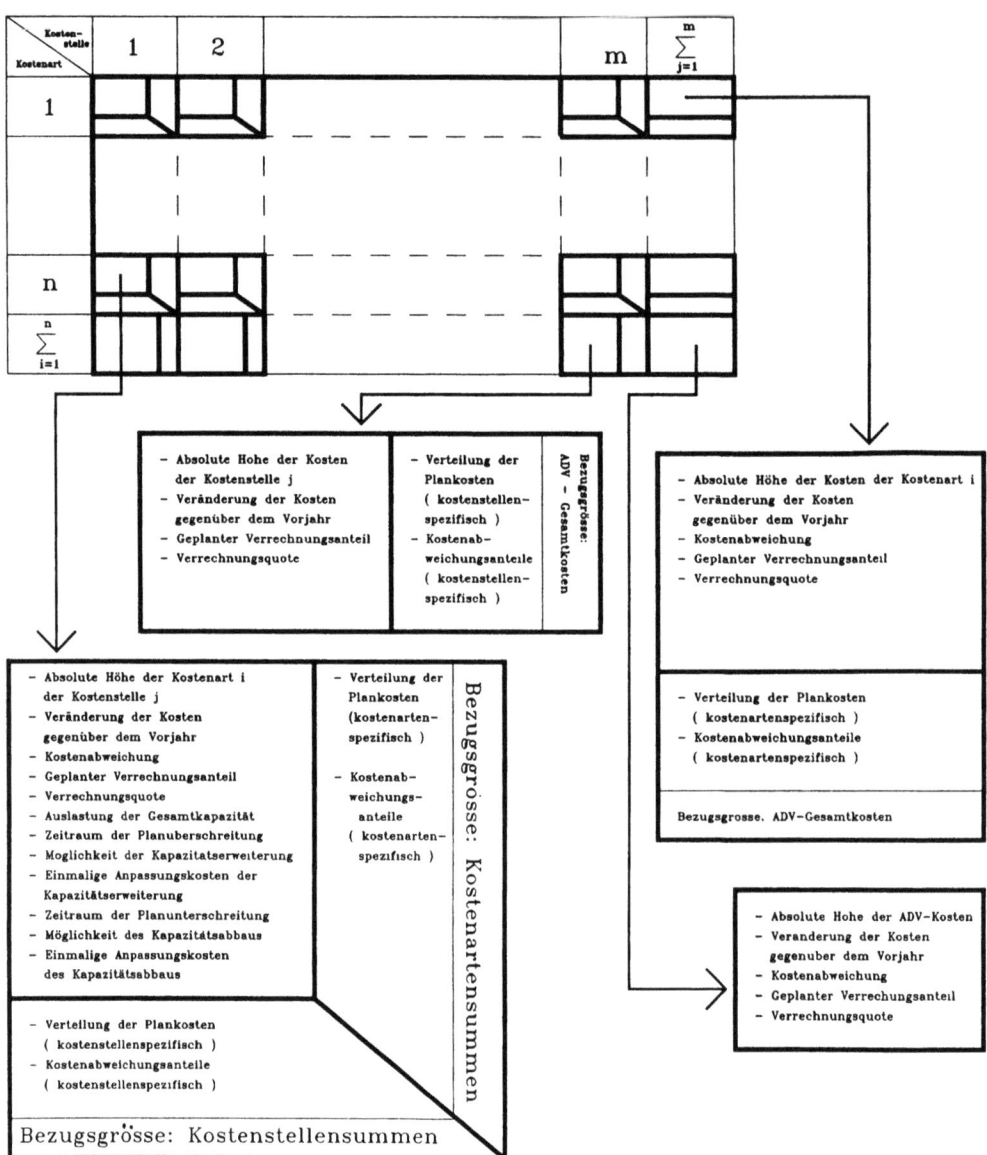

Abbildung 23: Übersicht über die budgetierungs- und abrechnungsorientierten Kostenkennzahlen

und die Veränderung der Kostenposition gegenüber dem Vorjahr angegeben. Ergänzt wird die Auswertung mit einer kostenarten- und kostenstellensummenbezogenen Analyse. So werden die Anteile am Zustandekommen der absoluten Höhen dieser Summen und der relative Beitrag zur Abweichung dieser Summen von den budgetierten und geplanten Kostenarten- bzw. Kostenstellensummen angegeben. Bei der Bestimmung der Kennzahl "Abweichungsanteil" ist zu beachten, daß in Zähler und Nenner der Kennzahl positive (Istkosten übersteigen die Plankosten) und negative Werte (Plankosten übersteigen die Istkosten) vorkommen können, die Kennzahl demnach ebenfalls positiv oder negativ sein kann. Ein positiver Kennzahlenwert bedeutet dann eine gleichgerichtete (verstärkende) Abweichung von Summe und Unterpositionen, negative Werte zeigen kompensierende Wirkungen.

In den Summenzeilen der Matrix erfolgt eine entsprechende gesamtkostenbezogene Auswertung der Kostenarten- bzw. Kostenstellensummen.

Alle Kennzahlen dienen der Analyse von planabweichender Kostenentwicklung. Angezeigt wird diese Fehlentwicklung mittels der Kennzahlen "Kostenabweichungsanteile" und "Kostenabweichung". Die übrigen angegebenen Kennzahlen dienen als Interpretationshilfe bei der Einordnung und Analyse von Abweichungen.

Die **Erhebung der Kennzahlen** wird zweckmäßig an den Rhythmus der Budgetkontrolle angelehnt. Kürzere Abstände würden Sondererhebungen erforderlich machen, bei größeren Abständen werden vorhandene Informationsmöglichkeiten nicht genutzt.

Zu prüfen ist, ob permanent alle angegebenen Kennzahlen erhoben werden sollten. Denkbar wäre eine Beschränkung auf die in den Summenzeilen angegebenen Spitzenkennzahlen mit einer problembezogenen Ergänzung der in der Matrix enthaltenen Kennzahlen. So könnte dann, sofern z.B. die Planabweichung einer Kostenart über einem festzulegenden Grenzwert liegt, das Zustandekommen dieser Abweichung über die Kostenstellen analysiert werden.

Da alle erforderlichen Daten im Rahmen der Budgetkontrolle erhoben werden, ist die Kosten-Nutzen-Relation der Kennzahlen gut. Die Kennzahlen beziehen sich auf vergangene Zeiträume; inwiefern Konsequenzen für die Zukunft zu ziehen sind, sagen diese Zahlen nicht aus. Allerdings können Anhaltspunkte hierzu aus der zusätzlichen Ermittlung kapazitätsorientierter Kennzahlen gewonnen werden.

Soll die Wirtschaftlichkeit der Produktion von ADV-Leistungen beurteilt werden, dann muß der Betrachtung der Kostenentwicklung die entsprechende **Leistungsentwicklung** gegenübergestellt werden. Da nun die ADV-Leistung fast ausschließlich mittels kapazitätsbasierter Verrechnungspreise an die Benutzerbereiche belastet werden soll, können auf der Grundlage der Verrechnungsdaten kapazitätsauslastungsorientierte Kennzahlen gebildet werden, die dann in Zusammenwirken mit den kostenorientierten Kennzahlen die Wirtschaftlichkeitsbeurteilung ermöglichen. (Nicht möglich war die Bildung kapazitätsorientierter Verrechnungspreise für den Bereich peripherer Speicher. Die Kennzahlen "Geplanter Verrechnungsanteil" und "Verrechnungsquote" können hier zwar gebildet werden, allerdings sind Schlüsse auf die Auslastung kaum möglich aufgrund des fehlenden Zusammenhangs zwischen Mengenbasis der Verrechnung und zur Verfügung stehender Gesamtkapazität. Umgekehrt kann bei bekannter Kapazitätsauslastung aber die Angemessenheit des Verrechnungssatzes geprüft werden, denn verrechnet werden sollten die der in Anspruch genommenen Kapazität entsprechenden Kosten):

- **Geplanter Verrechnungsanteil:**

$$= \frac{K_{ij}^{Pv}}{K_{ij}^{P}} \quad \text{bzw.} = \frac{\sum_{i=1}^{n} K_{ij}^{Pv}}{\sum_{i=1}^{n} K_{ij}^{P}}$$

(für i=1..n; j=1..m)   (für j=1..m)

$$\text{bzw.} = \frac{\sum_{j=1}^{m} K_{ij}^{Pv}}{\sum_{j=1}^{m} K_{ij}^{P}} \quad \text{bzw.} = \frac{\sum_{i=1}^{n}\sum_{j=1}^{m} K_{ij}^{Pv}}{\sum_{i=1}^{n}\sum_{j=1}^{m} K_{ij}^{P}}$$

(für i=1..n)

- **Verrechnungsquote:**

$$= \frac{K_{ij}^{Iv}}{K_{ij}^{Pv}} \quad \text{bzw.} = \frac{\sum_{i=1}^{n} K_{ij}^{Iv}}{\sum_{i=1}^{n} K_{ij}^{Pv}}$$

(für i=1..n; j=1..m)   (für j=1..m)

$$\text{bzw.} = \frac{\sum_{j=1}^{m} K_{ij}^{Iv}}{\sum_{j=1}^{m} K_{ij}^{Pv}} \quad \text{bzw.} = \frac{\sum_{i=1}^{n}\sum_{j=1}^{m} K_{ij}^{Iv}}{\sum_{i=1}^{n}\sum_{j=1}^{m} K_{ij}^{Pv}}$$

(für i=1..n)

Der "Geplante Verrechnungsanteil" zeigt den Anteil der Kosten der Normalbeschäftigung an den gesamten Kosten einer "Kostenzelle" (der bestimmten Kostenart einer bestimmten Kostenstelle), an den Kostenarten- oder Kostenstellensummen bzw. den ADV-Gesamtkosten auf Planbasis. Die "Verrechnungsquote" gibt an, in welchem Umfang die Planung realisiert wird und Ist-Verrechnungssummen mit der Planung übereinstimmen.

Die **Struktur der Kennzahlen** entspricht der Struktur der auf der Kostenentwicklung basierenden Kennzahlen, so daß eine Aufnahme in die in Abbildung 23 wiedergegebene Matrix erfolgt.

In Zusammenhang mit den Kostenkennzahlen ergeben sich dann aus der Einbeziehung der Leistungsentwicklung in die Betrachtung folgende **Fallunterscheidungen**:

- Es bestehen keine Kostenabweichungen, und die "Verrechnungsquote" entspricht "1", in diesem Fall wird der Plan realisiert; sofern die Matrix auf Abweichungen hinweisen soll, kann auf die Angabe der Kennzahlen verzichtet werden.
- Es bestehen keine Kostenabweichungen, und es wurden höhere Beträge verrechnet als geplant. In diesem Fall ist die Analyse von Höhe und Dauer der Überschreitung wichtig. Eine die Planung überschreitende Verrechnungssumme bedeutet eine stärkere Kapazitätsauslastung, so daß die Relation zur verfügbaren Gesamtkapazität dargestellt werden sollte, um die Notwendigkeit von Anpassung zu prüfen (Die auf die geplante quantitative Flexibilität entfallenden Kosten werden mit in den Preis einer Kapazität eingerechnet. Sofern nun diese quantitative Flexibilität

3. Kennzahlen

voll ausgeschöpft wird, übersteigt die verrechnete Summe die Kosten der Normalbeschäftigung um die mit dem Verrechnungssatz bewertete quantitative Flexibilität):

• **Auslastung der Gesamtkapazität:**

$$= \frac{\text{Ist-verrechnete Kosten der Kostenart i der Kostenstelle j}}{\text{Plankosten + mit dem Verrechnungspreis bewertete quantitative Flexibilität und Überkapazität der Kostenart i der Kostenstelle j}}$$

(für $i = 1..n$; $j = 1..m$)

Neben der Höhe kann die ebenfalls entscheidungsrelevante Dauer der die Planung überschreitenden Kapazitätsauslastung z.B. mit dem

---
• **Zeitraum der Planüberschreitung**

der Kosten der Kostenart i der Kostenstelle j über einem festzulegenden Grenzwert
(für $i = 1..n$; $j = 1..m$)

---

aufbereitet werden.

Die Auslastungsbetrachtung zeigt die Notwendigkeit der Kapazitätserhöhung. Zusätzlich muß die Möglichkeit dieser Kapazitätserweiterung angegeben werden. Hierzu werden bereits mit der Budgetplanung erforderliche Daten ermittelt, die in Kennzahlen angegeben werden können:

• **Möglichkeit der Kapazitätserweiterung**

der Kostenart i der Kostenstelle j über ein, drei, zwölf Monate (für $i = 1..n$; $j = 1..m$)

• **Einmalige Anpassungskosten der Kapazitätserweiterung**

der Kostenart i der Kostenstelle j bei Ausschöpfung der Anpassungsmöglichkeit über ein, drei, zwölf Monate
(für $i = 1..n$; $j = 1..m$)

Mit den angegebenen Daten wird das Ausmaß der Planabweichung gekennzeichnet. Es wird dargestellt, über welchen Zeitraum die Abweichung besteht, welche Entscheidungsmöglichkeiten gegeben und welche Konsequenzen zu erwarten sind. Dies sind die in dem beschriebenen operativen ADV-Controllingsystem bestehenden Auswertungsmöglichkeiten. Sie dienen dem Initiieren und der Grundlage nötiger Entscheidungsprozesse. Fortgesetzt werden muß der Prozeß in einem dem im Rahmen der Budgetplanung beschriebenen vergleichbaren Ablauf der Kapazitätsplanung und des Kapazitätsabgleichs, um auch die erwartete zukünftige Entwicklung des Kapazitätsbedarfs einzubeziehen.

• Es bestehen keine Kostenabweichungen, aber es werden niedrigere Beträge verrechnet als geplant. Die oben angegebene

• Verrechnungsquote

zeigt die Planunterdeckung an. Zur Aufbereitung der Abweichung genügen hier die Kennzahlen:

• **Zeitraum der Planunterschreitung**
der Kosten der Kostenart i der Kostenstelle j über einem festzulegenden Grenzwert (für $i=1..n; j=1..m$)
• **Möglichkeit des Kapazitätsabbaus**
der Kostenart i der Kostenstelle j über ein, drei, zwölf Monate (für $i=1..n; j=1..m$)
• **Einmalige Anpassungskosten des Kapazitätsabbaus**
der Kostenart i der Kostenstelle j bei Ausschöpfung der Anpassungsmöglichkeit über ein, drei, zwölf Monate (für $i=1..n; j=1..m$)

Auch hier muß sich dann der Prozeß der Kapazitätsplanung ausschließen.
- Es bestehen Kostenabweichungen. Bei hohen Fixkostenanteilen ist neben nicht berücksichtigten Preisabweichungen der Hauptgrund die erfolgte Kapazitätsanpassung. Ihr muß eine Planrevision zugrunde gelegen haben, so daß eine Berechnung der oben angegebenen Kennzahlen zur ADV-Kostenwirtschaftlichkeit mit den neuen Plankosten interessant ist. Bei Abweichung der verrechneten Werte muß sich dann die beschriebene Analyse mittels der kapazitätsorientierten Zahlen anschließen.

Darüber hinaus bestehende Kostenabweichungen beruhen auf Verbrauchsabweichungen, die zwangsläufig auch eine Abweichung von plan- und ist-verrechneten Beträgen bedeuten. Eine Bewertung dieser Situation erfolgt dann ebenfalls mit den oben aufgeführten Kapazitätskennzahlen.

Kosten- und Kapazitätskennzahlen gemeinsam geben Unternehmungsführung und ADV-Leitung einen guten Einblick in die Kostenwirtschaftlichkeit des gesamten ADV-Bereichs einerseits und in bestehende Möglichkeiten der Planrevision bei Abweichungen andererseits. Der standardisierte Aufbau der Kennzahlen ermöglicht die Reduktion der permanent zu erhebenden und von den Entscheidungsträgern zu betrachtenden Kennzahlen auf kostenarten und kostenstellensummenbezogene Daten mit der Option einer problembezogenen, tiefergreifenden Analyse der Kostenartenkosten der Kostenstelle als kleinste Planungselemente. Problemlos kann diese Struktur auch auf eine mehr als zweistufige Kostenstellengliederung erweitert werden. Mit der naheliegenden ADV-gestützten Aufbereitung der Kennzahlen kann auch die Auswahl der anzuzeigenden Zahlen automatisiert werden. Soll-Werte der Kennzahlen ergeben sich aus der Budget- und Verrechnungspreisplanung, daneben sind noch tolerierbare Abweichungen zu definieren. Dann kann auch dem Problem der Mittelwertbildung der Summen-Kennzahlen einfach begegnet werden. Sofern sich die Summen-Kennzahlen planentsprechend entwickelen, aber sich kompensierende

Abweichungen bei Einzelwert-Kennzahlen enthalten, können diese angezeigt werden. Die Kosten-Nutzen-Relation der Kennzahlen ist aufgrund der Datenverfügbarkeit gut. Die materielle Vergleichbarkeit der Zahlen kann nur gestört werden von geänderten Kostenstellen- oder Kostenartendefinitionen. Dies erfordern z.B. Konfigurationsänderungen.

3.3.1.1.2 Kennzahlen zur Kostenstruktur des ADV-Bereiches

Weiterhin können für den Bereich Systembetrieb und die übrigen ADV-Kostenstellen zusätzlich strukturorientierte Kennzahlen, die die Angemessenheit der aufgewendeten Kosten beurteilen sollen, gebildet werden.

Der **Lebenszyklus** der ADV-Unterstützung in der Unternehmung wird mit dem

- Verhältnis von Systementwicklungs-, Systembetriebs-, Systemwartungskosten:

$$= \frac{\text{Systembetriebskosten}}{\text{ADV-Kosten}} : \frac{\text{Systembetriebskosten}}{\text{ADV-Kosten}} : \frac{\text{Systemwartungskosten}}{\text{ADV-Kosten}}$$

aufbereitet (vgl. MENRAD 1982, S. 533). Im Zeitvergleich dürfte z.B. ein geringer werdender Anteil von Systembetriebskosten aufgrund sinkender Hardwarekosten natürlich sein, "zu geringe" Entwicklungs- und "zu hohe" Wartungskostenanteile könnten eine Überalterung der eingesetzten Software anzeigen.

Ebenfalls die **Kostenhöhe interpretieren** helfen sollen folgende, die Mitarbeiterzahl als Bezugsgröße verwendende Kennzahlen (vgl. LIPPOLD 1985, S. 119; ZILAHI-SZABO 1984, S. 138; KARGL 1977, S. 258; AUERBACH 1980, S. 43):

- Systembetriebskosten je Mitarbeiter

- Systementwicklungskosten je Mitarbeiter

- Schulungskosten je Mitarbeiter

- Beratungskosten je Mitarbeiter

Schließlich nutzen die Mitarbeiter die ADV-Unterstützung bei ihrer Aufgabenerfüllung, so daß die Verwendung ihrer Anzahl als normierende Größe die ADV-Kosten relativiert.

Die Datenherkunft für diese Kennzahlen ist unproblematisch, schwierig dagegen letztlich die Interpretation bestimmter ermittelter Kennzahlenwerte.

Überbetriebliche Vergleiche dieser Kennzahlen sind aufgrund der Individualität der Unternehmungen und deren ADV-Bereiche kaum aufschlußreich. Nur der innerbetriebliche Zeitvergleich führt zu sinnvollem Einsatz der Kennzahlen. Wird zum Beispiel der Ausbildungsstand der ADV-Anwender als "zu schlecht" beurteilt, so kann die Kennzahl "Schulungskosten je Mitarbeiter" in der abgelaufenen Periode im Rahmen der Budgetplanung als Planungshilfe eingesetzt werden, Mehraufwand rechtfertigen. Veränderte ADV-Kosten werden mit den auf die Mitarbeiterzahl bezogenen Kennzahlen interpretiert, so daß an den Pro-Kopf-Aufwendungen die vertretene ADV-Politik gemessen werden kann und umgekehrt Budgetüberschreitungen gerechtfertigt werden können.

Adressaten dieser Kennzahlen sind damit die Unternehmungsführung und die ADV-Bereichsleitung.

3.3.1.1.3 Ergänzende Kennzahlen für den ADV-Systembetrieb

Mit den wertgrößenbasierten und strukturorientierten Kennzahlen wird die Kostenwirtschaftlichkeit der ADV-Kostenstellen weitgehend erfaßt. Im Bereich ADV-Systembetrieb sind allerdings Ergänzungen durch auf den Produktionsprozessen unmittelbar aufbauende Kennzahlen sinnvoll. Sie sind technisch orientiert und bilden eine wesentliche Grundlage bei der Planung bzw. Revision der Planung der Maschinenkapazitäten und der Interpretation von Planabweichungen (vgl. BRAUN 1981, S. 110ff; KARGL 1977a, S. 274; GRAEF, GREILER 1975, S. 345ff. Neben der vorgestellten Auswahl an systembetriebsorientierten Kennzahlen findet sich in der Literatur eine Fülle weiterer, in ihrer Aussageabsicht aber in diesem Zusammenhang zu spezifische Kennzahlen. Vgl. GROHMANN 1978, S. 127; KARGL 1977b, S. 258; ZILAHI-SZABO 1975, S. 193; ZILAHI-SZABO 1984, S. 138. KÖSTLE weist auf das Erfordernis der exakten Definition aller verwendeten Größen hin. Diese besonders bei praktischem Einsatz der Kennzahlen berechtigte Forderung soll hier aufgrund des gewählten Abstraktionsgrades nicht erfüllt werden. KÖSTLE 1979, S. 167f):

- **Verfügbarkeit:**

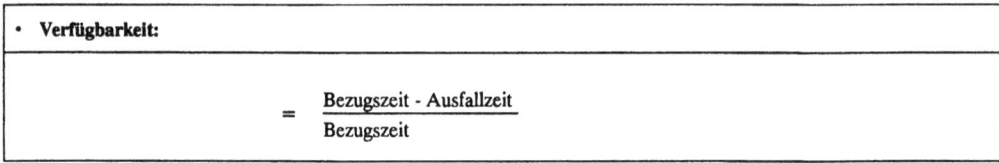

Die Bezugszeit ist dabei die geplante Betriebszeit, vorher angekün-digte Systemunterbrechungen, z.B. zur vorbeugenden Wartung, fließen in die Berechnung nicht mit ein.

- **Durchsatz:**

  Auf der Grundlage mengenorientierter Kennzahlen, beispielsweise:
  - Zahl der Jobs/Zeiteinheit
  - Zahl der Bandwechsel/Zeiteinheit
  - Zahl der Plattenwechsel/Zeiteinheit
  - Zahl der Druckzeilen/Zeiteinheit
  - Zahl der Transaktionen/Zeiteinheit
  - Zahl der Seitenwechsel/Zeiteinheit

- **Anteil der batch- und online-Arbeiten:**

$$= \frac{\text{Für batch-Leistungen entstandene Kosten}}{\text{ADV-Kosten}} \quad ; \quad \frac{\text{Für online-Leistungen entstandene Kosten}}{\text{ADV-Kosten}}$$

- **Speichernutzung:**

$$= \frac{\sum_{h=1}^{q} (\text{Verweilzeit Programm h}) \times (\text{Hauptspeicherbedarf Programm h})}{(\text{Hauptspeicherkapazität}) \times (\text{Betriebszeit - Ausfallzeit - Wartungszeit})}$$

- **Wiederholungsrate:**

$$= \frac{\text{Für Wiederholungsläufe entstandene Kosten der Kostenart i der Kostenstelle j}}{\text{Kosten der Kostenart i der Kostenstelle j}}$$

$$(\text{für } i=1..n; j=1..m)$$

- **Simultanfaktor:**

$$= \frac{\sum_{h=1}^{q} \text{Verweilzeit Programm h}}{(\text{Betriebszeit - Ausfallzeit - Wartungszeit})}$$

Die **Verfügbarkeit** der Betriebsmittel kann etwa definiert werden als "Wahrscheinlichkeit, diese Betriebsmittel zu einem bestimmten Zeitpunkt funktionsfähig anzutreffen." Sie ermittelt die für die tägliche Leistungserstellung nutzbare Kapazität. Dieses Potential wird durch erforderliche Wiederholungsläufe weiter geschmälert. Dem entgegen wirkt die Möglichkeit der parallelen Verarbeitung. Inwiefern dies tatsächlich geschieht, mißt der "Simultanfaktor".

Mengenbetrachtungen und Durchsatzkontrollen dienen neben der auf Verrechnungsdaten aufbauenden Auslastungsbetrachtung der genaueren Analyse der Systemnutzung und -konfiguration; bei der Aufzeichnung über kürzere Zeiträume können auch Spitzenbelastungen verdeutlicht werden. Die Aufteilung der Systemnutzung in batch und online dient ebenfalls als Planungsgrundlage für die kommende Periode, da z.B. batch-Aufträge zeitlich disponibel sind und hier kaum Spitzenlast berücksichtigt werden muß.

Insgesamt werden Vergleiche mit den oft auf diesen Kennzahlen basierenden Herstellerangaben zur technischen Leistungsfähigkeit möglich und die Richtigkeit von Budgetierung und gebildeten Verrechnungssätzen kann geprüft werden (Im Rahmen der Budgetierung wird die Aufteilung der Kosten über die einzelnen Kategorien prüfbar. Bei der Verrechnungspreisbildung war z.B. bei der Bestimmung der Mengenbasis für die Nutzung der Zentraleinheit eine Vereinfachung erforderlich; der Produktionsprozeß war als Kuppelproduktion mit variablen Mengenverhältnissen gekennzeichnet worden. Durchsatzbetrachtungen unterstützen hier die Bestimmung der tatsächlichen Nutzung).

Die Ermittlung der Kennzahlen wird im allgemeinen auf Grundlage der von Betriebssystemroutine ermittelten Daten möglich sein, Adressat der Kennzahlen ist aufgrund ihres Planungscharakters der ADV-Bereich selbst.

3.3.1.2. Kennzahlen zur ADV-Leistungswirtschaftlichkeit

3.3.1.2.1 Budgetierungs- und abrechnungsorientierte Kennzahlen

Um einen Eindruck von der Verwendung der produzierten ADV-Unterstützungsleistung zu erlangen, können folgende, in ihrem Aufbau den Kennzahlen zur ADV-Kostenwirtschaftlichkeit ähnliche Kennzahlen verwendet werden:

- **Verteilung der Planleistung:**

  - leistungsartenspezifisch:

  $$= \frac{L_{kl}^{P}}{\sum_{l=1}^{t} L_{kl}^{P}} \quad \text{bzw.} \quad = \frac{\sum_{l=1}^{t} L_{kl}^{P}}{\sum_{k=1}^{s} \sum_{l=1}^{t} L_{kl}^{P}}$$

  (für k = 1..s; l = 1..t) (für k = 1..s)

  - benutzerspezifisch:

  $$= \frac{L_{kl}^{P}}{\sum_{k=1}^{s} L_{kl}^{P}} \quad \text{bzw.} \quad = \frac{\sum_{k=1}^{s} L_{kl}^{P}}{\sum_{l=1}^{t} \sum_{k=1}^{s} L_{kl}^{P}}$$

  (für k = 1..s; l = 1..t) (für l = 1..t)

3. Kennzahlen

- **Veränderung der Leistung gegenüber dem Vorjahr:**

$$= \frac{L^I_{kl}}{L^{IVj}_{kl}} \quad \text{bzw.} = \frac{\sum_{k=1}^{s} L^I_{kl}}{\sum_{k=1}^{s} L^{IVj}_{kl}}$$

(für k = 1..s; l = 1..t)   (für l = 1..t)

$$\text{bzw.} = \frac{\sum_{l=1}^{t} L^I_{kl}}{\sum_{l=1}^{t} L^{IVj}_{kl}} \quad \text{bzw.} = \frac{\sum_{l=1}^{t}\sum_{k=1}^{s} L^I_{kl}}{\sum_{l=1}^{t}\sum_{k=1}^{s} L^{IVj}_{kl}}$$

(für k = 1..s)

- **Leistungsabweichung:**

$$= \frac{L^I_{kl}}{L^P_{kl}} \quad \text{bzw.} = \frac{\sum_{k=1}^{s} L^I_{kl}}{\sum_{k=1}^{s} L^P_{kl}}$$

(für k = 1..s; l = 1..t)   (für l = 1..t)

$$\text{bzw.} = \frac{\sum_{l=1}^{t} L^I_{kl}}{\sum_{l=1}^{t} L^P_{kl}} \quad \text{bzw.} = \frac{\sum_{l=1}^{t}\sum_{k=1}^{s} L^I_{kl}}{\sum_{l=1}^{t}\sum_{k=1}^{s} L^P_{kl}}$$

(für k = 1..s)

- **Leistungsabweichungsanteile:**

  - leistungsartenspezifisch:

$$= \frac{L^I_{kl} - L^P_{kl}}{\sum_{l=1}^{t} L^I_{kl} - L^P_{kl}} \quad \text{bzw.} = \frac{\sum_{l=1}^{t} L^I_{kl} - L^P_{kl}}{\sum_{l=1}^{t}\sum_{k=1}^{s} L^I_{kl} - L^P_{kl}}$$

(für k = 1..s; l = 1..t)   (für k = 1..s)

  - benutzerspezifisch:

$$= \frac{L^I_{kl} - L^P_{kl}}{\sum_{k=1}^{s} L^I_{kl} - L^P_{kl}} \quad \text{bzw.} = \frac{\sum_{k=1}^{s} L^I_{kl} - L^P_{kl}}{\sum_{l=1}^{t}\sum_{k=1}^{s} L^I_{kl} - L^P_{kl}}$$

(für k = 1..s; l = 1..t)   (für l = 1..t)

Die im Bereich Kostenwirtschaftlichkeit dargelegten Aussagen gelten hier entsprechend:
- Transparent gemacht werden soll der Fluß der ADV-Leistung an die Benutzerbereiche.
- Auch hier ist eine matrixartige Darstellung der Kennzahlen aufgrund ihres logischen und zum Teil rechnerischen Zusammenhanges sinnvoll. Eine Übersicht zusammen mit weiter unten vorgestellten Kennzahlen zeigt Abbildung 24.

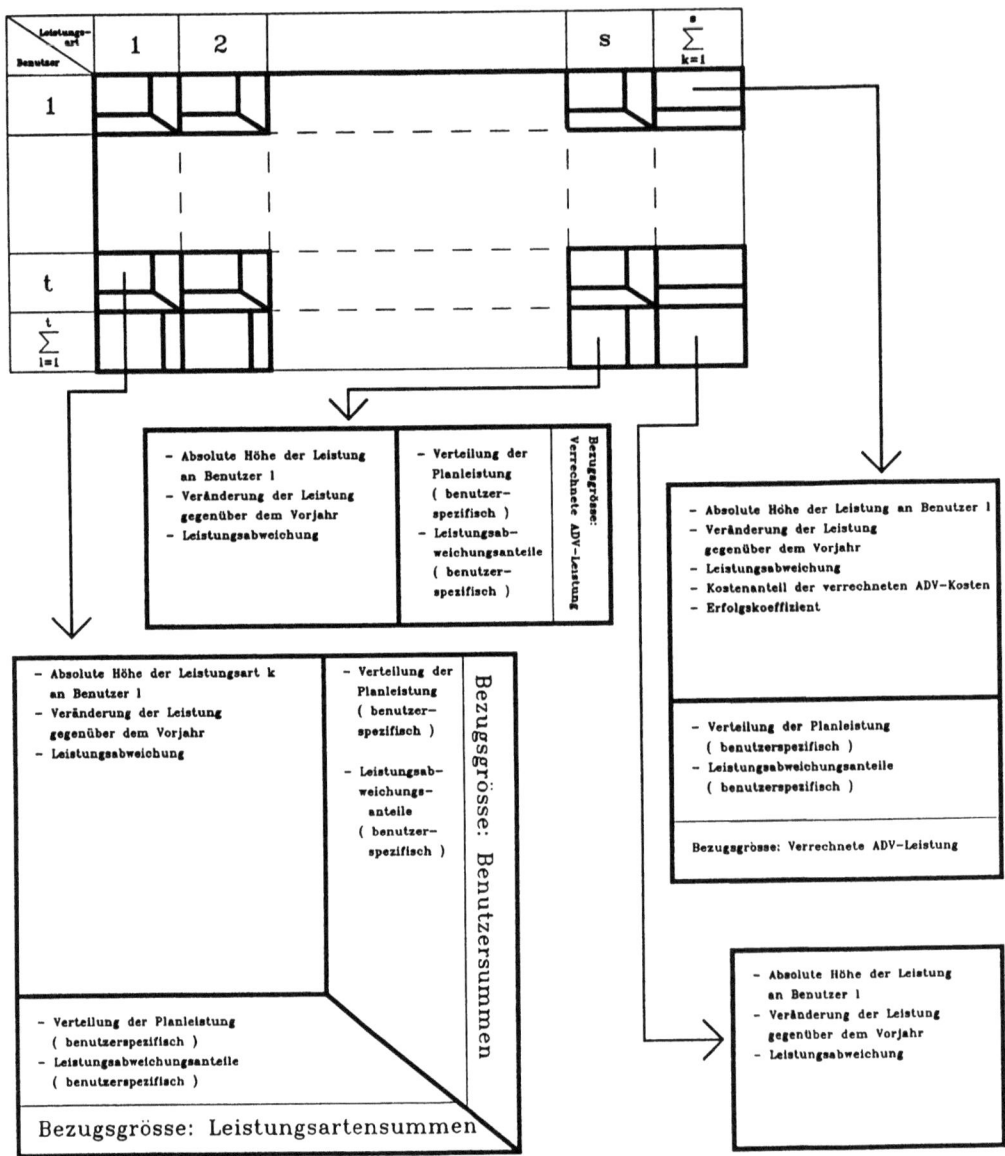

Abbildung 24: Übersicht über die budgetierungs- und abrechnungsorientierten Leistungskennzahlen

- Kleinster Bestandteil der Betrachtung ist die von einem Benutzer l bezogene Leistungsart k. Angegeben werden hier zunächst die absolute Höhe dieser gemäß Plan zu beziehenden Leistungsmenge, deren Bedeutung für den Benutzer und der Anteil dieses Benutzers an der insgesamt zu produzierenden Menge dieser Leistungsart gemäß Plan. Diese Angaben werden

mit der "Verteilung der Planleistung" bestimmt. Mit den entsprechenden Summenwerten gibt die Kennzahl auch den Anteil eines Benutzers bzw. den Anteil einer Leistungsart an der gesamtverrechneten ADV-Leistungsmenge an.
- Die Kennzahl "Leistungsabweichung" vergleicht Plan und Ist in der laufenden Budgetperiode. Zur Relativierung der ermittelten Werte wird mit der Kennzahl "Leistungsabweichungsanteile" die Bedeutung der Leistungsabweichungen hinsichtlich der Planabweichungen der von einem Benutzer insgesamt bezogenen Leistungsmengen bzw. der von einer Leistungsart insgesamt produzierten Mengen ermittelt. Auch wird bei Planabweichungen dieser Summenwerte deren Bedeutung hinsichtlich einer Abweichung der gesamtverrechneten ADV-Leistungsmenge ausgewertet. Eine Ergänzung der Betrachtung erfolgt mittels der "Veränderung der Leistung gegenüber dem Vorjahr."
- Die Ermittlung der Kennzahlen erfolgt unproblematisch aus den Budgetierungs- und Verrechnungsdaten.
- Denkbar ist auch hier eine Beschränkung auf die in den Summenzeilen der Matrix angegebenen Kennzahlen mit einer problembezogenen oder über Grenzwerte gesteuerten Angabe der in der Matrix enthaltenen Zahlen.

Neben Identifikation und Einordnung von Planabweichungen bestehen Verbindungen dieser Kennzahlen zu den zur Kostenwirtschaftlichkeit angegebenen Kennzahlen, denn überwiegend wird die ADV-Leistung ressourcenbasiert weiterverrechnet. In diesem Fall sind Kostenarten und Leistungsarten des ADV-Bereiches identisch. Sofern dann also im Kostenbereich Abweichungen einer Kostenart analysiert werden sollen, kann festgestellt werden, welche Benutzer mit planabweichender Leistungsanforderung diese verursacht haben.

Es wurde bereits darauf hingewiesen, daß die Leistungswirtschaftlichkeit von ADV-Leistungen unmittelbar nicht meßbar ist, allerdings können mit Kennzahlen Hinweise erlangt werden: Der

· **Kostenanteil der verrechneten ADV-Kosten**
an den Kosten des Benutzerbereiches l für: - administrative Aufgaben   - dispositive Aufgaben   - aufbereitende Aufgaben   - entscheidungsunterstützende Aufgaben $\hspace{6cm}$ für (l = 1..t)

zeigt den Stellenwert der ADV-Unterstützungsleistung für die Aufgabenerfüllung des Benutzerbereiches in der betreffenden Kategorie.

Aufgrund der Gleichartigkeit der Aufgabenerfüllung in den einzelnen Kategorien über die verschiedenen Benutzerbereiche und unter den Annahmen, daß
- mit steigendem ADV-Einsatz im allgemeinen abnehmender Grenznutzen verbunden ist und
- mit den Kosten eines Bereiches auch dessen Informationsverarbeitungsleistung meßbar ist,

kann theoretisch die Forderung erhoben werden, daß unter Wirtschaftlichkeitsgesichtspunkten ein gleiches Niveau an ADV-Unterstützung in einer einzelnen Kategorie über die Benutzerbereiche erfolgen sollte.

In der Praxis wird dieses gleiche Niveau selten anzutreffen sein; die Individualität in der Aufgabenerfüllung der Benutzerbereiche kann mit der Bildung von vier Klassen nicht homogenisiert werden, allerdings können starke Ungleichgewichte Anlaß zur genaueren Analyse sein.

Unter der Voraussetzung, daß das Rechnungswesen der betrachteten Unternehmung den einzelnen Benutzerbereichen im Sinne von Profit-Centern Erfolgsanteile zuweist und weiter angenommen wird, daß die eingesetzte ADV-Leistung als "Produktionsfaktor Information" in Kombination mit den anderen eingesetzten Produktionsfaktoren diesen Erfolg anteilig erwirtschaftet, kann die Kennzahl

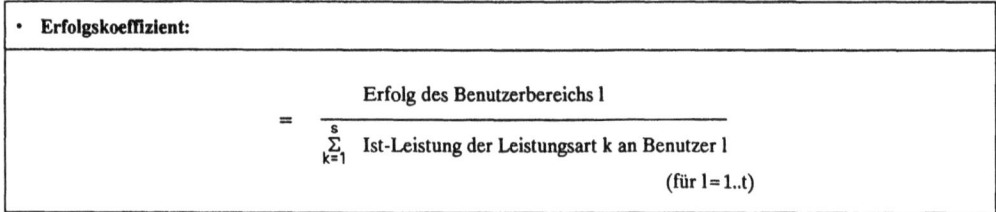

- **Erfolgskoeffizient:**

$$= \frac{\text{Erfolg des Benutzerbereichs l}}{\sum_{k=1}^{s} \text{Ist-Leistung der Leistungsart k an Benutzer l}}$$

(für l = 1..t)

einen weiteren Hinweis auf die Leistungswirtschaftlichkeit der ADV-Unterstützung geben.

Die Daten zur Ermittlung der angegebenen Kennzahlen werden von Budgetierung und Leistungsverrechnung zur Verfügung gestellt. Die Kennzahl "Kostenanteil der verrechneten ADV-Kosten" verlangt darüber hinaus eine Aufspaltung der Gesamtkosten der Benutzerbereiche und der bezogenen ADV-Leistung in die angegebenen Klassen. Adressaten dieser Kennzahlen sind im wesentlichen die Unternehmungsführung bzw. die die ADV-Aktivitäten der Unternehmung steuernden Organe, aber auch der ADV-Bereich mit der Möglichkeit einer Ursachenforschung für Kostenabweichungen mittels der "Verteilung der Planleistung".

3.3.1.2.2 Kennzahlen zur Leistungsstruktur des ADV-Bereiches

Folgende in der Literatur vorgeschlagene Kennzahlen sollen die Bedeutung der ADV-Unterstützung für die Gesamtunternehmung operationalisieren (vgl. LIPPOLD 1985, S. 114; KARGL 1977b, S. 258; ZILAHI-SZABO 1975, S. 193f; ZILAHI-SZABO 1984, S. 138; AUERBACH 1980, S. 43; BRANDON 1978, S. 13ff; DIEBOLD 1980, S. 5ff).

3. Kennzahlen

- **Anteil der ADV-Kosten am Umsatz:**

$$= \frac{\text{ADV-Kosten}}{\text{Unternehmungsumsatz}}$$

- **Anteil der ADV-Kosten und Personalkosten am Umsatz:**

$$= \frac{\text{ADV-Kosten + Personalkosten}}{\text{Unternehmungsumsatz}}$$

- **Arbeitsplatzorientierung:**

$$= \frac{\text{Zahl der Terminals}}{\text{Zahl der Mitarbeiter}}$$

- **ADV-Mitarbeiterquote:**

$$= \frac{\text{Zahl der ADV-Mitarbeiter}}{\text{Zahl der Mitarbeiter}}$$

- **Verwaltungs-Automatisierungsgrad:**

$$= \frac{\text{ADV-Kosten des BuV-Bereiches}}{\text{Personalkosten des BuV-Bereiches}}$$

Der "Anteil der ADV-Kosten am Umsatz" besitzt aufgrund des nur mittelbaren Zusammenhangs beider Größen wenig Aussagekraft. Unklar ist, ob ein hoher oder niedriger Anteil vorzuziehen ist (vgl. GRIESE 1987, S. 549).

Der zweiten Kennzahl liegt der Gedanke zugrunde, daß steigender ADV-Einsatz Personalkosten sparen soll, also ein im Zeitablauf zumindest konstanter Wert dieser Kennzahl ermittelt werden sollte (vgl. DIEBOLD 1980, S. 44ff).

Die "Arbeitsplatzorientierung" wertet aus, inwiefern die ADV-Unterstützung für den Mitarbeiter unmittelbar verfügbar ist.

Die vierte Zahl, die "ADV-Mitarbeiterquote", soll bei Steigerung des ADV-Einsatzes ebenfalls steigen, Mitarbeiter in den Benutzerbereichen werden freigesetzt, dafür entsteht zusätzlicher Bedarf im ADV-Bereich.

Der "Verwaltungs-Automatisierungsgrad" hat ähnliche Aussageabsichten wie die oben vorgestellte Kennzahl "Kostenanteil der verrechneten ADV-Kosten" und "Arbeitsplatzorientierung"; es soll dargestellt werden, welche Bedeutung die ADV-Leistung für die Aufgabenerfüllung eines Bereiches hat.

Darüber hinaus sind diese Kennzahlen ähnlich einzuordnen wie die zur ADV-Kostenstruktur angegebenen Zahlen:
- Ihre Ermittlung setzt zusätzliche Erhebungen voraus.
- Ihre Interpretation ist schwierig, qualifizierte Aussagen und Schlußfolgerungen aus bestimmten Kennzahlenwerten sind nur im Zeitablauf unternehmungsindividuell möglich.

3.3.1.3 Die Merkmale des Kennzahlenteilsystems

Die vorgestellten Kennzahlen haben die Aufgabe, die **Wirtschaftlichkeit der ADV-Funktion** in der Unternehmung abzubilden. Fehlentwicklungen sollen erkennbar und Daten für Planungen bzw. Planrevisionen auf Grundlage statistischer Methoden zur Verfügung gestellt werden.

In den Zielbereichen ADV-Kosten- und -Leistungswirtschaftlichkeit werden wesentliche Aspekte mit den auf der Grundlage der mit dem Einsatz der Instrumente Budgets und Verrechnungspreise verbundenen Datenentstehung gebildeten Zahlen erfaßt. Ergänzende Aussagen erfolgen mit strukturorientierten Kennzahlen, allerdings sind hier weniger Soll-Ist-Vergleiche, vielmehr nur Zeitvergleiche möglich, was die Interpretation bestimmter Kennzahlenwerte erschwert.

Aufgrund der besonderen Bedeutung werden im Bereich der ADV-Kostenwirtschaftlichkeit zusätzlich produktionsprozeß- und technisch orientierte Kennzahlen ermittelt.

Die **"Rechnungswesen"-Kennzahlen** messen die Realität an der operativen ADV-Planung, die **"Struktur"-Kennzahlen** lösen sich dagegen von dieser Planung und versuchen, die "Angemessenheit" der für die ADV aufgewandten Mittel und die "Bedeutung" der ADV für die Unternehmung einzuordnen. Eingetretene Fehlentwicklungen sollen die für den Bereich Systembetrieb gebildeten Kennzahlen interpretieren, ggf. Ursachen angeben. Die direkte Messung der ADV-Leistungswirtschaftlichkeit ist auch mit den angegebenen Zahlen nicht möglich, sie können aber Hinweise geben und sind neben der Leistung von Budgets und Verrechnungspreisen ein weiterer Schritt zu deren Erfassung (vgl. WERNER 1984, S. 716; RIEBEL 1973, S. 38; ZILAHI-SZABO 1984, S. 190; ZUR NIEDEN 1971, S. 61).

Der **Erhebungsrhythmus** der Kennzahlen soll sich an den Rhythmus der Budgetkontrolle anlehnen, um auf kennzahlenfremde Unterlagen zurückgreifen zu können und eine gute Kosten-Nutzen-Relation zu erreichen. Dann können die Kennzahlen jeweils für den zurückliegenden Abrechnungszeitraum und kumuliert für die bisherige Abrechnungsperiode gebildet werden. Dies gilt für budget- und verrechnungspreisbasierte Zahlen, die Ermittlung der übrigen Zahlen sollte sich zur Wahrung gleicher Strukturen anlehnen.

Die erzielbare Genauigkeit der Kennzahlen hängt ab von dem gewählten Differenzierungsgrad der ADV-Kostenarten, -Kostenstellen, -Leistungsarten, der Differenzierung des Benutzerbereiches und dessen Leistungsarten, ist also beeinflußbar.

Überwiegend betrachten die Kennzahlen zurückliegende Zeiträume, Planabweichungen werden aber so ausgewertet, daß starker Entscheidungsbezug besteht. In anderen Bereichen möglicherweise gültige Kritik, daß Planabweichungen früher, durch vorausschauende Zahlen, erkannt werden sollten, steht hier mit dem hohen Fixkostenanteil die Anpassungsträgheit des ADV-Bereiches entgegen; erst bei dauerhaften Abweichungen sollte angepaßt werden.

Die **Vergleichbarkeit** der Kennzahlen kann durch in der Planung nicht berücksichtigte Ereignisse beeinträchtigt werden, z.B. durch Veränderung der im ADV-Bereich eingesetzten Hardware oder durch Veränderungen im Benutzerbereich, z.B. dem Zukauf einer Tochterunternehmung. Mit der Revision der Planung sind dann zunächst neue Soll-Werte zu bestimmen. Dies gilt nicht für die strukturorientierten Kennzahlen, sie sind losgelöst vom Tagesgeschehen auf Zeitvergleiche ausgerichtet, damit aber schwerer zu interpretieren.

Die Kennzahlen sind geeignet, die Informationsbedürfnisse von ADV-Bereich, Benutzerbereich und Unternehmungsführung zu befriedigen. Kostenkennzahlen interessieren in erster Linie den ADV-Bereich, an die Unternehmungsführung richten sich die Strukturkennzahlen sowie Überblicke über die budget- und verrechnungspreisorientierten Zahlen, die Benutzerbereiche sind an den Leistungszahlen interessiert.

3.3.2 Kennzahlen zu den weiteren ADV-Formalzielen

Das Controlling der Satisfaktionsziele des ADV-Bereiches soll ausschließlich mit Kennzahlen erfolgen. Für das Extremziel Wirtschaftlichkeit wurde ein erheblich breiteres Instrumentarium vorgeschlagen, allerdings werden hier auch verschiedene Anforderungen gestellt. So erfordert das Streben nach Extremwerten ständige Planung, Kontrolle und Revision der Planung zur Verbesserung der erreichten Position. Soll hingegen ein nur zufriedenstellendes Niveau eines Formalzieles erreicht werden, so genügt die einmalige Definition dieses Anspruchsniveaus und die Kontrolle der Realisierung.

3.3.2.1 Benutzerzufriedenheit

Oben wurde ausgeführt, daß die Benutzerzufriedenheit bedingt wird von dem zur Verfügung stehenden Potential einer Anwendung und von der ADV-Produktionsleistung im Rahmen dieses Potentials.

Die Gewährleistung eines der Aufgabenerfüllung der Benutzer angemessenen Leistungsumfanges einer ADV-Anwendung fällt in den Bereich des taktischen ADV-Projektcontrollings.

Im operativen Bereich sind die Qualitätsanforderungen der Benutzer an die Produktion einer nach Art und Umfang definierten ADV-Leistung zu identifizieren, Anspruchsniveaus zu planen und deren Erfüllung zu kontrollieren. Hier soll dies mittels Kennzahlenbildung erfolgen.

Die **Determinanten** der Benutzerzufriedenheit richten sich nach der Nutzungsform der ADV. Zu unterscheiden ist zwischen batch- und online-Anwendungen (vgl. BRAUN 1981, S. 76).

Im batch-Betrieb ist für den Benutzer unerheblich, wie die ADV-Leistung erbracht wird, ihn interessiert, ob:
- bei einer Terminvereinbarung der Auftrag termingerecht ausgeführt wird,
- ohne Terminvereinbarung eine geringe Durchlaufzeit erzielt wird,
- der Auftrag fehlerfrei erledigt wurde.

Diese Aspekte erfassen folgende Kennzahlen (vgl. GROHMANN 1978, S. 126; SCHWEIZERISCHE VEREINIGUNG FÜR DATENVERARBEITUNG 1981, S. 69; BRAUN 1981, S. 72ff):

- **Termintreue:**

$$= \frac{\text{Zahl rechtzeitiger Ablieferungen}}{\text{Zahl der termingebundenen Ablieferungen}}$$

- **Mittlere Verspätung:**

$$= \frac{\text{Summe der Verspätungsdauern}}{\text{Zahl der Verspätungen}}$$

- **Ursachen für Terminüberschreitungen:**

Zahl der Terminüberschreitungen aufgrund von:
- Systemabbruch
- Programmabbruch
- Fehlern der Arbeitsvorbereitungen
- Fehlern der Systembedienung
- Fehlern der Arbeitsnachbereitung
- Benutzerfehlern

- **Mittlere Durchlaufzeit:**

$$= \frac{\text{Summe der Durchlaufzeiten nicht termingebundener Aufträge}}{\text{Zahl der nicht termingebundenen Aufträge}}$$

Im batch-Betrieb nimmt der Benutzer kurze Systemunterbrechungen kaum wahr, bei online-Nutzung von ADV-Leistungen dagegen ist der Benutzer unmittelbar behindert. Hohe Verfügbarkeit des Systems ist damit wesentlich für die Zufriedenheit der Benutzer (vgl. DIRLEWANGER 1980, S. 80). Dies mißt die oben definierte

- **Verfügbarkeit**

Zur Fehlersuche und Interpretation kann differenziert werden in die (vgl. ROCKSTROH 1978, S. 200ff; ALFS, FUCHS 1978, S. 282ff):

- **Benutzerverfügbarkeit:**
  = Verfügbarkeit am Terminal

- **Leitungsverfügbarkeit:**
  = Verfügbarkeit aller ADV-Komponenten zwischen zentraler und dezentraler Steuereinheit

- **Anwendungsverfügbarkeit:**
  = zentrale Verfügbarkeit der einzelnen Anwendungen

- **Systemverfügbarkeit:**
  = Verfügbarkeit der zentralen Hardware

Weitere Interpretationshilfen geben auch die Kennzahlen (vgl. GRAEF, HOFFMANN 1972, S. 911; TSCHUDIN 1980, S. 29f):

- **Ausfallursachen** (vgl. POHL, LINDNER 1977, S. 177):
  Zahl der Ausfälle aufgrund von:
  - Hardwarefehlern
  - Anwendungsprogrammfehlern
  - Betriebssystemfehlern
  - Operationsfehlern
  - Fehler der Arbeitsvorbereitung
  - Fehler der Versorgungseinrichtungen.

- **Mittlerer Fehlerbestand:**

$$= \frac{\text{Geplante Betriebszeit}}{\text{Zahl der Ausfälle}}$$

• Mittlere Reparaturzeit:
$= \dfrac{\text{Summe der Reparaturzeiten}}{\text{Zahl der Ausfälle}}$

• Geplante Systemunterbrechungszeit

So führen häufige kurze Reparaturen zur gleichen Verfügbarkeit wie wenige längere Ausfälle, für die Anwendungsgruppe entstehen aber unterschiedliche Auswirkungen. Lange Reparaturen beeinflussen die Termineinhaltung bei batch-Aufträgen und beeinträchtigen lange laufende Programme, viele kurze Reparaturen führen bei online-Benutzern unter Umständen zu stärkeren Frustrationen als wenige längere Unterbrechungen.

Sofern die Verfügbarkeit differenziert wird, sind auch diese Kennzahlen entsprechend zu gliedern.

Geplante Systemunterbrechungen mindern schließlich auch die mögliche Systemnutzungszeit, sind also zu berücksichtigen.

Bei online-Betrieb ist neben der "Verfügbarkeit" die

• Antwortzeit:
= Zeit von der Freigabe einer Nachricht bis zum Empfang des ersten Zeichens der Rückmeldung (vgl. KELISKY 1978, S. 206)

wichtig. Kurze Antwortzeiten sind eine Voraussetzung für kurze Benutzerdenkzeiten, sie verbessern die Konzentrationsfähigkeit und ermöglichen so die effektive Nutzung der ADV-Unterstützungspotentiale (vgl. TEUFFEL 1979, S. 123). Die Antwortzeit unterliegt über die Betriebszeit großen Schwankungen und ist im wesentlichen abhängig von der Komplexität der Anfrage und der Systemauslastung. Aussagefähig ist diese Kennzahl nur bei häufiger Erhebung über den einzelnen Betriebstag (vgl. MEYHAK 1981, S. 163).

Eine Anzeige der momentanen Systembelastung kann helfen, die Benutzerzufriedenheit zu erhöhen, die Antwortzeit des Systems entspricht so in etwa den Benutzererwartungen. Darüber hinaus kann eine Steuerung des Benutzerverhaltens erzielt werden, wenn Benutzer ihre online-Anwendungen in Zeiten niedriger Systembelastung und damit schnellerer Antwortzeit verlagern (vgl. KELISKY 1978, S. 206).

3.3.2.2. Flexibilität

Die Notwendigkeit der Anpassung der produzierten ADV-Leistungsmenge an aufgabenbedingt wechselnde Nachfragemengen der Benutzer und die geplante Veränderung der ADV-Leistungsarten in der Zukunft setzen im ADV-Bereich ein bestimmtes Maß an Flexibilität voraus.

Anforderungen an die Produktionsleistung der Betriebsmittel verändern sich in Quantität und Qualität. Verbunden mit der nötigen physischen Elastizität zur Erfüllung dieser Anforderungen sind ökonomische Auswirkungen. Zeit und Kosten einer nötigen Veränderung der ADV-Leistung sind hier wichtig (vgl. BACHMANN 1978, S. 6).

Die Flexibilität der ADV kann dann insofern als Satisfaktionsziel formuliert werden, als nötige Kapazitäten in einem festzulegenden Maß über den nötigen Plankapazitäten vorgehalten werden sollen. Dann kann die ADV in diesem Rahmen höhere Leistungsmengen ohne Zeitverlust und ohne zusätzliche Kosten unmittelbar zur Verfügung stellen. Es entstehen dadurch allerdings geplante Leerkosten.

Erfaßt wird so die quantitative Flexibilität der ADV. Sie ist in vielen Fällen auch Voraussetzung einer hohen qualitativen ADV-Flexibilität. Sofern sich das ADV-Leistungsangebot verändert, z.B. eine neu entwickelte Anwendung eingeführt wird, erhöht sich oft die zu produzierende ADV-Leistungsmenge. Möglich ist auch eine Verschiebung in der Inanspruchnahme vorhandener Betriebsmittel, z.B. wenn eine batch-Anwendung jetzt online produziert wird, oder eine Änderung in der Konfiguration, z.B. wenn eine bisher nicht produzierte Leistung angeboten werden muß.

Neben der Flexibilität in Rahmen freier Kapazitäten ist also wichtig, in welchem Zeitraum weitere Kapazitäten aufgebaut, aber auch abgebaut werden können und welche Kosten entstehen.

Zur Erfassung dieser Aspekte in Kennzahlen kann auf Budgetdaten und bereits oben vorgestellte Kennzahlen zurückgegriffen werden:

Die vorhandene Flexibilität der einzelnen Betriebsmittel bzw. Kostenarten wird mit der Kennzahl

- **Planflexibilität:**

$$= \frac{\text{Kosten der Überkapazität + Kosten der quantitativen Flexibilität der Kostenart i der Kostenstelle j}}{\sum_{i=1}^{n} \text{Plankosten der Kostenart i der Kostenstelle j}}$$

(für $i = 1..n;\ j = 1..m$)

gemessen. Inwiefern diese Flexibilität bereits beansprucht wurde, zeigt die

- **Freie Kapazität:**

    = 1 - Auslastung der Gesamtkapazität

Den Grad der quantitativen ADV-Flexibilität bei erforderlichen Kapazitätsanpassungen zeigen die Kennzahlen:

- Möglichkeit der Kapazitätserweiterung

- Einmalige Anpassungskosten des Kapazitätserweiterung

- Möglichkeit des Kapazitätsabbaus

- Einmalige Anpassungskosten des Kapazitätsabbaus

Allerdings können für diese Kennzahlen kaum zufriedenstellende Werte vorgegeben und die Realität entsprechend beeinflußt werden, da hier vielfach technische Zwänge, die als Entscheidungsbedingungen zugrunde liegen, hinzunehmen sind.

3.3.2.3 Sicherheit

Beim Betrieb einer ADV-Anlage in der Unternehmung sind in Anlehnung an STEINER folgende Gefahrenbereiche zu unterscheiden (vgl. STEINER 1982, S. 471ff; ENDRES 1975, S. 244; HOSSENFELDER 1978, S. 277):
- der deliktische Bereich mit Manipulation, Sabotage, Spionage und Zeitdiebstahl,
- Bedienungsfehler durch Irrtum und Nachlässigkeit,
- Hardwarefehler,
- Softwarefehler,
- höhere Gewalt.

Die Begrenzung der bestehenden Risiken erfolgt mit einer Vielzahl organisatorischer Regelungen. Irrtum und Nachlässigkeit können mit Schulungen vermindert, Softwarefehler bereits während der Entwicklung mit umfangreichen Testläufen erkannt und Hardwarefehler über backup-Anlagen aufgefangen werden, zur Verhinderung von Delikten setzt man Zugangskontrollen und Berechtigungsprüfungen ein. Die Beispiele zeigen, daß Sicherheitsstreben mit Aufwand verbunden ist. Dies wird mit der Kennzahl

- Sicherheitskostenanteil:

$$= \frac{\text{Kosten der Sicherheitsmaßnahmen}}{\text{ADV-Kosten}}$$

aufbereitet. Die Effektivität der Maßnahmen erfaßt die

| • Zahl der Sicherheitsverletzungen im Berichtszeitraum |

Gegebenenfalls kann eine Gliederung nach den aufgeführten Gefahrenbereichen erfolgen.
Sofern Sicherheitsverletzungen den Neustart der ADV-Anlage erfordern, sollen Wiederanlauf des Systems und Wiederherstellung der Daten in einer bestimmten Zeit erfolgen. Tatsächliche Werte werden mit der

| • Durchschnittlichen Wiederanlaufzeit: |

$$= \frac{\text{Summe der Wiederanlaufzeiten}}{\text{Zahl der Wiederanläufe}}$$

erfaßt.

3.3.2.4 Die Merkmale des Kennzahlenteilsystems

Die angegebenen Kennzahlen sollen die Satisfaktionsziele des ADV-Bereiches erfassen. Sie sollen die Ziele operationalisieren, als Zielvorgabe dienen und die Einhaltung der Ziele prüfen.

Die Kennzahlen ermöglichen die Vorgabe des übergeordneten Zieles in einer oder mehreren Planzahlen und dessen einfache anschließende Kontrolle. Zum Teil, z.B. im Bereich des Flexibilitätsziels, wird auch die entstehende Entscheidungssituation bei Zielabweichungen interpretiert.

Der Bericht über die Entwicklung der Kennzahlen sollte dem Kontrollrhythmus des übrigen Instrumentariums angepaßt werden, allerdings kann hier nur in wenigen Fällen auf dessen Datenmaterial zurückgegriffen werden. Die meisten Kennzahlen erfordern Sondererhebungen; so sind z.B. zur Ermittlung der Verfügbarkeiten und der Ausfälle Aufzeichnungen des Bedienpersonals auszuwerten, zur Ermittlung der Systemantwortzeiten werden Monitore eingesetzt, um Sicherheitskosten zu ermitteln, sind die Kostenarten des ADV-Bereichs abzugrenzen. Damit sind diese Kennzahlen "teurer" als die im Bereich Wirtschaftlichkeit eingesetzten Zahlen, eignen sich aber gut zur Erfassung, Planung und Kontrolle der Ziele.

Durch die Distanz der Kennzahlen zum Produktionsprozeß der ADV ist die Vergleichbarkeit der Zahlen gewährleistet, z.B. soll unabhängig von der Leistungsanforderung der Benutzer, der Auslastung des Systems oder von Konfigurationsänderungen die Verfügbarkeit des Systems einem bestimmten Maß entsprechen.

Adressaten der Kennzahlen sind alle Beteiligten; Unternehmungsführung und Benutzer stellen mit den Zielen Qualitätsanforderungen an die ADV-Leistungserstellung, die für den ADV-Bereich einzuhaltende Vorgaben bedeuten und deren Einhaltung von der Unternehmungsführung kontrolliert wird.

3.4 Beurteilung des ADV-Kennzahlensystems

Kennzahlen bilden nach Budgets und Verrechnungspreisen den Abschluß des für ein operatives ADV-Controlling vorgeschlagenen Instrumentariums. Sie lösen noch offene ADV-Controllingaufgaben.

Differenziert nach den Formalzielkategorien werden unterschiedliche Anforderungen an das ADV-Kennzahlensystem gestellt.
Im Bereich **Wirtschaftlichkeit** sollen Kennzahlen Planungsvorgänge unterstützen, Fehlentwicklungen anzeigen und entscheidungsbezogen aufbereiten, im Bereich der Satisfaktionsziele muß das gesamte operative ADV-Controlling mit Hilfe von Kennzahlen erfolgen.
Die Wirtschaftlichkeitskennzahlen werten überwiegend mit dem Einsatz von Budgets und Verrechnungspreisen entstehende Daten aus. Ergänzende Aussagen erfolgen mit strukturorientierten Zahlen.

Die Kostenwirtschaftlichkeit der ADV kann mit den Kennzahlen weitgehend erfaßt und analysiert werden; die Zahlen werden der gestellten Controllingaufgabe gerecht.
An der vollständigen Abbildung der ADV-Leistungswirtschaftlichkeit müssen letztlich auch Kennzahlen scheitern; der Informationsnutzen ist nicht zu quantifizieren. Allerdings können die angegebenen Zahlen Hinweise auf Unwirtschaftlichkeiten geben und z.B. anregen, im Rahmen eines taktischen ADV-Controlling die gesamte Informationsverarbeitung eines Benutzerbereiches zu analysieren.

Zwar ist eine Verdichtung aller Aspekte in einer oder in wenigen Spitzenkennzahlen nicht möglich bzw. sinnvoll, jedoch erlaubt der zum Teil matrixähnliche Aufbau des Kennzahlenteilsystems im Bereich Wirtschaftlichkeit eine Beschränkung der Betrachtung auf planabweichende Zahlen, so daß keine unverhältnismäßig große Kennzahlenmenge zu betrachten ist und die Merkmale der Verdichtung und knappen Erfassung der Realität erhalten bleiben.

Alle Wirtschaftlichkeitskennzahlen weisen installations- und unternehmungsspezifische Werte auf, so daß in der Literatur auf das Problem der Soll-Wert-Bildung verwiesen wird (vgl. LIPPOLD 1985, S. 114ff). Aus der Integration mehrerer Instrumente resultieren hier Vorteile. Aus der Budget- und Verrechnungspreisplanung leiten sich vielfach Vorgabewerte ab.

Die Wirtschaftlichkeit der ADV wird mit den gebildeten Systemen besonders im Kosten-, aber auch im Leistungsbereich transparent.

3. Kennzahlen

Im Bereich der **satisfizierenden ADV-Formalziele** werden andere Anforderungen gestellt. Das Kennzahlensystem soll die gesamten Planungs- und Kontrollerfordernisse bezüglich dieser Ziele unterstützen, es ist das einzige zu diesem Zweck vorgeschlagene Instrument.

Allerdings sind die Anforderungen an ein Instrumentarium zur Sicherung der zielorientierten Steuerung der ADV-Abläufe aufgrund der erheblich geringeren Planungs- und Kontrollerfordernisse niedriger als die Anforderungen im Bereich des Extremziels Wirtschaftlichkeit.

Das Instrument muß die Ziele abbilden, also eine Skala zur Messung des Zielerfüllungsgrades zur Verfügung stellen. Dann besteht auch die Möglichkeit einer Definition des angestrebten Zielausmaßes.

Dies leisten die vorgestellten Kennzahlen. Sie erlauben den Ausdruck der Ziele in einer bzw. mehreren Zahlen, stellen einen Maßstab zur Verfügung und zeigen den Grad der Zielerreichung an.

Aufgrund des nur systematischen Zusammenhangs der Kennzahlen ergibt sich keine zwangsläufige Menge nötiger Zahlen, vielmehr ist die Sammlung der Kennzahlen angreifbar, ein Rest von Willkür bei der Auswahl bleibt trotz der zugrundegelegten Logik bestehen.

E. SCHLUSSBEMERKUNGEN

Unsicherheiten der leitenden Organe in der Steuerung begleiten den Datenverarbeitungseinsatz in der Unternehmung seit den ersten Mißerfolgen bei der Lösung "anspruchsvollerer" Aufgaben nach den Erfolgen der "Massendatenverarbeitung".

Bei vergleichbarer Überforderung der Unternehmungsführung hinsichtlich der Steuerung der Gesamtunternehmung infolge steigender Unternehmungskomplexität und zunehmender Umweltdynamik, etwa nach der Wirtschaftskrise, hat sich das Controlling-Konzept zur Lösung der schwieriger gewordenen Führungsaufgaben bewährt.

Naheliegend ist daher auch die Einbeziehung des Datenverarbeitungsbereiches in den Objektbereich der Controlling-Tätigkeit.

Controlling kann definiert werden als führungsunterstützende Tätigkeit mit dem Ziel der Gestaltung eines koordinierten PK-Systems zur formalzielorientierten Steuerung des betrachteten Bereiches. Hierzu stehen die Gestaltungsparameter der strukturellen Differenzierung, strukturellen Integration und dynamischen Gestaltung zur Verfügung.

Der Datenverarbeitungsbereich der Unternehmung stellt sich als geschlossene organisatorische Einheit in der Unternehmung dar, er erbringt Serviceleistungen für andere Unternehmungsbereiche und ist Bestandteil des die gesamte Unternehmung durchdringenden Informationsverarbeitungsbereiches.

Bei Gewährleistung einer bestimmten Sicherheit der Abläufe, Flexibilität in der Leistungserstellung hinsichtlich Quantität und Qualität und Zufriedenheit der Benutzer, soll die ADV-Aufgabe der Unternehmung mit größtmöglicher Wirtschaftlichkeit erfüllt werden. bedeutet eine Minimierung der ADV-Produktionskosten innerhalb des ADV-Bereiches und eine Maximierung des mit der Verwendung in den Benutzerbereichen entstehenden Leistungsnutzens.

Ein ADV-Controlling-System zur Steuerung der ADV-Funktion entsprechend dieser Formalziele durch organisierte und abgestimmte Planung und Kontrolle stellt sich als dreigeteiltes System dar, dessen Gliederung nach dem zeitlichen Bezug der Steuerungsaufgabe erfolgt.
Neben dem langfristig angelegten strategischen Controlling und dem taktischen Projektcontrolling kommt dem operativen Controlling des "Tagesgeschäftes" besondere Bedeutung zu, da z.B. für dessen Produktion der überwiegende Teil der gesamten ADV-Kosten aufgewandt wird.

Die Gestaltung eines operativen ADV-Controllingsystems war daher Anliegen der vorliegenden Arbeit.
Im einzelnen sind ADV-Planung und -Kontrolle zu strukturieren und zu integrieren durch Berücksichtigung der Interdependenz von Planung und Kontrolle, der Beziehungen zur strategischen und taktischen ADV-Planung und -Kontrolle, zu Unternehmungsführung und Benutzer. Weiterhin muß eine dynamische Gestaltung von Planung und Kontrolle erfolgen.

E. Schlußbemerkungen

Aufgrund vorhandener Mängel in der Praxis konnte die gestellte Aufgabe nicht empirisch gelöst werden, die Erkenntnisgewinnung beruhte vielmehr auf Plausibilitätsüberlegungen und Analogieschlüssen.

Das Controlling-Konzept verdankt seine Leistungsfähigkeit der Tatsache, daß es über die Organisation der Planungs- und Kontrollaufgabe hinaus ein entsprechend abgestimmtes Instrumentarium zur Erfüllung der Aufgaben zur Verfügung stellt.

Von Vorteil ist für ein operatives ADV-Controllingsystem der Rückgriff auf bekannte und im Rahmen der Steuerung anderer Unternehmungsfunktionen und -bereiche bereits beherrschte Instrumente. So wird die Integration in das umgebende Controlling-System erreicht und der Unternehmungsführung die Steuerung des "neuen" Funktionsbereiches erleichtert.

Die Instrumente Budgetierung, Verrechnungspreise und Kennzahlen erfüllen diese Forderung und erlauben - eingeordnet in ein integriertes System - das Controlling des operativen ADV-Geschehens.

Budgetierung dient als umfassendes Instrument der Quantifizierung von Planung und Kontrolle in ADV- und Benutzerbereich und ermöglicht die Einbeziehung der Unternehmungsführung im Rahmen der ebenfalls unterstützbaren zeitlichen Gestaltung der ADV-Planung und -Kontrolle. Allerdings ergibt sich mit der Fassung in Geldeinheiten eine Beschränkung in der Zielrichtung des Instrumentes: Es kann nur das Extremziel "Wirtschaftlichkeit" einbezogen werden.

Das vorgestellte Budgetierungssystem erfaßt mit dem ADV-Budget die Kostenwirtschaftlichkeit der ADV und bereitet die Kostenentstehung entscheidungsbezogen auf. Dadurch, daß die Benutzerbereiche ihre zu beziehende ADV-Leistung ebenfalls planen und budgetieren, ergibt sich ein Zusammenhang zur über die Unternehmung diversifizierten Leistungsverwendung und damit eine Erfassung der ADV-Leistungswirtschaftlichkeit, obwohl hier Lücken aufgrund der nicht möglichen Quantifizierbarkeit des Informationsnutzens verbleiben. Allerdings sind die Erfassung und Schaffung einer Verantwortung bei den Benutzerbereichen als leistungsanfordernde Stellen ein erster Schritt in Richtung einer besseren Steuerung der ADV-Leistungsverwendung.

Bindeglied zwischen entstehenden Kosten im ADV-Bereich und den von den Benutzern in deren Budgets anzusetzenden ADV-Kosten bzw. zwischen den seitens der Benutzer angeforderten Leistungsmengen und den dazu nötigen Ressourcen ist das ADV-Verrechnungspreissystem. Es koordiniert die Planung der Benutzer und der ADV und dient ebenfalls dem "Wirtschaftlichkeits-Controlling".

Es soll zum einen die Leistungsströme steuern, zum anderen eine Erfolgskontrolle für den als Cost-Center organisierten ADV-Bereich sein. Beide Aufgaben können mit Hilfe eines auf einer modifizierten Vollkostenrechnung beruhenden, leistungsproportionalen Verfahrens erfüllt werden.

Mit dem Einsatz von Budgets und Verrechnungspreisen entsteht eine Vielzahl von Daten. Zu ihrer überwiegend kontrollorientierten, auf das Erkennen von Fehlentwicklungen ausgerichteten Aufbereitung dienen Kennzahlen. Neben dieser abschließenden Funktion bezüglich des Controllings der ADV-Wirtschaftlichkeit müssen mit Kennzahlen alle Aufgaben zum Controlling der ADV-Satisfaktionsziele erfüllt werden. Die Anforderungen an ein Instrumentarium zum Controlling dieser Ziele sind allerdings auch erheblich geringer als an dasjenige zum Controlling der ADV-Wirtschaftlichkeit, denn deren Maximierung erfordert die ständige Prüfung der erreichten Position und das Streben nach deren Verbesserung.

Im Bereich der Satisfaktionsziele hingegen genügt die Festlegung des anzustrebenden Zielniveaus und die Kontrolle dessen Erreichung. Hierzu eignen sich Kennzahlen mit der Zuverfügungstellung eines Maßstabes; Definition des angestrebten Zielausmasses, Kontrolle der erreichten Position und zum Teil Analyse von Zielabweichungen werden möglich.

Das vorgestellte Instrumentarium löst die gestellte Controlling-Aufgabe - operative ADV-Planung und -Kontrolle.

Bei einem praktischen Einsatz des Instrumentariums sind allerdings vielfach weitere methodische Ergänzungen erforderlich, z.B. müssen Prognoseinstrumente zur Ermittlung bestimmter Planwerte zur Verfügung gestellt werden.

Weiterhin wäre zum Teil eine bessere theoretische Fundierung der Erkenntnisgewinnung wünschenswert, denn oft mußte auf heuristisches Vorgehen und Plausibilitätsüberlegungen zurückgegriffen werden.

Neben diesen Ansatzpunkten zu einer Ergänzung bzw. Verbesserung des operativen ADV-Controlling erfordert ein geschlossenes ADV-Controlling-System das Hinzutreten eines taktischen und strategischen ADV-Controlling und die Definition der zwischen den Subsystemen bestehenden Beziehungen.

Im taktischen Bereich scheint eine zu der bei der Diskussion des operativen Systems gewählten Vorgehensweise ähnliche Gestaltung möglich: Im Rahmen der allgemeinen Projektsteuerung zur Verfügung stehende Instrumente sind auszuwählen und auf die Besonderheiten der automatisierten Datenverarbeitung abzustimmen.

Im strategischen Bereich dagegen liegen nur rudimentäre allgemeine Erkenntnisse vor, so daß ein strategisches ADV-Controlling besondere Schwierigkeiten aufwirft, vor der ADV-spezifischen Gestaltung sind hier grundlegende Forschungen anzustellen.

LITERATURVERZEICHNIS

ACKERMANN, A.: Controlling als Instrument zur Steuerung von Großunternehmen. In: KRP, 1987, Nr. 6, S. 231-242.

ADAMS, Donald: Performance Measurement in ADP. In: The EDP Audit, Control and Security Newsletter. 1. Jg. 1974, S. 1-12.

AGHTE, K.: Strategie und Wachstum der Unternehmung. Baden-Baden 1972.

AGHTE, R.: Das Rechnen mit Budgets. In: Handbuch der Kostenrechng, hrsg. v. R. Bobsin, München 1974, S. 141-190.

AHORNER, Kurt: Kennziffern für den Chef - Führungssicherheit durch ein umfassendes Frühwarnsystem. 2. Aufl., Wiesbaden 1979.

ALBACH, H.: Innerbetriebliche Lenkpreise als Instrument dezentraler Unternehmensführung. In: ZfbF, 26. Jg. 1974, S. 216-241.

ALBACH, Horst: Die Koordination der Planung in Großunternehmen. In: Planung und Kontrolle. Probleme der Strategischen Unternehmensführung, hrsg. v. Horst Steinmann; Rainer Achenbach, München 1981, S. 293-306.

ALFS, Johannes; FUCHS, Jürgen: Verfahren zur Steuerung und Planung eines Online-Rechenzentrums. In: IBM-Nachrichten, 28. Jg. 1978, Nr. 242, S. 282-287.

AMDAHL, Carlton G.: Technologies And Large Scale Data Processor Characteristics Available Within The Next Decade. In: Planung in der Datenverarbeitung. Von der DV-Planung zum Informationsmanagement. Fachtagung, Bonn-Bad Godesberg Mai 1984, hrsg. v. H. Strunz, Berlin u.a. 1985, S. 132-143.

ANTHONY, R.N.: Planning and Control Systems. Boston 1965.

ANTOINE, H.: Kennzahlen, Richtzahlen, Planungszahlen. Wiesbaden 1956.

AUERBACH, H.-J.: Controlling in der Datenverarbeitung (DV). In: AGPLAN-Handbuch, 22. Erg.-Lfg., Berlin 1980, S. 1-24.

BACHMANN, B.R.: Systementscheidungen und wirtschaftlicher Computereinsatz - eine aktuelle Managementaufgabe. In: Datascope, 1978, Nr. 26, S. 3-10.

BAMBERGER, Ingolf: Budgetierungsprozesse in Organisationen. Diss. Mannheim 1971.

BARRETT, M.E.; FRASER, L.-B.:Conflicting Roles in Budgeting for Operations. In: HBR, 55. Jg. 1977, Nr. 4, S. 137-146.

BAUMGARTNER, B.: Die Controller-Konzeption. Bern - Stuttgart 1980.

BECKER, Heinz-Joachim: Controller und Controlling. Grafenau/Württ. 1984.

BENTZ, Thomas K.: Kennzahlen zur Planung, Steuerung und Kontrolle des Materialflusses für einen optimalen Produktionslauf. Diss. Berlin 1974.

BERTHEL, Jürgen: Zielorientierte Unternehmungssteuerung. Stuttgart 1973.

BESSAI, Burghardt: Kosten- und Leistungsrechnung für den zentralen Bereich der Datenverarbeitung. In: HMD, 1985, Nr. 124, S. 61-82.

BIEHL, Werner; SCHMIDT, Peter: Der Controller als Planungs- und Informationsmanager in der Sparkasse. In: Betriebswirtschaftliche Blätter, 1986, Nr. 3, S. 122-124.

BIEL, Alfred: Aufgaben, Chancen und Risiken durch die moderne Informationstechnik und Kommunikationstechnologie für das Controlling. In: CM, 1986, Nr. 6, S. 294-299.

BISCHOFF, Rainer: DV-Controlling - ein neues Berufsfeld? In: HMD, 1985, Nr. 124, S. 19-29.

BITTERLI, W.S.: Budget und Budgetkontrolle unter besonderer Berücksichtigung industrieeller Unternehmungen. 2. Aufl., Zürich - St. Gallen 1965.

BLOECH, Jürgen; LÜCKE, Wolfgang: Produktionswirtschaft. Stuttgart - New York 1982.

BOTTA, V.: Kennzahlensysteme als Führungsinstrument. 2. Aufl., Berlin 1985.

BOWMAN, Brent; DAVIS, Gordon; WETHERBE, James: Three Stage Model of MIS Planning. In: Information & Management, 1983, Nr. 6, S. 11-25.

BÖHM, K.: Kostenabrechnung für eine EDV-Anlage mit Time-Sharing-Betriebssystem. In: ZfD, 1975, Nr. 3, S. 133-136.

BÖHNY, Rudolf: Der Controller als Unternehmensberater. In: Der Schweizer Treuhänder, 1988, Nr. 1-2, S. 9-11.

BRAMSEMANN, R.: Controlling. 2. Aufl., Wiesbaden 1980.

BRANDON, Dick H.: Data Processing Cost Reduction and Control. New York u.a. 1978.

BRAUN, H.: Controller-Funktion in der Praxis. In: CM, 1979, Nr. 2, S. 45-52.

BRAUN, Manfred: Zielgerichtete Steuerung und systematische Überwachung der betrieblichen Datenverarbeitung. Diss. München 1981.

BRECHT, H.G.: Budgetierung. Gernsbach 1976.

BRINK, Hans-Josef: Entscheidungsorientierte Werkstoffverrechnungspreise. In: Wist, 13. Jg. 1984, S. 381-387.

BRONNER, L.: Overview of the capacity planning process for production data processing. In: Systems Journal, 19. Jg. 1980, Nr. 1, S. 4-27.

BRUCKSCHEN, Hans-Herrmann: Verrechnungspreise in Spartenorganisationen. Frankfurt a.M. - Bern 1981.

BUCHNER, M.: Controlling - Ein Schlagwort? Frankfurt a.M. - Bern 1981

BUCHNER, Robert: Finanzwirtschaftliche Statistik und Kennzahlenrechnung. München 1985.

BUNGE, W.R.: Budgetierung. München 1968.

BÜRGI, Arthur: Führen mit Kennzahlen. Ein Leitfaden für den Klein- und Mittelbetrieb. 2. Aufl., Bern 1980.

CADUFF, Th.: Zielerreichungsorientierte Kennzahlennetze industrieller Unternehmungen. Frankfurt a.M. 1981.

CANNING, R.G.: Charging for computer services. In: EDP-Analyzer, 12. Jg. 1974, Nr. 7, S. 1-13.

CARONI, L.: Budgetsimulation. Bern - Stuttgart 1973.

CASHMAN, M.: 1978 DP Budgets. In: Datamation, 24. Jg. 1978, Nr. 1, S. 92-95.

CHRISTO, A.E.; LICHT, R.: Rechenzentrum - Produktionsstätte für Informationen. In: online-adl-nachrichten, 12. Jg. 1974, S. 32-37.

CHURCHILL, N.C.: Budget choice: planning vs. control. In: HBR, 62. Jg. 1984, Nr. 4, S. 150-161.

COENENBERG, A.G.: Verrechnungspreise zur Steuerung divisionalisierter Unternehmen. In: Wist, 2. Jg. 1973, S. 373-382.

COLLARD, F.M.: Budgetierung. In: Managementenzyklopädie. Bd. 1, München 1969, S. 1262-1287.

CORTADA, James W.: EDP costs and charges. Finance, budgets and cost control in data processing. Englewood Cliffs, N.J., 1980.

CRANE, J.: Changing Role of the DP Manger. In: Datamation, 28. Jg. 1982, Nr. 1, S. 97-108.

DEARDEN, J.; NOLAN, R.L.: How to control the computer resource. In: HBR, 51. Jg. 1973, Nr. 6, S. 68-78.

DELLMANN, Klaus: Kosten- oder Erfolgsanalyse als Basis der Wirtschaftlichkeitskontrolle. In: ZfB, 57. Jg. 1987, S. 367-383.

DEPPE, Joachim: Qualitätszirkel - Ideenmanagement durch Gruppenarbeit. Darstellung eines neuen Konzeptes in der deutschsprachigen Literatur. Bern - Frankfurt a.M. - New York 1986.

DIEBOLD DEUTSCHLAND GMBH (HRSG.): Diebold ADV-Kennzahlensystem DKS. 2. Aufl., Frankfurt a.M. 1980.

DIENSTBACH, H.: Dynamik der Unternehmungsorganisation. Wiesbaden 1972.

DIRLEWANGER, W.: Verfügbarkeit von DV-Systemen. In: Das Rechenzentrum, 3. Jg. 1980, Nr. 3, S. 80-87; 152-164.

DOBER, W.: Die Begriffe Finanzplan und Budget. In: Die Unternehmung, 1967, Nr. 21, S. 181-186.

DREXL, Andreas: Controlling als wirksames Führungsinstrument für mittelständische Unternehmen. In: DB, 39. Jg. 1986, S. 2091-2093.

DRUMM, H.: Theorie und Praxis der Lenkung durch Preise. In: ZfbF, 24. Jg. 1972, S. 253-267.

DRUMM, Hans-Jürgen: Zu Stand und Problematik der Verrechnungspreisbildung in deutschen Industrieunternehmungen. In: ZfbF-Sonderheft, 1973, Nr. 2, S. 91-107.

DUNBAR, Roger L.M.: Budgeting for Control. In: ASQ, 16. Jg. 1971, S. 88-96.

DWORATSCHEK, S.; DONIKE, H.: Wirtschaftlichkeitsanalyse von Informationssystemen. New York 1972.

EBERT, Günter; KOINECKE, Jürgen; PEEMÖLLER, Volker H.: Controlling in der Praxis. Landsberg am Lech 1985.

EGGER, A.; WINTERHELLER, M.: Kurzfristige Unternehmensplanung - Budgetierung. Wien 1982.

EGGER, Anton; WINTERHELLER, Manfred: Kurzfristige Unternehmensplanung. Budgetierung. 2. Aufl., Wien 1984.

ELMENHORST, W.: Untersuchungen über die Wiederholbarkeit der Accounting-Daten. In: Abrechnung von Rechenzentrums-Dienstleistungen, hrsg. v. Peter Mertens u.a., München - Wien 1978, S. 53-60.

ENDRES, Albrecht: Software als Qualitätsprodukt. In: IBM-Nachrichten, 25. Jg. 1975(a), Nr. 227, S. 244-251.

ENDRES, W.: Kennzahlen, betriebliche. In: HWB, 4. Aufl., hrsg. v. Erwin Grochla; Waldemar Wittmann, Bd. 2, Stuttgart 1975(b), Sp. 2153-2157.

ERNE, Paul G.: Der Betriebsvergleich als Führungsinstrument. Diss. Bern 1971.

FALTENBACHER, H.: Methoden und Verfahren zur Steuerung von Großrechenzentren. 1. Teil. In: IBM-Nachrichten, 28. Jg. 1978, Nr. 243, S. 356-361.

FEITELSON, B.; GRABEDUNKEL, E.: JARS - Das Job Accounting Report System für das Rechenzentrum. In: Das Rechenzentrum, 1979, Nr. 1, S. 28-39.

FEMEILING, J.: Kriterien für die Beurteilung von Leistungen eines Rechenzentrums. In: ÖVD, 1978, Nr. 9, S. 11-16.

FRANCL, Thomas J.: Planning, budgeting and control for data processing. New York u.a. 1984.

FREILING, Dieter: Budgetierungs- und Controlling-Praxis. Gewinnmanagement im mittleren Industriebetrieb. Wiesbaden 1980.

FRESE, E.; GLASER, H.: Verrechnungspreise. In: HWO, 2. Aufl., hrsg. v. Erwin Grochla, Stuttgart 1980, Sp. 2311-2326.

FRISHKOFF, Patricia A.: Is your cotrollership function out of control? In: Management Accounting, 1986, Nr. 3, S. 45-47.

GAITANIDES, M.: Ansätze zur kostentheoretischen und rechnungstechnischen Erfassung von Verwaltungsleistungen. In: ZfB, 50. Jg. 1980, S. 680-684.

GAITANIDES, Michael: Prozeßorganisation. Entwicklung, Ansätze und Programme prozeßorientierter Organisationsgestaltung. München 1983.

GAITANIDES, Michael: Steuerung über Verrechnungspreise bei dezentral organisierten öffentlichen Betrieben. In: BFuP, 38. Jg. 1986, S. 219-232.

GALLER, Eugen: Die Kennzahlenrechnung als internes Informationsinstrument der Unternehmung. Diss. München 1969.

GAULHOFER, Manfred: Strategische Planung beim Controller? Anmerkungen zu den Ausführungen von Pfohl und Zettelmeyer. In: ZfB, 57. Jg. 1987, S. 1121-1127.

GAYDOUL, P.: Controlling in der deutschen Unternehmenspraxis. Darmstadt 1980.

GÄLWEILER, A.: Zur Formalisierbarkeit von Planungssystemen. In: Modell- und computergestützte Unternehmungsplanung, hrsg. v. Erwin Grochla; Norbert Szyperski, Wiesbaden 1973, S. 67-83.

GHANEM, Swasan: Computing center optimization by a pricing-priority policy. In: Systems Journal, 14. Jg. 1975, Nr. 3, S. 272-291.

GIBSON, Cyrus; NOLAN, Richard: Managing the four stages of EDP-growth. In: HBR, 52. Jg. 1974, S. 76-88.

GORONZY, Friedhelm: Praxis der Budgetierung. Heidelberg 1975.

GÖDDE, Alfons: Konzernverrechnungspreise in der Stahlindustrie. In: ZfbF-Sonderheft, 1973, Nr. 2, S. 37-40.

GÖRTLER, K.: Leistungsabrechnung und Kapazitätsplanung in einem Industrieforschungs-Rechenzentrum. In: Abrechnung von Rechenzentrums-Dienstleistungen, hrsg. v. Peter Mertens u.a., München - Wien 1978, S. 75-82.

GRAEF, M.; GREILER, R.: Organisation und Betrieb eines Rechenzentrums. Stuttgart - Wiesbaden 1975.

GRAEF, M.; HOFFMANN, G.R.: Kontrolle der Auslastung eines EDV-Rechensystems. In: Betriebswirtschafts-Magazin, 1972, S. 909-912.

GRIESE, Joachim u.a.: Ergebnisse des Arbeitskreises Wirtschaftlichkeit der Informationsverarbeitung. In: ZfbF, 39. Jg. 1987, S. 515-551.

GRIMMER,H.: Budgets als Führungsinstrumente. Frankfurt a.M. - Bern 1980.

GRITZMANN, Klaus: Anwendungsorientierte Analyse des RL-Kennzahlensystems als Planungs- und Kontrollinstrument. Arbeitsbericht Nr. 1/87. Institut für betriebswirtschaftliche Produktions- und Investitionsforschung der Georg-August-Univesität. Abt. Unternehmensplanung. Göttingen 1987.

GROB, Heinz Lothar: Verrechnungspreise bei Absatz- und Beschaffungsnebenkosten. In: Wisu, 1986, S. 555-556.

GROCHLA, E.: Der Beitrag Schmalenbachs zur betriebswirtschaftlichen Organisationslehre. In: ZfbF, 25. Jg. 1973, S. 555-578.

GROCHLA, Erwin u.a.: Erfolgsorientierte Materialwirtschaft durch Kennzahlen. Leitfaden zur Steuerung und Analyse der Materialwirtschaft. Baden-Baden 1983.

GROCHLA, Erwin: Das Büro als Zentrum der Informationsverarbeitung. In: Das Büro als Zentrum der Informationsverarbeitung. Aktuelle Beiträge zur bürowirtschaftlichen Forschung, hrsg. v. Erwin Grochla, Wiesbaden 1971, S. 11-32.

GROCHLA, Erwin: Grundlagen der organisatorischen Gestaltung. Stuttgart 1982.

GROCHLA, Erwin: Modelle als Instrumente der Unternehmungsführung. In: ZfbF, 21. Jg. 1969, S. 382-397.

GROHMANN, H.: Kenngrößen zur Steuerung von Rechenzentren. In: DV Aktuell, hrsg. v. K. Nagel, Oldenbourg 1978, S. 117-135.

GROSS, Jürgen: Entwicklung des strategischen Informations-Managements in der Praxis. In: Planung in der Datenverarbeitung. Von der DV-Planung zum Informations-Management. Fachtagung Bonn-Bad Godesberg Mai 1984, hrsg. v. H. Strunz, Berlin u.a. 1985, S. 38-68.

GRUBER, Klaus-Peter: Weiterbelastung von RZ-Kosten. In: Betrieb von Rechenzentren - Workshop der Gesellschaft für Informatik, Karlsruhe 23.-24. Sept. 1975, hrsg. v. A. Schreiner, Berlin u.a. 1976, S. 207-216.

GUYER, W.: Aussichtsreiche Informatik-Strategien - Ihre Bedeutung für ein Dienstleistungsunternehmen. In: Information & Management, 1987, Nr. 4, S. 6-13.

GZUK, Roland: Messung der Effizienz von Entscheidungen. Tübingen 1975.

HABERKAMM, G.: Die Kostenrechnung der DV unter Berücksichtigung des Job-Accounting. In: Betrieb von Rechenzentren - Workshop der Gesellschaft für Informatik, Karlsruhe 23.-24. Sept. 1975, hrsg. v. A. Schreiner, Berlin u.a. 1976, S. 181-206.

HABERLAND, G.: Der Controller - Seine Aufgaben und Stellung in den USA. In: DB, 23. Jg. 1970, S. 2181-2185.

HABERSTOCK, L.: Kostenrechnung II, Grenz-Plankostenrechnung. 3. Aufl., Wiesbaden 1977.

HAHN, D.: Konzepte und Beispiele zur Organisation des Controlling in der Industrie. In: ZfO, 48. Jg. 1979, S. 4-24.

HAHN, Dietger: Planungs- und Kontrollrechnung (PuK). 3. Aufl., Wiesbaden 1985.

HANS, Lothar: Planung und Plankostenrechnung in Betrieben mit Selbstkostenpreis-Erzeugnissen. Würzburg - Wien 1984.

HANSEN, H.R.; RÖHRS, H.-P.: Abrechnungsverfahren in Großrechner-Betriebssystemen. Ein Vergleich. In: Abrechnung von Rechenzentrums-Dienstleistungen, hrsg. v. Peter Mertens u.a., München - Wien 1978, S. 27-52.

HANSEN, Hans; WECKMANN, Hans-Dieter: Kapazitätsplanung in Hochschulrechenzentren. In: Das Rechenzentrum, 2. Jg. 1979, Nr. 1, S. 40-47.

HARBERT, L.: Controlling-Begriffe und Controlling-Konzeptionen. Bochum 1982.

HARDY, J.W.; ORTON, B.B.: The use of Planning and Budgeting - An Emperical Study. In: Managerial Planning, 31. Jg. 1982, Nr. 3, S. 39-42.

HARRMANN, A.: Zur Budgetierung von Verwaltungskosten. In: KRP, 1976, Nr. 3, S. 119-124.

HARTMANN-WENDELS, T.: Verfahren zur Leistungsabrechnung von Rechenzentrums-Dienstleistungen. In: Das Rechenzentrum, 3. Jg. 1980, Nr. 4, S. 197-203.

HASCHKE, Wolfgang: Wie effizient arbeitet Ihre EDV. In: sysdata, 1983, Nr. 3, S. 6-7.

HAST, L.: Job Accounting: Notwendige Funktion eines Betriebssystems oder aufwendiger Luxus. In: online-adl-nachrichten, 13. Jg. 1975, S. 129-132.

HAUFS, Paulo: Anwendungsorientierte Beurteilung eines Kennzahlensystems für den Büro- und Verwaltungsbereich in der Industrie. Dipl.-Arbeit Köln 1984.

HAUSCHILDT, Jürgen: Zielsysteme. In: HWO, hrsg. v. Erwin Grochla, 2. Aufl., Stuttgart 1980, Sp. 2419-2430.

HEIGL, Anton: Controlling - Interne Revision. Stuttgart - New York 1978.

HEINEN, Edmund: Grundfragen der entscheidungsorientierten Betriebswirtschaftslehre. München 1976.

HEINEN, Edmund: Grundlagen betriebswirtschaftlicher Entscheidungen. Das Zielsystem der Unternehmung. 2. Aufl., Wiesbaden 1971.

HEISER, H.C.: Budgetierung, Grundsätze und Praxis der betriebswirtschaftlichen Planung. Berlin 1969.

HELLMICH, R.: Entwicklung eines Planungssystems für die Unternehmung. Winterthur 1970.

HODGES, Parker: 1987 DP Budget-Survey. In: Datamation, 31. Jg. 1987, Nr. 7, S.69-75.

HOFSTEDE, G.H.: The Game of Budget Control. 2. Aufl., Assen 1970.

HOOTMAN, J. T.: The Pricing Dilemma. In: Datamation. 15. Jg. 1969, Nr. 8, S. 61-66.

HORVATH, Peter: Vorlesung: EDV-Controlling. SS 1986. Unveröffentlichtes Vorlesungsmanuskript. Stuttgart o.J.

HORVATH, Peter: ADV-Management als Teil der Controllingfunktion. In: online-adl-nachrichten, 15. Jg. 1977, S. 964-967.

HORVATH, Peter: Aufgaben und Stellung des Controllers. In: BFuP, 30. Jg. 1978(a), S. 129-141.

HORVATH, P.: Controlling als Beruf - Darstellung des Controlling-Konzeptes, Hinweise zum Studium. In: Wist, 7. Jg. 1978(b), S. 186-191.

HORVATH, Peter: Controlling - Entwicklung und Stand einer Konzeption zur Lösung der Adaptions- und Koordinationsprobleme der Führung. In: ZfB, 48. Jg. 1978(c), S. 194-208.

HORVATH, Peter: Controlling. München 1979.

HORVATH, Peter: Die Koordinationsaufgabe des Controlling. In: Controlling und Finanzplanung, Schriften zur Unternehmensführung (SzU), Bd. 27, hrsg. v. H. Jacob, Wiesbaden 1980, S. 4-18.

HORVATH, Peter: Der Einsatz von Kennzahlen im Rahmen des Controlling. In: Wist, 12. Jg. 1983, S. 349-356.

HORVATH, Peter: Controlling der Informationsverarbeitung. In: HMD, 1985(a), Nr. 124, S. 3-18.

HORVATH, P. u.a.: Die Budgetierung im Planungs- und Kontrollsystem der Unternehmung - Erste Ergebnisse einer empirischen Untersuchung. In: DBW, 45. Jg. 1985(b), Nr. 2, S. 138-153.

HORVATH, Peter u.a.: Budgetierung in industriellen Großunternehmen - Eine Fallstudie -. In: ZFB, 56. Jg. 1986, S. 24-39.

HORVATH, Peter: Chancen und Risiken der Budgetierung für die Führung von Wirtschaftsbetrieben. In: Krankenhaus-Umschau, 1987, S. 438-442.

HORVATH, P.; SCHÄFER, T.: Prüfung bei automatisierter Datenverarbeitung. Reihe Wegweiser für Prüfungen im Betrieb. 2. Aufl., Herne - Berlin 1982.

HOSSENFELDER, H.: Hohe Verfügbarkeit - ein wichtiges Ziel bei der Einführung von Dialoganwendungen. In: IBM-Nachrichten, 28. Jg. 1978, Nr. 242, S. 274-281.

HÖHN, Siegfried: Der Einsatz der Informationstechnik für Planung und Kontrolle. In: ZfB, 55. Jg. 1985, S. 515-541.

HUCH, Burkhard: Controller und Treasurer. Rationalisierung des Kontrollwesens im kaufmännischen Bereich. In: Angewandte Rationalisierung in der Unternehmenspraxis, hrsg. v. B. Huch; C.M. Dolezalek, Düsseldorf - Wien 1978, S. 78-94.

HUCH, B.: Erfahrung mit traditionellen und neu entwickelten Instrumenten des Controlling in einem Unternehmen der Konsumgüterindustrie. In: Entwicklungen und Erfahrungen aus der Praxis des Controlling, hrsg. v. W. Goetzke; G. Sieben, Köln 1979, S. 27-48.

HUCH, B.: Informationssysteme im operativen Con-trolling - Rechnungswesen und Berichtswesen. In: KRP, 1984(a), Nr. 3, S. 103-109.

HUCH, Burkhard: Einführung in die Kostenrechnung. 7. Aufl., Würzburg - Wien 1984B9.

HUCH, B.: Berichtswesen als Basis der Unternehmenssteuerung. In: Praxis des Rechnungswesens, 1985(a), Gruppe 11, S. 1-22.

HUCH, B.: Instrumente des operativen Controlling. In: Controlling und Unternehmensführung, hrsg. v. G.J.B. Probst; R. Schmitz-Dräger, Bern - Stuttgart 1985(b), S. 52-65.

HUCH, B.: Unternehmensführung und Controlling. Unveröffentlichtes Vortragsmanuskript, o.O., o.J.

HUJER, R.; CREMER, R.: Grundlagen und Probleme einer Theorie der sozioökonomischen Messung. In: Wirtschaftliche Meßprobleme. Bd. 2, hrsg. v. Hans-Christian Pfohl; Bert Rürup, Köln 1977, S. 1-22.

HUMMEL, Siegfried; MÄNNEL, Wolfgang: Kostenrechnung 1. Grundlagen, Aufbau und Anwendung. 3. Aufl., Wiesbaden 1982.

HUMMEL, Th.; KURRAS, K.; NIEMEYER, H.: Kennzahlensysteme zur Unternehmungsplanung. In: ZfO, 49. Jg. 1980, S. 94-101.

ITZFELD, Wolf D.: Methodische Anforderungen an Software-Kennzahlen. In: AI, 1983, S. 55-61.

JAENSCH, Günter: Innerbetriebliche Verrechnungspreise im Blickwinkel von Theorie und Praxis. In: DB, 25. Jg. 1972, S. 1301-1307.

JOOST, Reiner: Unsicherheitsreflexe auf Vorgabe und Kontrolle mit Kennzahlsystemen. Diss. Erlangen 1974.

JUNG, H.: Integration der Budgetierung in die Unternehmensplanung. Darmstadt 1985.

JÜNGER, W.; MATHYS, J.; WETTACH, H.: Effizienz und Transparenz der EDV. In: Output, 1982, Nr. 1, S. 29-33.

KALTENHÄUSER, Udo: Die Wirtschaftlichkeit elektronischer Datenverarbeitungsverfahren. Bochum 1976.

KANNGIESSER, J.: Kostenanalyse bei Nutzung von Time Sharing Services. In: AI, 1981, S. 467-474.

KANNGIESSER, Joachim: Die Abrechnung von ADV-Systemleistungen. Braunschweig 1980.

KARGL, H.: Die Wirtschaftlichkeit des EDV-Bereiches in der Unternehmung. In: Management Zeitschrift IO, 46. Jg. 1977(a), S. 255-258.

KARGL, H.: Die Wirtschaftlichkeitsprüfung der EDV im Unternehmen. In: ZIR, 12. Jg. 1977(b), S. 245-275.

KELISKY, Richard: Benutzerorientiertes Management interaktiver Systeme. In: IBM-Nachrichten, 28. Jg. 1978, Nr. 241, S. 203-209.

KERN, W.: Kennzahlensysteme als Niederschlag interdependenter Unternehmensplanung. In: ZfbF, 23. Jg. 1971, S. 701-718.

KIEFER, F.: Datensicherung bei der Datenverarbeitung. Stuttgart 1979.

KIESSLING, H.: Methoden und Techniken der Organisation eines Rechenzentrums. In: Datascope, 1979, Nr. 29, S. 9-22.

KILGER, W.: Einführung in die Kostenrechnung. Opladen 1976.

KILGER, Wolfgang: Einführung in die Kostenrechnung. 2. Aufl., Wiesbaden 1980.

KILGER, Wolfgang: Flexible Plankostenrechnung und Deckungsbeitragsrechnung. 8. Aufl., Wiesbaden 1985.

KIRSCH, W.; TRUX, W.: Perspektiven eines Strategischen Managements. In: Unternehmenspolitik, hrsg. v. W. Kirsch, München 1981, S. 290-396.

KIRSCHNER, G.: Job accounting - Instrument zur Planung, Steuerung und Kontrolle von RZ-Arbeiten. In: BTA + BTO, 1973, Nr. 9, S. 848-852.

KLEIN, W. u.a.: Konzernverrechnungslegung und Konzernverrechnungspreise. Stuttgart 1983.

KNECHT, H.W.: Controllership. Eine organisatorische Konzeption betrieblicher Informationsverarbeitung. In: Das Büro als Zentrum der Informationsverarbeitung, hrsg. v. Erwin Grochla, Wiesbaden 1971, S. 57-102.

KOCH, Günter: Controlling, Information und Koordination im Unternehmen. Göttingen 1980.

KOCH, H.: Budgetierung. In: HWF, hrsg. v. H.E. Büschgen, Stuttgart 1976, Sp. 222-232.

KOCH, H.: Integrierte Unternehmensplanung. Wiesbaden 1982.

KOCH, H.: Planung, betriebswirtschaftliche. In: HWB, 4. Aufl., hrsg. v. Erwin Grochla; Waldemar Wittmann, Bd. 2, Stuttgart 1975, Sp. 3001-3016

KOHLER, Antje: Betriebliche Kennzahlen als Entscheidungshilfe. München 1972.

KOREIMANN, Dieter S.: Kostenverrechnung für Rechenzentren. In: Das Rechenzentrum, 1. Jg. 1978, Nr. 3, S. 116-124.

KORTZFLEISCH, Gerd: Divisionskalkulation. In: HWR, hrsg. v. E. Kosiol, Stuttgart 1970, Sp. 418-430.

KOSIOL, Erich: Einführung in die Betriebswirtschaftslehre. Die Unternehmung als wirtschaftliches Aktionszentrums. Wiesbaden 1968.

KOSIOL, Erich: Organisation der Unternehmung. Wiesbaden 1962.

KÖNIG, Wolfgang; NIEDEREICHHOLZ, Joachim: Der Fortschritt der Informationstechnik und seine Auswirkung auf Managementtechniken. In: ZfB, 56. Jg. 1986, S. 4-23.

KÖSTLE, Peter: Kenngrößen des Rechenzentrums-Betriebes. In: Das Rechenzentrum, 2. Jg. 1979, Nr. 3, S. 164-177.

KRAMER, Wolfgang; WINTER, Helmut: Die Entwicklung von Qualitätszirkeln. Köln 1984.

KREITZBERG, Charles B.; WEBB, Jesse H.: An approach to job pricing in a multiprogramming environment. In: AFIPS Conference Proceedings Part 1, o.O. 1972, S. 115-122.

KRÜGER, W.: Controlling: Gegenstandsbereich, Wirkungsweise und Funktionen im Rahmen der Unternehmenspolitik. In: BFuP, 31. Jg. 1979, S. 158-169.

KÜPPER, Hans-Ulrich: Koordination und Interdependenz als Bausteine einer konzeptionelle und theoretischen Fundierung des Controlling. In: Betriebswirtschaftliche Steuerungs- und Kontrollprobleme, hrsg. v. Wolfgang Lücke, Wiesbaden 1988, S. 163-183.

KUTING, K.: Grundsatzfragen von Kennzahlen als Instrument der Unternehmensführung. In: Wist, 12. Jg. 1983(a), 237-241.

KÜTING, Karlheinz: Kennzahlensysteme in der betrieblichen Praxis. In: Wist, 12. Jg. 1983(b), S. 291-296.

LACHNIT, L.: Zur Weiterentwicklung betriebswirtschaftlicher Kennzahlensysteme. In: ZfbF, 28. Jg. 1976, S. 216-230.

LACHNIT, Laurenz: Kennzahlensysteme als Hilfsmittel der Unternehmensanalyse und -steuerung. In: Der Organisator, 1974, Nr. 668, S. 57-63.

LACHNIT, Laurenz: Kennzahlensysteme als Instrument der Unternehmensanalyse, dargestellt an einem Zahlenbeispiel. In: Die Wirtschaftsprüfung, 28. Jg. 1975, Nr. 12, S. 39-51.

LACHNIT, Laurenz: Systemorientierte Jahresabschlußanalyse. Wiesbaden 1969.

LANDAU, K.: Charging for computer usage with averaged cost pricing. In: AI, 1973, S. 47-52.

LANGE, Dietmar: Controlling & Projektplanung in der EDV. In: CM, 1982, Nr. 2, S. 77-82.

LANGE, Dietmar: RZ-Controlling aus der Sicht des Unternehmens-Controllers. In: Das Rechenzentrum, 2. Jg. 1979, Nr. 4, S. 190-199.

LANGE, P.; LINDNER, K.; MASSAT, D.: Vorschlag für eine Kostenrechnung von Datenverarbeitungszentren. In: ÖVD, 1973, Nr. 1, S. 18-28.

LEICHTFUSS, H.: Kapitalbudgetierung in divisionalisierten Unternehmen. Wiesbaden 1984.

LIEBE, I.: Rechner-Abrechnung und Betriebsstatistik; Computer-Accounting und Report System; Probleme - Thesen - Forderungen. In: Das Rechenzentren, 3. Jg. 1980, Nr. 1, S. 27-38.

LIEBIG, Volkmar: Kennzahlenanalyse. Grundlagen und Möglichkeiten einer praktischen Anwendung. In: ZfbF-Kontaktstudium, 29. Jg. 1977, S. 71-79.

LIESSMANN, Konrad: Controlling im Datenverarbeitungsbereich. In: Der Controlling-Berater, hrsg. v. R. Mann; E. Mayer, o.O. 1983, Gruppe 4, S. 99-139.

LINK, J.: Die methodologischen, informationswirtschaftlichen und führungspolitischen Aspekte des Controlling. In: ZfB, 52. Jg. 1982, S. 261-280.

LIPPOLD, H.: Kennzahlensysteme zur Steuerung und Analyse des DV-Einsatzes. In: HMD, 1985, Nr. 121, S. 109-121.

LUTTERMANN, H.: Ein Abrechnungs-, Kontingentierungs- und Steuerungsverfahren für ein Mehrrechnersystem mit Kapazitätsüberanforderungen am Regionalen Rechenzentrum für Niedersachsen. In: Abrechnung von Rechenzentrums-Dienstleistungen, hrsg. v. Peter Mertens u.a., München - Wien 1978, S. 115-132.

LÜSSOW, Dieter: DV-Kostenverteilung: Rechtfertigung oder Kontrolle. In: Computerwoche, 1980, Nr. 32, S. 5.

MANN, Rudolf: Die Weiterentwicklung zum strategischen Controlling. In: Handbuch Revision, Controlling, Consulting, hrsg. v. Günther Haberland; Perter R. Preissler; Carl W. Meyer, München 1978, Controlling Teil 5, S. 1-25.

MARETTEK, A.: Budgetkostenrechnung. In: ZfB, 34. Jg. 1964, S. 408-414.

MARUSEV, A.W.; TERHEYDEN, A.: Controlling in der Praxis eines Service-Rechenzentrums. In: OR Spektrum, 1983, Nr. 5, S. 149-168.

MATZ, A.: Die Budgetrechnung. In: KRP, 1964, Nr. 4, S. 161-166.

MAURER, G.: Den Unternehmern fehlt die Übersicht. In: Manager Magazin, 1974, Nr. 1, S. 76-78.

MAYERHOFER, W.: Ansätze einer nicht verursachungsgerechten Weiterverrechnung von Rechenleistungen. In: Das Rechenzentrum, 7. Jg. 1984, Nr. 2, S. 86-91.

MAYERHOFER, Werner: Verfahren zur Steuerung der Nutzung von Datenverarbeitungssystemen. Diss. Göttingen 1985.

MÄNNEL, Wolfgang: Grundzüge einer aussagefähigen Kostenspaltung. In: KRP, 1972, Nr. 3, S. 111-119.

MC FARLAN, F.W.; NOLAN, R.L.; NORTON, D.P.: Information Systems Administration. New York u.a. 1973.

MC LAUGHLIN, R.A.: A survey of 1974 DP-Budgets. In: Datamation, 20. Jg. 1974, Nr. 2, S. 52-56.

MEFFERT, H.: Kostenrechnung und Kostenrechnungssysteme. In: HDWW, Bd. 4, hrsg. v. W. Albers u.a., ungekürzte Studienausgabe, Stuttgart 1988, S. 573-596.

MELLER, F.: Steuerung und Kontrolle des DV-Bereichs durch das Management. In: online-adl-nachrichten, 14. Jg. 1976, S. 779-783.

MELLEROWICZ, Konrad: Allgemeine Betriebswirtschaftslehre, Bd. IV. 12. Aufl., Berlin 1968.

MELLEROWICZ, Konrad: Kosten- und Leistungsrechnung. Bd. 1: Theorie der Kosten. 5. Aufl., Berlin - New York 1973, S. 207.

MENRAD, Siegfried; NIETHAMMER, Thomas: Formeln und Kennzahlen aus Kosten- und Leistungsrechnung. In: Wist, 11. Jg. 1982, S. 530-536.

MERKLE, Erich: Betriebswirtschaftliche Formeln und Kennzahlen. Betriebswirtschaftliche Formeln und Kennzahlen und deren betriebswirtschaftliche Relevanz. In: Wist, 11. Jg. 1982, S. 325-330.

MERTENS, P.: So bändigen Sie die EDV. In: Plus, 1972, Nr. 10, S. 19-21.

MERTENS, P.: Systematisches Rechnungswesen für die Datenverarbeitung. In: ADL-Nachrichten, 19. Jg. 1974, Nr. 86, S. 31-37.

MERTENS, P.; GRIESE, J.: Industrielle Datenverarbeitung. Bd. 2: Informations- und Planugssysteme. 3. Aufl., Wiesbaden 1982.

MERTENS, Peter: Forschungsergebnisse zum Kosten-Nutzen-Verhältnis der computergestützten Informationsverarbeitung. In: Information und Wirtschaftlichkeit, hrsg. v. W. Ballwieser; K.-H. Berger. Wiesbaden 1985, S. 49-88.

MERTENS, Peter: Industrielle Datenverarbeitung. 1: Administrations- und Dispositionssysteme. 5. Aufl., Wiesbaden 1983.

MEYER, Claus: Betriebswirtschaftliche Kennzahlen und Kennzahlensysteme. Stuttgart 1976.

MEYER, H.: Budgetkosten und mittelfristige Unternehmensplanung im Fertigungsbetrieb. In: KRP, 1978, Nr. 2, S. 77-83.

MEYHAK, H.: Entscheidungsorientierte Kostenrechnung für Rechenzentren. In: KRP, 1981, Nr. 4, S. 161-176.

MILLER, Jeffrey G.; VOLLMANN, Thomas E.: The hidden factory. In: HBR, 63. Jg. 1985, Nr. 5, S. 142-151.

MITSCHKE, H.: Leistungsbeurteilung und Preisermittlung in ADV-Kostenrechnungsverfahren der hamburgischen Verwaltung. In: Abrechnung von Rechenzentrums-Dienstleistungen, hrsg. v. Peter Mertens u.a., München - Wien 1978, S. 145-154.

MIZOGUCHI, K.: Probleme der Integration von Standardkostenrechnung und Budgetkontrolle im Management Accounting. In: BFuP, 24. Jg. 1972, S. 551-561.

MODOUX, G.: Budget und Budgetkontrolle in kleinen und mittleren Unternehmungen. In: Die Orientierung, 1981, Nr. 77, S. 3-30.

MOEWS, Dieter: Kosten und Leistungsrechnung. München - Wien 1986.

MÜLLER-MEHRBACH, Heiner: Frühwarnsysteme zur Voraussage und Bewältigung von Unternehmenskrisen. In: Unternehmensprüfung und -beratung. Festschrift zum 60. Geburtstag von B.Hartmann, hrsg. v. B. Aschfalk; S. Hellfars; A. Marettek, Freiburg 1976, S. 160-193.

NAGEL, K.: 10 Gesetze für den Aufbau von Datensicherungssystemen, Stichworte zum Referat. Stuttgart 1979.

NILSSON, Ragnar: ORG/DV-Controlling. In: CM, 1983, Nr. 3, S. 115-120.

NOLAN, R.L.: Business needs a new breed of EDP-manager. In: HBR, 54. Jg. 1976, Nr. 2, S. 123-133.

NOLAN, R.L.: Controlling the Costs of data services. In: HBR, 55. Jg. 1977, Nr. 3, S. 114-124.

NOLAN, R.L.: Managing the crises in data processing. In: HBR, 57. Jg. 1979, Nr. 5, S. 115-126.

NORDSIEK, F.: Grundlagen der Organisationslehre. Stuttgart 1934.

NOWAK, Kay: Controlling mittelständischer Unternehmen unter besonderer Berücksichtigung ausgewählter Entwicklungsaspekte des Datenverarbeitungsbereiches. Diss. Göttingen 1984.

NOWAK, Paul: Betriebswirtschaftliche Kennzahlen. In: HdW , 2. Aufl., hrsg. v. Karl Hax; Theodor Wessels, Bd. 1, Köln - Opladen 1966, Sp. 704-726.

O.V.: Are we doing the right things? In: EDP-Analyzer, 13. Jg. 1975, Nr. 5, S. 1-13.

O.V.: Vielfalt und Ganzheitlichkeit des Controlling. In: DB, 40. Jg. 1987, S. 1649-1650.

OEHLER, Otto: Wichtige Frühwarnindikatoren für die Unternehmenspraxis. In: Der kaufmännische Geschäftsführer, 7. Nachlieferung, Teil 3.12, Landsberg 1981, S. 1-22.

OTTO, Jost W.: Im Vergleich zu Konkurrenten nicht zu schlecht und zu teuer fertigen. In: Handelsblatt, Serie 85: Controlling, Düsseldorf 1985, S. 20-22.

PARIS, Lothar A.: Das Budget als Instrument der Planung, Steuerung und Kontrolle im Hochschulbereich. Modell zur Budgetierung von Kostenarten mit Hilfe des Goal Programming. Diss. Freiburg 1977.

PEARSON, S.W.; BAILEY, G.E.: Measurement of Computer User Satisfaction. In: Performance Evaluation Review (ACM-SIGMETRICS), 9. Jg. 1980, Nr. 1, S. 59-68.

PEEMÖLLER, Volker H.: Praktisches Lehrbuch Controlling und betriebliche Prüfung. München 1978.

PEISCHL, F.: Rechnerplanung im Münchener Hochschulbereich. In: Betrieb von Rechenzentren - Workshop der Gesellschaft für Informatik, Karlsruhe 23.-24. Sept. 1975, hrsg. v. A. Schreiner, Berlin u.a. 1976, S. 48-56.

PETSCH, Manfred: Budgetinformationssysteme - Computergestützte Erfolgsplanung und Kontrolle. Darmstadt 1985.

PFOHL, H.-C.: Planung und Kontrolle. Stuttgart u.a. 1981.

PFOHL, Hans-Christian; ZETTELMEYER, Bernd: Der Controller: Geringer oder anders qualifiziert als der Linienmanager. Erwiderung zu den Anmerkungen von Dr. Manfred Gaulhofer. In: ZfB, 57. Jg. 1987(a), S. 1128-1135.

PFOHL, Hans-Christian; ZETTELMEYER, Bernd: Strategisches Controlling? In: ZfB, 57. Jg. 1987(b), S. 145-175.

PICOT, Arnold; RISCHMÜLLER, Gerhard: Planung und Kontrolle der Verwaltungskosten in Unternehmungen. In: ZfB, 51. Jg. 1981, S. 331-346.

PIROTH, Erwin: Die Potentialkosten im System der Plankostenrechnung. Köln u.a. 1984.

PLAUT, H.G.: Entwicklungsformen der Plankostenrechnung. Vom Standard-Cost-Accounting zur Grenzplankostenrechnung. In: Schriften zur Unternehmensführung (SzU), Bd. 22, hrsg. v. H. Jacob, Wiesbaden 1976, S. 5-25.

PLAUT, H.G.: Unternehmenssteuerung mit Hilfe der Voll- oder Grenzplankostenrechnung. In: ZfB, 31. Jg. 1961, S. 460-491.

PLAUT, H.G.; BONIN, A.; VIKAS, K.: Grenzplankostenrechnung und Einzelkostenrechnung. In: KRP, 1988, Nr. 1, S. 9-15.

POENSGEN, O.H.: Verrechnungspreise als Instrument zur Kostenkontrolle und Kapazitätsplanung in Rechenzentren. In: Abrechnung von Rechenzentrums-Dienstleistungen, hrsg. v. Peter Mertens u.a., München - Wien 1978, S. 9-26.

POENSGEN, O.H.: Zuteilung und Verrechnung von Leistungen des Rechenzentrums. In: Management Zeitschrift IO, 42. Jg. 1973, S. 402-406.

POHL, H.; LINDNER, M.: Zur Beurteilung der Zuverlässigkeit eines ADV-Systems. In: AI, 1977, S. 177-182.

POPP, Werner; TRAN-NGOC-AN: Optimale Budgetierung. In: CM, 1980, Nr. 1, S. 29-34.

PREISSLER, P.R.: Checklist: Controlling einsetzen und gewinnbringend einführen. München 1977.

PREISSLER, Peter R.: Controlling: Lehrbuch und Intensivkurs. München - Wien - Oldenbourg 1985.

PREISSLER, Peter R.: Ziele und Funktionen des Controllers. In: Handbuch Revision, Controlling, Consulting, hrsg. v. Günther Haberland; Peter R. Preissler; Carl W. Meyer, München 1978, Teil Controlling 2, S. 1-17.

RACKLES, R.: Der Betriebsablauf in einem Konzern-Rechenzentrum. In: Betrieb von Rechenzentren - Workshop der Gesellschaft für Informatik, Karlsruhe 23.-24. Sept. 1975, hrsg. v. A. Schreiner, Berlin u.a. 1976, S. 73-104.

RADKE, Magnus: Die große betriebswirtschaftliche Formelsammlung. 6. Aufl., München 1982.

REHBERG, Jürgen: Wert und Kosten von Informationen. Diss. Frankfurt a.M. 1973.

REICHMANN, Thomas: Controlling mit Kennzahlen. München 1985.

REICHMANN, Thomas: Entwicklungen im Bereich kennzahlengestützter Controlling-Konzeptionen. In: DBW, 48. Jg. 1988, S. 79-95.

REICHMANN, Thomas: Grundlagen einer systemgestützten Controlling-Konzeption mit Kennzahlen. In: ZfB, 55. Jg. 1985, S. 887-898.

REICHMANN, Thomas; KLEINSCHNITTGER, Ulrich: Die Controlling-Funktion in der Praxis. In: ZfB, 57. Jg. 1987, S. 1090-1120.

REICHMANN, Thomas; LACHNIT, Laurenz: Planung, Steuerung und Kontrolle mit Hilfe von Kennzahlen. In: ZfbF, 28. Jg. 1976, S. 705-723.

RETTUS, R.C.; SMITH, R.A.: Accounting control of data processing. In: Systems Journal, 11. Jg. 1972, Nr. 1, S. 74-92.

RICHTER, Ulrich; HESSE, Detlef: Kennzahlensysteme als Instrument des Vertriebs-Controlling. In: Versicherungswirtschaft, 1987, Nr. 2, S. 114-121.

RIEBEL, P.; PAUDTKE, H.; ZSCHERLICH, W.: Verrechnungspreise für Zwischenprodukte. Opladen 1973.

RIEBEL, Paul: Einzelkosten- und Deckungsbeitragsrechnung. 4. Aufl., Wiesbaden 1982.

RIEBEL, Paul: Rechnungsziele, Typen von Verantwortungsbereichen und Bildung von Verrechnungspreisen. In: ZfbF-Sonderheft, 1973, Nr. 2, S. 11-20.

RIEBEL, Paul: Überlegungen zur Integration von Unternehmensplanung und Unternehmensrechnung. In: ZfB, 57. Jg. 1987, S. 1154-1168.

RIEKE, Friedhelm: DV-Anwendungen als wesentliches Controlling-Objekt. In: HMD, 1985, Nr. 124, S. 31-40.

RISCHAR, Klaus; TITZE, Christa: Qualitätszirkel - effektive Problemlösung durch Gruppen im Betrieb. Grafenau 1984.

RITTER, Hans; LENZ, Michael: So sind Kennzahlen Führungsdaten. Köln 1979.

RKW (HRSG.): Betriebswirtschaftliche Kennzahlen für kleinere und mittlere Unternehmen des produzierenden Gewerbes. 5. Aufl., Frankfurt a.M. 1979.

ROCKSTROH, B.: Installation Management. In: IBM-Nachrichten, 28. Jg. 1978, Nr. 241, S. 196-202.

RÖHRS, Heinz-Peter: EDV-Kosten- und Leistungsrechnung. Ziele, Strukturen, Leistungskriterien. Diss. Duisburg 1981.

SCHARPF, R.: Stellung und Aufgabe des Controllers in der Unternehmung. In: BFuP, 13. Jg. 1961, S. 223-229.

SCHÄFER, Thomas: EDV-gestütztes Controlling und die Controlling-Aufgaben im EDV-Bereich. In: Handbuch Revision, Controlling, Consulting, hrsg. v. Günther Haberland; Peter R. Preissler; Carl W. Meyer, München 1978, Teil Controlling 11.4.1, S. 1-26.

SCHEER, A.W.: Strategische Entscheidungen bei der Gestaltung EDV-gestützter Systeme des Rechnungswesens. In: Rechnungswesen und EDV, hrsg. v. W. Kilger; A.W. Scheer, Würzburg - Wien, 1983, S. 39-69.

SCHEFFLER, H.E.: Controlling auf Konzernebene. In: Controlling und Finanzplanung als Führungsinstrumente, (SzU) Schriften zur Unternehmensführung, Bd. 27, hrsg. v. H. Jacob, S. 19-32.

SCHEUING, Eberhard Eugen: Unternehmensführung mit Kennzahlen. Baden-Baden - Bad Homburg vor der Höhe 1967.

SCHMALENBACH, E.: Pretiale Wirtschaftslenkung, Bd. 1. Bremen 1947.

SCHMALENBACH, E.: Pretiale Wirtschaftslenkung, Bd. 2. Bremen 1948.

SCHMIDT, Andreas: Das Controlling als Instrument zur Koordination der Unternehmungsführung. Frankfurt a.M. - Bern - New York 1986.

SCHMIDT, R.-B.: Wirtschaftslehre der Unternehmung. Bd. 2: Zielerreichung. Stuttgart 1973.

SCHMIDT, Reinhart: Quantitative Ansätze zur Beurteilung der wirtschaftlichen Lage von Unternehmen. In: BFuP, 32. Jg. 1980, S. 544-555.

SCHMITT, H.J.: Rechenzentren - Kostenverteilung bei Multiprogramming-Betrieb. In: BTA + BTO, 1977, Nr. 12, S. 52-55.

SCHNITZLER, Helmut: Betriebswirtschaftliche Grundlagen des Controlling. In: Betriebswirtschaftliche Blätter, 1986, Nr. 3, S. 130-136.

SCHOLL, H.J.: Fixkostenorientierte Plankostenrechnung. Würzburg - Wien 1983.

SCHRADER, H.J.: Die Abrechnung von DV-Dienstleistungen beim Großversandhaus Quelle - Erfahrungen mit verschiedenen Versionen und jetziger Stand. In: Abrechnung von Rechenzentrums-Dienstleistungen, hrsg. v. Peter Mertens u.a., München - Wien 1978, S. 61-74.

SCHREINER, A.: Thesen zur Steuerung des Verbrauchs von Rechenzentrums-Dienstleistungen. In: Abrechnung von Rechenzentrums-Dienstleistungen, hrsg. v. Peter Mertens u.a., München - Wien 1978, S. 177-195.

SCHRÖDER, Ernst F.: Modernes Unternehmens-Controlling. 2. Aufl., Ludwigshafen 1985.

SCHWARZE, H.: Controlling - Ein Konzept neuzeitlicher Unternehmensführung. München 1972.

SCHWEIZERISCHE VEREINIGUNG FÜR DATENVERARBEITUNG (SVD) (HRSG.): EDV-Kennzahlen. Praxisbezogenens Instrumentarium zur Beurteilung der EDV-Wirtschaftlichkeit. 2. Aufl., Bern - Stuttgart 1981.

SEIBT, D.: DV-Controlling. Grundlagen - Ziele - Methoden - Verfahren - Systeme. In: HMD, 1984, Nr. 119, S. 101-117.

SEIBT, Dietrich: EDV-Controlling: Vom "Buchhalter" zum "Strategen". In: Office Management, 1988, Nr. 2, S. 6-17.

SEIBT, Dietrich: Konsequenzen der informations-technologischen Entwicklung für das EDV-Controlling. In: EDV-Revision in der Praxis - Proceedings -, hrsg. v. CW-CSE, Communications, Services & Education, München 1982, S. 7-28.

SEIBT, Dietrich: Methoden, Verfahren und Systeme zur Unterstützung des DV-Controlling. In: EDV-Controlling: Wirtschaftlichkeit und Sicherheit in der Informationsverarbeitung - Proceedings -, hrsg. v. CW-CSE, Communications, Services & Education, München 1983, S. 203-234.

SEIBT, Dietrich; SENGER, Robert; SCHUB, Gerhard: Strukturelle Merkmale und Entscheidungstendenzen in westdeutschen Rechenzentren. In: online-adl-nachrichten, 15. Jg. 1977, S. 562-567.

SELIG, Jürgen: EDV-Management. Eine empirische Untersuchung von Anwendungssystemen in deutschen Unternehmen. Berlin u.a. 1986.

SERFLING, Klaus: Controlling. Stuttgart u.a. 1983.

SERTL, Walter; STIEGLER, Harald: Verrechnungspreise. In: HWB, hrsg. v. Erwin Grochla; Waldemar Wittmann, Stuttgart 1984, Sp. 4196-4202.

SIEGWART, H.; MENZEL, I.: Kontrolle als Führungsaufgabe. Stuttgart 1978.

SMITH, H.S.: Cost control for computers. In: Business Horizons, 16. Jg. 1973, Nr. 1, S. 73-82.

SOLARO, Dietrich: Verrechnungspreise in der Elektroindustrie (Standard Elektrik Lorenz AG). In: ZfbF-Sonderheft, 1973, Nr. 2, S. 45-49.

SPIEGEL, Herbert Christian: Das Budget als Instrument der Unternehmensführung. Diss. Würzburg 1976.

STAEHLE, Wolfgang H.: Funktion des Managements. Bern - Stuttgart 1983.

STAEHLE, Wolfgang H.: Kennzahlensysteme als Instrumente der Unternehmensführung. In: Wist, 2. Jg. 1973, S. 222-228.

STAEHLE, Wolfgang: Kennzahlen und Kennzahlensysteme als Mittel der Organisation und Führung von Unternehmen. Wiesbaden 1969.

STAMM, Markus: Budgetierung. In: Managementenzyklopädie, Bd. 2, 2. Aufl., München 1982, S. 314-332.

STEINER, G.A.: Top Management Planung. München 1974.

STEINER, Manfred: Formeln und Kennzahlen der betrieblichen Finanzwirtschaft. In: Wist, 11. Jg. 1982, S. 471-476.

STETTER, F.: Ein Verfahren zur Abrechnung bei Multiprogramming. In: AI, 1976, S. 150-152.

STRASSMANN, P.A.: Managing the costs of information. In: HBR, 54. Jg. 1976, Nr. 5, S. 133-143.

STREICHER, H.; SANDSCHEPER, G.: Buntere Hardware-Palette, wachsende Budgets. In: ÖVD, 1985, Nr. 1, S. 30-32.

STUDIENKREIS VERWALTUNGSRATIONALISIERUNG: Informationsfluß und funktionsgerechte Arbeitsplatzgestaltung im Büro- und Verwaltungsbereich. BIFOA-Arbeitsbericht 69/2. Köln 1969.

SUTER, Hansbert: Die langfristige Planung von computergestützten Informationssystemen. Bern - Stuttgart 1980.

SZYPERSKI, N.: Forschungs- und Entwicklungsprobleme der Unternehmungsplanung. In: Modell- und computergestützte Unternehmungsplanung, hrsg. v. Erwin Grochla; Norbert Szyperski, Wiesbaden 1973, S. 21-40.

SZYPERSKI, N.: Strategisches Informationsmanagement im technologischen Wandel. Fragen zur Planung und Implementation von Informations- und Kommunikationssystemen. In: AI, 1980, S. 141-148.

SZYPERSKI, Norbert: Analyse der Merkmale und Formen der Büroarbeit. In: Bürowirtschaftliche Forschung, hrsg. v. Erich Kosiol, Berlin 1961, S. 75-132.

TERTILT, E.A.: Management und EDV. Wiesbaden 1978.

TEUFFEL, Michael: Leistungsüberwachung in Rechenzentren - Ein Problem der Datenverarbeitung. In: Das Rechenzentrum, 2. Jg. 1979, Nr. 2, S. 62-69.

TIEDEMANN, Christina: Kostenrechnung für Rechenzentren. Braunschweig - Wiesbaden 1983.

TÖPFER, Armin: Planungs- und Kontrollsysteme industrieller Unternehmungen. Berlin 1976.

TRAMPEDACH, K.: Entwicklung und Einführung eines konzerneinheitlichen Informations- und Verrechnungspreissystems für Rechenzentren. In: Abrechnung von Rechenzentrums-Dienstleistungen, hrsg. v. Peter Mertens u.a., München - Wien 1978, S. 103-114.

TREUZ, W.: Betriebliche Kontrollsysteme. Berlin 1974.

TROST, Oskar: Wert und Bewertung von Informationen in Betriebswirtschaften. Diss. Wuppertal 1977.

TSCHUDIN, Heinz: Über die Systemverfügbarkeit von Computern. In: Output, 1980, Nr. 4, S. 29-32.

ULRICH, Hans: Controlling als Managementaufgabe. In: Controlling und Unternehmensführung, hrsg. v. G.J.B. Probst; R. Schmitz-Dräger, Bern - Stuttgart 1985, S. 15-27.

ULRICH, P.; FLURI, E.: Management. 3. Aufl., Bern - Stuttgart 1984.

UNGER, Albrecht: Die Bedeutung betriebswirtschaftlicher Kennzahlen für die Unternehmensleitung, untersucht am Beispiel eines größeren Mittelbetriebes der metallverarbeitenden Industrie. Diss. Ebingen 1972.

VAN DER ENDEN, C.: Ratio Network Models And Their Application In Budgeting. In: Quantitive Methods In Budgeting, hrsg. v. C.B. Tilanus, Leiden 1976, S. 67-91.

VANCIL, Richard: What kind of management control do you need? In: HBR, 51. Jg. 1973, Nr. 2, S. 75-86.

VIDONYI, J.: Das Organisationshandbuch der EDV. Stuttgart - Wiesbaden 1977.

VIKAS, Kurt: Controlling im Dienstleistungsbereich mit Grenzplnkostenrechnung. Wiesbaden 1988.

WEBER, H.: Organisatorische Aspekte der Büroarbeit. In: DV-Einsatz in der Büro-Automation. Tagungsband, hrsg. v. GMD, St. Augustin 1975, S. 23-31.

WEBER, Jürgen: Einführung in das Controlling. Stuttgart 1988.

WEGENER, Hans: Ein EDV-gestütztes Informationssystem für das Controlling. In: Industrieelles Management. Festgabe zum 60. Geburtstag von Wolfgang Lücke, hrsg. v. Jürgen Bloech. Göttingen 1986, S. 167-186.

WEGMANN, Manfred: Gemeinkosten-Management. München 1982.

WEIDNER, Eva: Datenverarbeitung in Mark und Pfennig. In: online-adl-nachrichten, 1978, S. 385-388.

WELSCH, Glenn A.: Budgeting - Profit Planning and Control. 3. Aufl., New York u.a. 1971.

WERNER, J.S.: Wirtschaftlichkeit und Bewertung der Datenverarbeitung. In: Der Innovationsberater, 1984, Nr. 4, S. 713-732.

WIEDMAYER, Gerhard: Die Gestaltung von Benutzungsgebühren in Hochschulrechenzentren - Analyse und Vorschlag. Diss. Mainz 1980.

WIEMANN, Hans Günter: Untersuchungen zur Frage der optimalen Informationsbeschaffung. Diss. Frankfurt a.M. - Zürich 1973.

WILD, J.: Grundlagen der Unternehmensplanung. Reinbeck bei Hamburg 1974.

WILD, J.: Grundlagen und Probleme der betriebswirtschaftlichen Organisationslehre. Berlin 1966.

WILDER, Robert P.: The Continuing Evolution of Information Systems Planning. In: Planung in der Datenverarbeitung. Von der DV-Planung zum Informations-Management. Fachtagung Bonn-Bad Godesberg Mai 1984, hrsg. v. H. Strunz. Berlin u.a. 1985, S. 21-37.

WILL, H.J.: Betriebswirtschaftliche Budgetsysteme. In: ZfB, 39. Jg. 1969, S. 691-712.

WILLMS, Heinrich E.; JAUGEY, Etienne: Effizienzverbesserung in der DV-Funktion. In: EDV-Controlling: Wirtschaftlichkeit und Sicherheit in der Informationsverarbeitung - Proceedings -, hrsg. v. CW-CSE, Communications, Services & Education, München 1983, S. 65-78.

WINDFUHR, Manfred: Methoden und Verfahren zur Leistungsermittlung von Datenverarbeitungsanlagen für den standardisierten Einsatz in Unternehmen. Diss. Karlsruhe 1977.

WINDFUHR, Manfred: Rechenzentrum - ein Produktionsbetrieb. In: Betrieb von Rechenzentren - Workshop der Gesellschaft für Informatik, Karlsruhe 23-24. Sept. 1975, hrsg. v. A. Schreiner, Berlin u.a. 1976, S. 1-19.

WIORKOWSKI, G.K.; WIORKOWSKI, J.J.: A cost allocation model. In: Datamation, 19. Jg. 1973, Nr. 8, S. 60-65.

WISSENBACH, Heinz: Betriebliche Kennzahlen und ihre Bedeutung im Rahmen der Unternehmerentscheidung. Bildung, Auswertung und Verwendungsmöglichkeiten von Betriebskennzahlen in der unternehmerischen Praxis. Berlin 1967.

WITTENBERG, U.H.: EDV-Umfrage - meistens wird nicht nachgerechnet. In: Manager Magazin, 1978, Nr. 3, S. 45-50.

WITTMANN, Waldemar: Unternehumung und unvollkommene Information. Unternehmerische Voraussicht - Ungewißheit und Planung. Köln - Opladen 1959.

WOLF, Jakob: Kennzahlen als betriebliche Führungsinstrumente. München 1977.

ZANGEMEISTER, C.: Werturteil und formalisierte Planungsprozesse. In: ZfO, 42. Jg. 1973, S. 217-224, S. 292-298.

ZIEGENBEIN, Klaus: Controlling. Ludwigshafen 1984.

ZILAHI-SZABO, M.G.: Dienstleistungsabrechnung bei zentraler und dezentraler Verarbeitung. In: Informatik-Fachberichte. Bd. 69: Betrieb von DV-Systemen in der Zukunft, hrsg. v. M. Graef, Berlin 1983(a), S. 147-159.

ZILAHI-SZABO, M.G.: Kostenrechnungsverfahren für Servicerechenzentren. In: Das Rechenzentrum, 6. Jg. 1983(b), Nr. 4, S. 233-251.

ZILAHI-SZABO, M.G.: Kennzahlenbildung für Rechenzentren. Teil 1. In: Das Rechenzentrum, 7. Jg. 1984, Nr. 2, S. 111-115; Nr. 3, S. 137-149.

ZILAHI-SZABO, Miklos G.: Leistungs- und Kostenrechnung für Rechenzentren. Wiesbaden 1988.

ZILAHI-SZABO, Miklos Geza: Controlling in der betrieblichen Organisation. In: Fortschrittliche Betriebsführung und Industrial Engeneering, 24. Jg. 1975, S. 75-82.

ZIMMERMANN, Walter L.: Formeln und Kennzahlen in der Datenverarbeitung und Organisation. In: Wist, 12. Jg. 1983, S. 190-194.

ZUR NIEDEN, Manfred: Maschinelle Datenverarbeitung in der Unternehmung. Ziele, Elemente und Strukturen. Wiesbaden 1971.

ZÜND, Andre: Der Controller-Bereich (Controllership). In: Controlling und Unternehmensführung, hrsg. v. G.J.B. Probst; R. Schmitz-Dräger, Bern - Stuttgart 1985, S. 28-40.

ZÜND, Andre: Kontrolle und Revision in der multinationalen Unternehmung. Bern - Stuttgart 1973.

ZVEI (HRSG.): ZVEI-Kennzahlensystem. Ein Instrument zur Unternehmenssteuerung. 3. Aufl., Frankfurt a.M. 1976.

Wirtschaftswissenschaftliche Beiträge

Band 1
Christof Aignesberger
Die Innovationsbörse als Instrument zur Risikokapitalversorgung innovativer mittelständischer Unternehmen
1987. 326 Seiten. Brosch. DM 69,-
ISBN 3-7908-0384-7

Band 2
Ulrike Neuerburg
Werbung im Privatfernsehen
- Selektionsmöglichkeiten des privaten Fernsehens im Rahmen der betrieblichen Kommunikationsstrategie -
1988. 302 Seiten. Brosch. DM 69,-
ISBN 3-7908-0391-X

Band 3
Joachim Peters
Entwicklungsländerorientierte Internationalisierung von Industrieunternehmen
- Eine theoretische und empirische Analyse des Entscheidungsverhaltens am Beispiel der deutschen elektronischen Industrie -
1988. 165 Seiten. Brosch. DM 49,-
ISBN 3-7908-0397-9

Band 4
Günther Chaloupek
Joachim Lamel und Josef Richter (Hrsg.)
Bevölkerungsrückgang und Wirtschaft
- Szenarien bis 2051 für Österreich -
1988. 478 Seiten. Brosch. DM 98,-
ISBN 3-7908-0400-2

Band 5
Paul J. J. Welfens und
Leszek Balcerowicz (Hrsg.)
Innovationsdynamik im Systemvergleich
- Theorie und Praxis unternehmerischer, gesamtwirtschaftlicher und politischer Neuerung -
1988. 466 Seiten. Brosch. DM 90,-
ISBN 3-7908-0402-9

Band 6
Klaus Fischer
Oligopolistische Marktprozesse
- Einsatz verschiedener Preis-Mengen-Strategien unter Berücksichtigung von Nachfrageträgheit -
1988. 169 Seiten. Brosch. DM 55,-
ISBN 3-7908-0403-7

Band 7
Michael Laker
Das Mehrproduktunternehmen in einer sich ändernden unsicheren Umwelt
1988. 209 Seiten. Brosch. DM 58,-
ISBN 3-7908-0413-4

Band 8
Irmela von Bülow
Systemgrenzen im Management von Institutionen
- Der Beitrag der Weichen Systemmethodik zum Problembearbeiten -
1989. 278 Seiten. Brosch. DM 69,-
ISBN 3-7908-0416-9

Band 9
Heinz Neubauer
Lebenswegorientierte Planung technischer Systeme
1989. 183 Seiten. Brosch. DM 55,-
ISBN 3-7908-0422-3

Band 10
Peter Michael Sälter
Externe Effekte: „Marktversagen" oder Systemmerkmal?
1989. 196 Seiten. Brosch. DM 59,-
ISBN 3-7908-0423-1

Band 11
Peter Ockenfels
Informationsbeschaffung auf homogenen Oligopolmärkten
- Eine spieltheoretische Analyse -
1989. 163 Seiten. Brosch. DM 58,-
ISBN 3-7908-0424-X

Band 12
Olaf Jacob
Aufgabenintegrierte Büroinformationssysteme
- Allgemeines Datenmodell und Probleme der Realisierung -
1989. 177 Seiten. Brosch. DM 55,-
ISBN 3-7908-0430-4

Band 13
Johann Walter
Innovationsorientierte Umweltpolitik bei komplexen Umweltproblemen
1989. 208 Seiten. Brosch. DM 59,-
ISBN 3-7908-0433-9

Band 14
Detlev Bonneval
Kostenoptimale Verfahren in der statistischen Prozeßkontrolle
- Eine praxisorientierte Untersuchung -
1989. 180 Seiten. Brosch. DM 55,-
ISBN 3-7908-0440-1

Band 15
Thomas Rüdel
Kointegration und Fehlerkorrekturmodelle
– Mit einer empirischen Untersuchung zur Geldnachfrage in der Bundesrepublik Deutschland –
1989. 138 Seiten. Brosch. DM 49,-
ISBN 3-7908-0441-X

Band 16
Konrad Rentrup
Heinrich von Storch, das „Handbuch der Nationalwirthschaftslehre" und die Konzeption der „inneren Güter"
1989. 146 Seiten. Brosch. DM 55,-
ISBN 3-7908-0445-2

Band 17
Manfred A. Schöner
Überbetriebliche Vermögensbeteiligung
1989. 417 Seiten. Brosch. DM 98,-
ISBN 3-7908-0446-0

MIX
Papier aus verantwortungsvollen Quellen
Paper from responsible sources
FSC® C105338

If you have any concerns about our products,
you can contact us on
ProductSafety@springernature.com

In case Publisher is established outside the EU,
the EU authorized representative is:
**Springer Nature Customer Service Center GmbH
Europaplatz 3, 69115 Heidelberg, Germany**

Printed by Libri Plureos GmbH
in Hamburg, Germany